●新 譯

金剛經

최대림 譯解

弘新文化社

일러두기

이 책은 '신역(新譯) 금강경'이라는 제명으로 1982년에 홍신문화사에서 출간된 것을, 이번에 많은 수정과 증보를 거쳐 재출간하는 것이다.

이 책은 불교를 공부하는 초보자를 위해서 씌어지고 만들어진 것이라는 점을 밝혀둔다.

1. 제1편에는 중국 후진(後秦) 때 구마라습(鳩摩羅什)이 한문으로 번역한 《금강반야바라밀경(金剛般若波羅蜜經)》을 대본으로 삼아 그 원문을 우리말로 번역하고, 난해한 부분이나 중요하다고 생각되는 곳은 주해(註解)를 달았다.

이 경전의 원전의 존엄성을 살리는 뜻에서 첫머리에 원문의 한글 음을 달아 독송에 도움이 되게 했다. 또 뜻을 풀이하기 쉽도록 한글 토를 달아서 그 다음에 실었다. 원문을 띄어쓴 것은 읽기 쉽도록 하기 위한 것이다.

번역은 가능한 한 의역(意譯)을 피하고 축자역(逐字譯)을 시도했고, 또 현재 우리들이 일상적으로 쓰고 있는 말로 했으나 곳에 따라서는 불경의 엄숙한 맛을 살리기 위해 다소 예스러운 말을 쓰기도 했다.

주해는 어렵거나 중요하다고 생각되는 부분 및 그밖에 참고

가 될 만한 사항을 선별하여, 첫머리에서도 밝혔듯이 불교를 공부하는 초보자도 알 수 있도록 쉽게 풀이해서 되도록 상세하게 설명했다.

어느 분절(分節)을 읽어도 이해가 되도록 하기 위해 주해를 각 곳에 중복 설명했다.

2. 제2편에는 《금강경》의 산스크리트경의 원문과 우리말 번역을 싣고, 또 중요하다고 생각되는 것을 골라 제1편의 주해처럼 설명했다.

원문은 Edward Conze, Vajracchedikā prajñāp āramitā (Serie Orientale Roma XIII, 1957.)를 대본으로 삼았다.

산스크리트경의 원문과 번역을 함께 실은 뜻은, 한역된 《금강경》을 우리말로 번역해서 옮겨놓아도 그 정확한 뜻을 이해하여 파악하기란 결코 쉬운 일이 아님을 감안해서, 쉽고 또 가장 우리의 구미에도 맞으며 전달도 빠를 듯하여 한역과 대조해 보도록 꾀한 것이다. 한편으로는 산스크리트경의 원문도 알 겸 이것이 어떻게 한역되었는가를 대조·비교하는 데 도움을 주기 위해서이다.

한역본의 원문이나 번역에서 이해가 어려울 때에는 산스크리트경을 봄으로써 그 뜻을 쉽게 이해할 수 있을 것이라 믿는다.

3. 끝으로 이 《금강경》을 번역함에 있어 정확을 기하기 위해 선학(先學)들의 연구자료와 아래의 문헌을 참고하였음을 밝히면서, 아래 문헌들의 저자에게 깊이 감사를 드린다.

〈참고문헌〉

김정희 강술《일궁 금강경 강의》
김종오 주해《金剛經》
김해안 지음《해안강의 금강반야바라밀》
신소천 지음《심경 금강경》
운허 지음《불교사전》
이기영 역해《金剛經》
홍정식 역주《譯註 金剛經》
동국대학교 발행《金剛般若波羅蜜經五家解》
한글학회 영인본《금강경삼가해》
홍신문화사 발행《佛敎聖典》
菅原時保 著《金剛經講義》
梶屋光運 著《金剛般若經》
日本 春秋社版《講座大乘佛教》
田村芳郎 외 2명 著《新佛教辭典》
中村元 著《圖說佛教語大辭典》
中村元 외 1명 역주《金剛般若經》

차례

금강경(金剛經)

일러두기 · 1
해제 · 7

제1편 한역(漢譯) 금강경 · 25

제 1 법회인유분(法會因由分) … 26
제 2 선현기청분(善現起請分) … 31
제 3 대승정종분(大乘正宗分) … 37
제 4 묘행무주분(妙行無住分) … 42
제 5 여리실견분(如理實見分) … 47
제 6 정신희유분(正信希有分) … 49
제 7 무득무설분(無得無說分) … 54
제 8 의법출생분(依法出生分) … 57
제 9 일상무상분(一相無相分) … 61
제10 장엄정토분(莊嚴淨土分) … 67
제11 무위복승분(無爲福勝分) … 71

제12 존중정교분(尊重正教分) … 74
제13 여법수지분(如法受持分) … 78
제14 이상적멸분(離相寂滅分) … 85
제15 지경공덕분(持經功德分) … 95
제16 능정업장분(能淨業障分) … 102
제17 구경무아분(究竟無我分) … 106
제18 일체동관분(一體同觀分) … 114
제19 법계통화분(法界通化分) … 119
제20 이색이상분(離色離相分) … 122
제21 비설소설분(非說所說分) … 125
제22 무법가득분(無法可得分) … 128
제23 정심행선분(淨心行善分) … 130
제24 복지무비분(福智無比分) … 133
제25 화무소화분(化無所化分) … 135
제26 법신비상분(法身非相分) … 138
제27 무단무멸분(無斷無滅分) … 141

제28 불수불탐분(不受不貪分) … 143
제29 위의적정분(威儀寂靜分) … 146
제30 일합상리분(一合相理分) … 148
제31 지견불생분(知見不生分) … 151
제32 응화비진분(應化非眞分) … 153

제2편 산스크리트경 · 157

색인 · 257

해 제

1. '금강경'이란 이름

《금강경》 또는 《금강반야경》으로 통용되고 있는 이 경의 정확한 이름은 《금강반야바라밀경》 또는 《능단금강바라밀경(能斷金剛波羅蜜經)》이라고 전해지는 경전인데, 이것은 산스크리트경(Vajracchedikā-prajñāp āramitā-sūtra) 원전을 한문으로 번역한 이름이다.

많은 반야경전 중에서 《반야심경(般若心經)》 다음으로 가장 많이, 그리고 널리 읽혀지고 있는 것으로 우리에게도 낯설지 않는 불경이다.

그렇다면 이 《금강경》은 대체 누구의 경을 수록한 것일까. 그 내용은 부처님의 가르침임은 말할 필요도 없다. 깨달음을 얻는 부처님은 전지전능이었다. 그 전무후무한 불안(佛眼)은 모든 것을 꿰뚫어보았다.

부처님은 경을 설하실 때에는 자주 제자 중에서 누군가를 지명하여 문답형식을 통해서 그것이 그때마다 적절히 들어맞아 소기의 목적을 달성했던 것이다. 이 《금강경》도 이 예를 벗어나지는 않는다.

《금강반야경》의 첫마디는 "나는 이와 같이 들었노라."로 시작되고 있다. 여기에서 말하는 '나'는 누구일까? 바로 부처님의 10대 제자의 한 사람이고 또 속연(俗緣)으로는 부처님의 종제(從弟)이기도 한 아난존자(阿難尊者)이다.

아난존자는 부처님을 따라 항상 조석으로 모시고 시봉한 사람으로, 누구보다도 부처님의 언행을 빠짐없이 목격하고 다문제일(多聞第一)이라는 칭호 그대로 부처님의 말씀을 많이 들을 수 있었다.

따라서 이 《금강반야경》은 부처님께서 사위국(舍衛國)에서 수많은 제자와 비구들을 위하여 그의 10대 제자의 한 사람인 수보리(須菩提) 장로(長老)와의 사이에 주고받은 공(空; Śūnya)의 사상 문답을, 아난존자가 들은 그대로를 받아 엮은 경이다.

처음에는 경계(境界)의 공(空)함을 설하고 다음은 혜(慧)의 공함을 설하고 뒤에는 보살공(菩薩空)을 밝혔다.

《금강경》은 공혜(空慧)로써 체(體)를 삼고 일체법(一切法) 무아(無我)의 이치를 요지로 삼고 있다.

또 이 《금강경》의 내용이 약 300송(頌) 가량의 분량이 된다고 해서 후대에 이르러 이 경을 '300송 반야(三百頌般若)'라고 부르기도 한다.

먼저 여기에 이 경전의 이름인 '금강반야바라밀경'이라는 이름부터 간단히 풀이해 보자.

금강(金剛)은 금강석, 즉 다이아몬드를 가리키는 말이다. 금강석은 이 세상에서 가장 단단하고 예리한 광물이다. 그뿐 아니라 연마하면 찬란한 광채를 내는 아주 귀하고 값진 보석이다. '금강경'이라는 이 경전의 이름도 가장 단단하고 예리한 금강석과 같이 잘 갈린다, 또는 금강공이처럼 빻아 버린다는 뜻이 담겨 있다고 풀이되고 있다. 그러므로 이 경이야말로 찬

란하게 빛나고 귀중한 것이라는 여러 가지 뜻이 담겨 있다고 할 수 있을 것이다.

그것은 모든 의심이나 사물에 대한 집착을 가장 단단한 금강석으로써 끊어 버리고 빻아 버린다는 뜻에서 이렇게 표시하는 것이라고 옛날부터 설명되어왔다.

반야(般若)는 쉽게 풀이해서 슬기, 즉 지혜를 말하는 것이다. 인간의 분별하는 슬기를 완전히 벗어나서 한없이 맑고 깨끗한 슬기, 즉 일체개공(一切皆空)의 경지에 도달하는 슬기가 반야인 것이다.

바라밀(波羅蜜)은 '피안(彼岸)에 도달한다'는 말이다. 괴롭고 어두운 고해(苦海)를 건너 부처님의 땅인 맑고 깨끗하고 즐거운 열반(涅槃)의 차안(此岸)에 도달하는 것이다.

이 어둡고 괴로운 고해를 건너야 하기 때문에 탐심(貪心)·진심(瞋心)·치심(癡心)의 3독(三毒)인 죄악의 뿌리를 없애고, 널리 사랑을 베풀고(布施), 계를 지키고(持戒), 인내하고(忍辱), 부지런히 수양을 쌓고(精進), 산란하고 흐트러진 마음을 가라앉히고(禪定), 슬기를 계발해서(智慧) 진리를 체득해야 하는 것이 바라밀이다.

경(經)은 쉽게 말하면 도(道)를 말한다. 다시 말하면 부처님이 가르쳐 주신 피안에 건너가는 방법과 길을 말하는 것이다. 즉 금강석같이 단단한 슬기로써 의심이나 집착을 끊어 버리고 차안에 도달하는 길이라 하겠다.

이 위대한 불경이 아난존자에 의해서 세상에 남겨진 연대는 이미 이천수백 년 전의 일임은 말할 것도 없다.

이 《금강경》은 일찍이 인도에서도 중요시되어 후에 나온 인도의 여러 경전 가운데 이 경전의 문구가 가장 많이 인용되고 있다. 중국에서도 역시 매우 중요시되었는데, 그중 한 가지가 중국 산동성(山東省)에 있는 태산(泰山)의 마애(磨崖)에 이 경전의 전문이 새겨져 있다는 것만 보아도 짐작이 가고도 남는다. 특히 후세에 와서 선종(禪宗)에서도 중요시되어 오조홍인(五祖弘忍) 이래 특히 중요시되었다. 육조혜능(六祖慧能)은 어떤 사람이 이 경문을 독송하는 것을 듣고 감동받아 출가했다고 말할 정도이다.

한편 인도 아리아어인 산스크리트로 이 경이 남겨지자 한역은 말할 것도 없고, 코탄어·티베트어·소구드어·몽고어·만주어 등으로도 번역되어 널리 세상에 퍼져 나갔다.

2. 금강경의 한문 번역본과 주석서

여러 나라 말로 번역된 《금강경》 중에서 우리와 밀접하다고 생각되는 한역본에 한해 그 개황을 알아보자.

① 구마라습(鳩摩羅什;Kumārajīva. 343~413) 번역본. 《금강반야바라밀경》 1권. 후진(後秦) 홍시(弘始) 4년(402)에 번역됨.

② 보리류지〔菩提流支;Bodhiruci. 본명은 달마류지(達磨流支) 572~727〕 번역본. 《금강반야바라밀경》 1권. 북위(北魏) 영평(永平) 2년(509)에 번역됨.

③ 진체(眞諦;Paramārtha. 499~569) 번역본. 《금강반야바라밀경》 1권. 진(陳) 천가(天嘉) 3년(562)에 번역됨.

④ 달마급다(達磨笈多;Dharma-gupta. ?~619) 번역본. 《대

반야바라밀다경 제9 능단금강분(大般若波羅蜜多經第九能斷金剛分)》 1권. 수(隨) 개황(開皇) 10년(592)에 번역됨.

⑤ 현장(玄奘) 번역본 《능단금강반야바라밀경(能斷金剛般若波羅蜜經)》 1권. 당(唐) 정관(貞觀) 22년(648)에 번역됨.

⑥ 현장 번역본 《대반야바라밀다경 제9 능단금강분》 1권. 당 현경(顯慶) 5년(660)～용삭(龍朔) 3년(663)에 번역됨.

⑦ 의정(義淨) 번역본 《능단금강반야바라밀다경》 1권. 당 장안(長安) 3년(703)에 번역됨.

이 한역본들 가운데 중국에서 가장 먼저 이루어진 것은 구마라습이 번역한 《금강반야바라밀경》이다. 이 경은 가장 오랜 관록과 전통을 지니고 있으며, 현존하는 한역본의 원조라고 볼 수 있다. 중국을 비롯하여 한문 문화권의 동양 각국에서 '금강경'이라고 하면 주로 이것을 가리키고 있으며, 따라서 본서도 이 구마라습의 한역경을 대본으로 한 것은 물론이다.

그 다음 보리류지의 번역본은 대체로 구마라습의 한역본을 따랐으며, 당나라 때의 학승(學僧)들은 대부분 이 번역본으로 수학했다고 전해지고 있다. 이 보리류지의 번역본은 두 종류가 전해지고 있는데, 제1본은 고려와 원(元) 및 명(明)본이고, 제2본은 송(宋)본으로서, 이 두 경은 자구(字句)상 상위점이 상당히 많다.

세 번째의 진체(眞諦)본은 파라말타본이라고도 하며, 대체로 구마라습의 역본에 준한 것이다.

네 번째의 달마급다(達磨笈多)본은 직역이라서 이른바 직본(直本)이라고 불리는 것으로서, 산스크리트경 본문의 문자 순

서대로 하나하나 거기에 해당하는 한자를 붙인 것이다. 그러므로 한문만으로는 그 뜻을 이해하기가 매우 어렵다. 그러나 후에 무착(無着)의 《금강반야바라밀경론》으로 번역할 때는 이 경의 문구를 많이 인용하고 또 의역하면서 비로소 이해할 수 있게 되었다.

다섯 번째의 현장(玄奘)본은 현장이 이 경전을 두 번 번역했다. 첫번째 번역에 약간의 오류가 있고 또 윤식(潤飾)되지 않은 것을 두려워하여 두 번째의 번역을 했다고 한다. 현장 번역본에는 중복되는 부분도 많고 후대의 발달된 형태를 보여주고 있어 산스크리트경과 비슷하다.

일곱 번째 의정(義淨)본과 두 번째의 보리류지 번역본, 세 번째의 진체 번역본은 모두 논석을 참조하면서 번역한 것들이다.

《금강경》의 주석서는 중국을 비롯하여 인도 및 일본, 우리나라 등에서 수없이 많이 나와 있다. 특히 당나라 초기에는 이 경에 주석을 붙인 사람이 800여 명에 이르렀다고 전한다.

또한 예부터 이 경을 강설(講說)하는 이가 많고 천태종(天台宗)·삼론종(三論宗)·화엄종(華嚴宗) 등 중요한 불교학파의 고승들이 이에 관한 주석서를 많이 남기고 있어, 초교파적인 경전으로 널리 퍼지게 되었다.

현재 우리 나라에서 보급되고 있는 것 가운데 구마라습의 한역본에 대해 조선 초기의 학승인 함허당(涵虛堂) 득통(得通) 스님이 펴낸 《금강반야바라밀경오가해(金剛般若波羅蜜經五家解)》가 학술적으로나 보급으로 보아 단연 독보적인 존재로 볼 수 있다.

이 주석서는 조선왕조 3대 임금인 태종 15년(1415)에 인쇄되었으며, 또 이 오가해 중에서 야부천(冶父川), 예장종경(豫章宗鏡)의 송(頌)과 제강(提綱)만을 본문과 함께 간추려서 득통 스님의 설의(說誼)와 결의(決議)를 덧붙여 엮은 《금강경삼가해(金剛經三家解)》의 한글 번역본이 지금까지 전하고 있다.

《금강경오가해》에서 각자 격조 높은 견해를 주석한 다섯 분의 인적사항을, 독자 여러분의 이해를 돕기 위해 홍정식 저 《역주 금강경》에서 인용하여 여기에 덧붙여 둔다.

① 육조대감(六祖大鑒;638~713) : 중국 남해(南海)의 신흥(新興) 사람으로 선종(禪宗)의 육조(六祖)인 혜능대사(慧能大師)이다. 간단하게 육조대사(六祖大師)로 통하고 있다.

② 규봉종밀(圭峰宗密;780~841) : 당(唐)나라 사람으로 속성(俗姓)은 하(何)씨. 어려서는 유학(儒學)을 공부했으나 출가하여 27세 때 수주(遂州) 도원(道圓)에서 수선(修禪)하다가 징관국사(澄觀國師)의 제자가 되었다. 62세에 열반에 들었으며, 시호는 정혜선사(定慧禪師).

③ 예장종경(豫章宗鏡;904~975) : 북송(北宋) 사람으로 속성은 왕(王)씨. 28세 때 취암참(翠巖參)에게 배우고 그 후 천대(天臺) 덕조국사(德詔國師)에게 오달(悟達)하고 법안종(法眼宗) 제3조(祖)가 되었으며, 정토왕생(淨土往生)을 염원하였다. 72세에 열반에 들었으며, 시호는 지각선사(智覺禪師). 《종경록(宗鏡錄)》 100권과 《만선동사집(萬善同師集)》 6권이 전한다.

④ 쌍림부대사(雙林傅大師;497~570) : 속성은 부(傅)씨, 이

름은 흡(翕), 자는 현풍(玄風)이다. 16세 때 유(劉)씨와 결혼했다가 24세 때 인도의 승려 숭두타(崇頭陀)를 만나 불교에 귀의하여 낮에는 품팔이를 하고, 밤에는 그의 처 묘광(妙光)과 함께 정진하였다. 548년, 단식분신공양(斷食焚身供養)을 서원(誓願)하다가 제자들의 만류로 그만두고 그 대신 제자 19명이 분신공양을 했다고 한다.

⑤ 야부천(冶父川) : 송(宋)나라 사람으로 생몰연대는 미상이며, 속성은 추(秋)씨, 이름은 삼(三)이다. 군(軍)의 집방직(執方職)에 있다가 제동(齊東)의 도겸선사(道謙禪師)에게 법화(法化)되어 도천(道川)이라는 호를 받았고, 정인계성(淨因繼成)의 인가를 얻어 임제(臨濟)의 6세손이 되었다.

이상 다섯 분의 《금강경》에 대한 견해를 주석한 것을 설의(說誼)와 결의(決疑)를 덧붙여 엮은 분이 함허당(涵虛堂) 득통(得通)이다.

⑥ 함허당 득통(涵虛堂得通;1376~1433): 충청북도 충주 사람. 당호(堂號)가 함허당이고 법호(法號)가 득통이다. 속성은 유(劉)씨, 속명은 수이(守伊), 호는 무준(無準)이다. 21세 때 관악산의 의상암(義湘庵)에서 출가하였고, 22세 때 양주 회암사(檜岩寺)에서 무학대사(無學大師)에게서 법을 들었다. 1420년, 강원도 월정사(月精寺)에서 세종대왕의 청으로 설법한 일도 있다.

3. 《금강경》의 분절

《금강경》의 원본이라고 볼 수 있는 산스크리트경이나 구마라습 한역본이나 또 콘제의 법본에도 그 내용을 32분절로 나누고 있다.

이것은 양(梁)나라 무제(武帝)의 아들인 소명(昭明) 태자가 32분절로 나눈 것이라고 전해지고, 예부터 지금까지 널리 쓰여져 오고 있다.

이것은 일종의 내용 개요이며 내용을 일목요연(一目瞭然)하게 해주는 구실을 한다고 하는데, 이것은 학문적으로 보면 완전한 단락의 구분이 아니라고 여겨진다.

그래서 이 구분 분절을 무시하는 일부 불교학자도 있으나, 본서에서는 구마라습 한역에 충실하고 또 일반적인 경향을 따라서 32분절을 그대로 번역·설명했다.

그 32분절은 다음과 같다.

1. 법회인유분(法會因由分)
2. 선현기청분(善現起請分)
3. 대승정종분(大乘正宗分)
4. 묘행무주분(妙行無住分)
5. 여리실견분(如理實見分)
6. 정신희유분(正信希有分)
7. 무득무설분(無得無說分)
8. 의법출생분(依法出生分)
9. 일상무상분(一相無相分)
10. 장엄정토분(莊嚴淨土分)
11. 무위복승분(無爲福勝分)
12. 존중정교분(尊重正敎分)
13. 여법수지분(如法受持分)
14. 이상적멸분(離相寂滅分)
15. 지경공덕분(持經功德分)
16. 능정업장분(能淨業障分)
17. 구경무아분(究竟無我分)
18. 일체동관분(一體同觀分)
19. 법계통화분(法界通化分)
20. 이색이상분(離色離相分)
21. 비설소설분(非說所說分)
22. 무법가득분(無法可得分)
23. 정심행선분(淨心行善分)
24. 복지무비분(福智無比分)
25. 화무소화분(化無所化分)
26. 법신비상분(法身非相分)
27. 무단무멸분(無斷無滅分)
28. 불수불탐분(不受不貪分)

29. 위의적정분(威儀寂靜分) 30. 일합이상분(一合理相分)
31. 지견불생분(知見不生分) 32. 응화비진분(應化非眞分)

4. 《금강경》의 사회적 배경과 사상

《금강경》은 한마디로 말해 공(空 ; Śūnya)의 사상을 설하고 있는 것인데도 불구하고 경전에 설해진 문구에는 공(空)이란 술어를 쓰고 있지 않은데, 이 점은 반야부(般若部) 경전 중에서는 기이함을 자아내게 한다. 그것은 아마도 공이라는 술어가 아직 확립되어 있지 않았던 시대에 이룩된 것이기 때문이라 생각된다.

또 이 경전에서는 소승(小乘;Hīnayāna)에 대한 대승(大乘; Mahāyāna)이라는 의식도 명확하지 않다.

그러나 '신해(信解)의 뒤떨어진 사람들(Hīna-adhimuktika-sattva)' 또는 '구도자의 서약을 세우지 않은 사람들(Abodhis-attva praatijnā)'에 언급하고 있기는 하지만, 소승이나 대승이라는 술어는 사용하고 있지 않다. 다만 자기의 입장을 '이 위없는 도(道;agrayāna)'로 부르고 있을 뿐이다. 여하튼 후대에 이르러 정형화(定形化)된 소승, 대승의 두 관념 대립의 성립 이전에 된 것이 분명하다.

대개 대승의 경전들에서는 가령 설법의 집회에 모인 사람들을 요란스럽게 기술하는 것이 상례인데도, 이 경전에서는 지극히 간단하게 기술하고 있다.

"스승은 1250명의 많은 수행승들과 슈라바스티(Śrāvasti)시 제타(Jēta)숲의 고독한 사람에게 음식을 공양하는 장자(長者)의 동산에 머물고 있었다."라는 말로 시작되고 있는데, 이것은 원시 불교성전들의 일반적인 서술방식과 다를 바가 없다.

이런 점 등으로 미루어 볼 때 《금강경》은 대승사상이 고정화·정식화하기 이전의 것이 확실하며, 후대의 대승불교의 경전과 같은 현학적(衒學的)인 부자연스러움이 없고 한결 청신한 숨결을 느끼게 한다. 또 이 경전의 형식이 지극히 간결한 것도 그 특징의 하나라 할 수 있겠다.

하여튼 《금강경》은 대승불교의 성립 초기에 이루어졌을 것이라고 미루어 알 수 있다. 아마도 150~200년 무렵에 이미 성립되어 있었으리라고 생각된다.

한편 이 경전을 만들고 또 신봉하고 있던 사람들은 어떠한 사회층에 속하고 있었던 것일까.

경전에서는 아무것도 시사한 바가 없다. 그러나 이 경전에 나타난 문구로 미루어 보면 여러 가지를 알 수 있을 것 같다.

이 경전에서 어떠한 보시(布施)의 공덕보다도, 설사 수미산만한 칠보의 보시일지라도 이 경전을 독송하고 남을 위해 정확하게 설해 주는 편이 공덕이 훨씬 크다는 것을 수차 되풀이하여 강조하고 있다. 이것은 곧 불교의 기본정신이기도 한 사해평등의 자비사상에서 나온 것이라고 생각된다.

탑묘(塔廟)에 공양하거나 값진 재물을 바치는 것 등은 경제적으로 여유가 있는 사람이 아니고서는 매우 힘든 일이다. 그렇지만 경전을 독송한다는 것은 아무리 가난한 사람이라도 정성만 있다면 언제 어디서나 쉽게 할 수 있는 일이다. 비록 몸을 누일 방조차 없는 사람일지라도 아침에 눈을 뜨자, 또는 저녁노을이 비치는 들녘에서도 불경을 독송하는 데에는 그다지 어려움이 없었을 것이다.

지금 인도에서는 불교가 거의 쇠퇴했지만, 그 대신 힌두교도나 회교도들은 그들이 속한 교의 성전이나 코란을 손에 들고 아무데서나 배례 독송하고 있다는 얘기들이다. 이런 모습은 옛날에도 마찬가지였을 것이다. 부처님은 이러한 사람들까지도 포함한 일반 불교도들을 향하여 《금강경》을 설했을 것이라 믿어진다.

당시의 사회양상을 살펴보면 국민들의 빈부의 격차는 심대했던 것 같다. 평등교리와는 달리 다분히 계급적으로도 교파를 달리했던 것으로 짐작된다. 따라서 선교를 위한 여러 가지 방편이 강구되었을 것이다. 가령 전통적이고 보수적인 불교 교파 중에서도 당시 사회의 상류계급의 지지를 받고 있던 설일체유부(說一切有部) 등은 탑이나 성수반(聖水盤)의 숭배를 장려하여 그것에 의해 비상한 공덕이 얻어지는 것이라고 설하고 있는 데 비해, 화지부(化地部)나 동산주부(東山住部), 또는 서산주부(西山住部)라고 불리는 부파들은 탑이나 성수반 숭배 같은 것은 크게 공덕이 없다고 주장하고 있다고 전해 진다. 이러한 사회상은 결국은 자파의 이로운 방향으로 신자를 이끌어 나갔을 것이며, 비약적인 경전해석도 나왔을 것이다.

《금강경》은 다른 대승경전과 마찬가지로 이미 인도에 있어서도 국제성을 갖는 경전이었던 것은 틀림이 없다.

이 경전의 가장 오래된 것으로 보이는 5세기 초에 완성된 사본은 키르기스(Kirgiz) 지방에서 발견되었는데, 그곳에서 발견된 사본의 어떤 것은 월씨족(月氏族)의 추장격인 국왕의 기진(寄進)으로 이루어졌음이 명백해진 것으로 보아 당시 불교는 상류층의 지대한 관심과 신심에서 발전해 나갔음을 알 수가 있다.

한편 《금강경》을 내용상으로 검토해볼 때 대승불교 특유의 술어도 거의 발견할 수가 없다는 말은 앞에서도 기술한 바가 있거니와, 불교의 체계적 입장에서 보건대 신학자들이 즐기는 번쇄(煩瑣)신학의 체계 같은 것은 전혀 무시하고 있는 점도 또한 주목할 만하다.

5. 금강경에 담긴 사상

대승불교도 세상의 여느 종교처럼 선을 역설하고 있다. 그러나 이 《금강반야바라밀경》에서는 선에 앞서 윤리적 실천을 공(空)의 사상에 기초를 두고 있는 것이다.

남을 위해 보시를 한다는 것은 선행(善行)임에 틀림이 없다. 그러나 집착이 없는 맑고 깨끗한 마음으로 행하지 않으면 안 된다고 설하고 있다.

"구도자는 어떤 것에 집착하여 베풀어서는 안 된다."라는 문구가 거듭 강조되고 있다.

세간 사람이란 무엇인가 선한 일을 행할 경우에 있어 흔히 그것에 분명한 형태를 남겨 드디어 어떤 보람이나 대가를 바라는 경우가 많다. 그래서 그것을 경계하여 "구도자와 훌륭한 사람들은 발자취를 남기겠다는 생각에 집착하지 말고 보시를 행해야만 한다."고 했다. 또 "구도자는 만약 자기는 다른 사람을 인도한다고 하는 것과 같은 생각을 일으켰다면 그는 이미 참된 구도자가 아니다."라고 말하고 있다.

이러한 이상을 구현하기 위해서는 자아 및 타아(他我)와의 대립감을 공(空)으로 하지 않으면 안 된다.

"왜냐하면 참된 구도자에게는 자아라는 생각은 일어나지 않으며, 살아 있는 존재라는 생각도, 개체라는 생각도, 개인이라는 생각도 일어나지 않기 때문이다."라고 했다.

이 경에서는 그것을 아상(我相)·인상(人相)·중생상(衆生相)·수자상(壽者相)이라는 말로써 표현하고, 어떤 사물에 대한 대립감을 없애라고 누누히 강조하고 있다.

한편 대립감이 없어진다는 것, 즉 공(空)이라는 것도, 그것에 얽매이게 되면 다시 새로운 대립을 불러일으키게 된다. 그러므로 대립감을 없앤다는 그 자체도 부정하지 않으면 안 된다.

"구도자와 훌륭한 사람들은 법(法)을 취해서도 안 되며, 법 아닌 것을 취해서도 안 된다.", 또는 "뗏목의 비유의 법문을 아는 사람은 법까지도 버리지 않으면 안 된다. 더욱이 법 아닌 것에 대해서는 말할 필요도 없다."고도 말했다.

이 말들이 뜻하는 바는, 남을 인도하고 가르치는 것은 뗏목과 같은 것이어서, 피안으로 건너간 후에는 타고 간 뗏목을 버리지 않으면 안 되는데, 뗏목이라는 하나의 도구에 집착한다면 종교는 그 진리를 잃게 된다는 것이다. 이러한 경우에 입각하여 깨달음은 깨달음이 아니라는 것이라든가, 깨달음은 아무것도 존재하지 않는다든가, 이상의 경지에 도달한다는 일은 있을 수 없다라든가 하여 모두 부정적인 표현이 전개되는 것이다.

"진실도 없고 허망도 없다."라든가, "선과 악, 깨달음과 미망(迷妄) 같은 구별에 집착하는 일이 없어야 한다."고 하는 것에 대해서는, 윤리적 가치관을 파괴하는 일은 없을까 하는 의문이 나올 수도 있다. 그러나 대승불교적인 입장에서 보면 얽매임이 없는 경지에 도달하게 되면 행동은 자연히 선(善)에 귀일되고 합일되어 거기에 대립을 남기지 않는 것이다.

6. 구마라습에 대하여

본서에서 대본을 삼은 《금강반야바라밀경》 한역자인 구마라습(Kumārajīva)은 한자로 '鳩摩羅什'이라 쓰고 '구마라집', '구마라지바', '구마라습', '구마라즙', 또는 '라집', '라습' 등으로 읽고 있다. 이중 '구마라지바'나 '구마라즙'은 원어 Kumārajīvā의 음사로 볼 수 있겠고, '구마라집'이나 '구마라습'은 한문자 '什'의 음대로 읽어서 된 것이라 본다. '라집'이나 '라습'은 생략해서 쓴 것이다.

구마라습은 343~413년의 사람으로 그의 부친은 인도인이며, 모친은 그 당시 구자(龜玆;Kucīna)국 왕의 누이동생인 기바(耆婆;Jīvā)였다. 기록에 의하면 그는 343년에 어머니의 나라인 구자국에서 출생했다. 구자국은 현재의 중국 감숙성(甘肅省) 서쪽 신강성(新疆省)의 남쪽에 자리잡고 있었는데, 현재 중앙아시아의 고차(庫車;Kucina) 부근이 된다.

그가 출생한 곳은 북쪽은 천산(天山)을 뒤로 하고 남쪽은 타림(Tarim)강을 사이에 두고 타클라마칸(Takla-Makan) 사막에 접하는 곳이었다.

구자국은 옛날부터 불교가 크게 성했던 나라이다.

그는 고귀한 가문에서 태어났으나 7세 때 이미 불교의 독신자(篤信者)인 어머니를 따라서 출가한 후, 수행을 위하여 여러 곳을 순행하면서 불도를 닦았다. 인도 북쪽의 계빈(罽賓)에서는 소승교를 배우고, 소륵국(疏勒國)에서는 수리야소마로부터 대승교를 배우고, 그 후 어머니의 나라인 구자에 돌아와서는 비마라차에게서 율(律)을 익혔다. 구자에 돌아온 그는 이곳에 정주하면서 대승불교를 선양(宣揚)하고 교세를 펴나갔다.

그가 40세 때에 구자국은 전화(戰禍)에 휘말리게 되었다. 383년 진왕(秦王) 부견(苻堅)은 여광(呂光)으로 하여금 구자국을 치게 했다. 전쟁에 이긴 여광은 그곳에서 학승으로 이름을 날리고 있던 구마라습을 양주(涼州)로 연행했다.

부견도 한때는 중국대륙의 패왕을 바라보는 인물이었다. 그는 전연(前燕)과 전양(前涼)을 굴복시키고 척발군(拓跋郡)을 합쳐서 강북을 통일한 영걸이었다. 그리고 동진(東晉)을 멸한 뒤에 천하를 통일하기 위하여 그의 수도인 장안(長安)을 출발하여 출정길에 올랐다. 그러나 얼마 후 그는 출정길에서 부하에게 살해되고 말았다. 양주에서 부견의 죽음을 알게 된 여광은 호기가 도래했음을 외치면서 때를 놓치지 않고 양주에서 부견의 계승자임을 선포하고 스스로 왕이 되었다. 그러나 얼마 후 후진(後晉)의 요홍(姚興)에게 패망하고 말았다.

구마라습이 요홍에 의해 장안(長安)으로 초빙되어 국빈으로 모셔진 것은 401년의 일이다.

그는 장안의 서명각(西明閣)과 소요원(逍遙園)에서 많은 불전의 번역사업을 하게 되었다. 이곳에서 13년 동안 경·율·논 등 380여 권을 한문으로 번역했던 것이다. 이 《금강경》의 한역도 402년 장안의 초당사(草堂寺)에서 번역한 것으로, 《금강경》의 한문 번역본의 원조가 된다.

그는 번역사업뿐만이 아니고 중국인 역경사(譯經士)의 양성에도 힘썼다. 그의 제자들은 구마라습 문하(門下)의 사철(四

哲)로 유명한 도생(道生), 승조(僧肇), 도융(道融), 승예(僧叡)를 비롯하여 3000명에 달한 위용을 과시했던 것이다.

그가 중국 불교계에 끼친 영향도 지대했다. 묘법연화경(妙法蓮華經)·아미타경(阿彌陀經)·중론(中論) 등 중요한 대승경론은 그에 의해 번역되었으며, 특히 삼론(三論)·중관(中觀) 등의 불교를 중국에 소개하여 그 유통에 힘썼다. 그래서 그를 삼론종(三論宗)의 조사(祖師)라고도 한다.

그는 58세(401) 후반부터 70세(413)까지 장안에서 불교사에 있어 빛나는 활동을 했다. 그가 죽은 연대는 홍시(弘始) 15년(413)이라고 전해진다.

제 1 편

한역(漢譯) 금강경

제1 법회인유분(法會因由分)

여시아문 일시 불재사위국 기수급고독원 여대비구중 천
원문 如是我聞 一時 佛在舍衛國 祇樹給孤獨園 與大比丘衆 千
이백오십인 구 이시세존식시 착의지발 입사위대성 걸식어기
二百五十人 俱 爾時世尊食時 著衣持鉢 入舍衛大城 乞食於其
성중 차제걸이 환지본처 반사흘 수의발 세족이 부좌이좌
城中 次第乞已 還至本處 飯食訖 收衣鉢 洗足已 敷座而坐

如是我聞하사오니 一時에 佛이 在舍衛國 祇樹給孤獨園하사 與大比丘衆 千二百五十人으로 俱하시더라 爾時에 世尊이 食時라 著衣 持鉢하시고 入舍衛大城하사 乞食於其城中에 次第乞已하시고 還至本處하사 飯食訖하시고 收衣鉢하시며 洗足已하시고 敷座而坐하시다

나는 이와 같이 들었노라.[1]

"어느 때 부처님께서 사위국(舍衛國)[2] 기수급고독원(祇樹給孤獨園)[3]에서 큰스님[4]들 1250명과 자리를 함께 하셨다.

그때 세존(世尊)[5]께서는 식사 때가 된지라[6], 의복을 갖추시고 바리때를 드시고[7] 사위(舍衛)의 큰 성안에 들어가시어 그 성안에서 탁발(托鉢)[8]을 하시는데, 차례차례로 밥을 빌어가지고는 다시 본디 계시던 곳으로 돌아오시었다. 공양(供養)[9]을

마치시고 나서 의복과 바리때를 거두어 치우시고 발을 씻으신 뒤[10]에 자리를 펴고 앉으시었다[11]."

주

1) **나는 이와 같이 들었노라**(如是我聞) 원문은 Evam ṃayā śrutam이다. 불교 경전의 제일 첫 부분은 으레 "나는 이와 같이 들었노라(如是我聞)."로 시작된다. 세존이 열반에 드신 후에 그 제자들은 교법의 준수를 위하여 저마다 들은 것을 모아서 경전편찬사업을 시작했는데, 그것을 결집(結集)이라 하였다. 세존이 열반에 든 해인 B.C. 544년에 왕사성(王舍城)의 칠엽굴(七葉窟)에서 세존의 수제자인 마하가섭(魔訶迦葉)을 상수(上首)로 하여 500명의 제자들이 모여서 경·율 2장(二藏)을 편찬하였다. 그후 계속하여 결집사업이 시행되었으며, 세존의 제자들이 교법을 그대로 믿고 순종하여 기록한다는 뜻으로 "나는 이와 같이 들었노라."라고 기록했던 것이다.

이 《금강경》에 나오는 "나는 이와 같이 들었노라."의 '나'라는 사람은 석존의 10대 제자의 한 사람인 아난존자(阿難尊者)이다. 아난존자는 세존의 종제(從弟)인데, 그 이름은 아난타(阿難陀)라고 한다. 그는 8세에 출가하여 석존이 열반에 드실 때까지 조석으로 모시던 시봉자였다.

이 《금강경》은 아난존자가 훗날 세존과 그의 10대 제자의 한 사람인 수보리(須菩提)간에 문답한 내용을 모아서 기록한 것이다. "나는 이와 같이 들었노라."의 '나'는 물론 이 《금강경》의 편자인 아난존자를 말하는 것이고, '이와 같이'의 '이와'는 이 《금강경》에 기록한, 세존이 친히 하신 설법을 들었다고 하는 뜻이며, 또 '들었노라'는 아난존자의 독단적인 생각이 아님을 뜻하는 것이다.

2) **사위국**(舍衛國) 원어 Śrāvastī의 번역. 실라벌(室羅伐), 실라벌실저(室羅伐悉底), 시라바제(尸羅波提)라고도 음역한다.

부처님 당시 인도 중부지방에 있던 가비라국의 서북쪽에 있던 코살라(Kōsala)라는 나라의 수도이다. 현재 인도 곤다(Gondā)주의 사하헷 마아헷(Sāhet-Māhet)이다. 부처님이 살아 계실 때에 그곳에는 바사닉왕(波斯匿王;Prasenajit)이 있어 불교를 신봉하고 선정을 베풀었다고 한다. 본래는 코살라국의 수도를 사위(舍衛)라 했지만, 그 도

시의 이름을 가지고 나라 이름으로 삼아서 사위국이라고 했다. 사위라는 말은 물자가 풍부하다는 뜻이라고 한다.

이 사위성의 남쪽에는 부처님이 25년간의 긴 세월에 걸쳐 설법·교화했던 저 유명한 기원정사(祇園精舍)가 있다.

3) **기수급고독원**(祇樹給孤獨園) 원어는 Jētavane nāthapiṇḍadasya ārāme. 기수(祇樹)는 제타바나(Jetavana)의 번역어로서 사위국 '제트리 태자(太子)의 숲'이라는 뜻이다. 제트리(Jetṛ)는 '전승자(戰勝者)'라는 뜻으로 바사닉왕의 태자 이름이다. 급고독(給孤獨)은 인명으로 아나타빈다타(Anāthapiṇḍada)의 번역어로 '고독한 사람에게 먹을 것을 주는 사람'이라는 뜻이다. 고독한 사람이란 늙고 병들고 외로운 사람을 말한다. 급고독은 이름 그대로 불교를 위해서나 불우한 사람들을 위해서 많은 물질적인 선(善)을 베풀었던 부호인 수달(須達; Sudatta)의 다른 한 이름으로, 수달다(須達多)·소달다(蘇達多)라고도 음역하고 있다. 수달다가 세존에게 바칠 정사(精舍)의 대지를 구하다가 제트리 태자의 숲이 적당한 땅이라 보고 그 땅에다 황금을 가득히 깔고 사드렸다고 전한다. 그곳에 세워진 정사가 기수급고독원정사(祇樹給孤獨園精舍)이고, 보통 생략해서 기원정사(祇園精舍)라 한다. 사위성 남쪽 1마일 지점에 있다.

정사(精舍)는 수도(修道)하는 도장(道場)을 말하고, 수도승이 거처하는 집, 곧 절을 말하는 것이다.

4) **큰스님**(大比丘) 도가 높은 비구(比丘). 비구는 Bhikṣu의 음역(音譯)으로 불교에 귀의(歸依)하여 구족계(具足戒)를 받은 20세가 넘은 남자중으로서, 사미(沙彌)의 견습 수련을 거친 중을 말한다. 사미는 Śrāmaṇera의 음역으로서, 불도를 닦는 20세 미만의 어린 남자중이다. 여자중은 비구니(比丘尼)라 하고, 불도를 닦는 20세 미만의 어린 여자중은 사미니(沙彌尼;Śrāmaṇerikā)라 한다. 구족계는 비구와 비구니가 지켜야 할 일체의 계(戒)로, 비구는 250계, 비구니는 348계로 되어 있다. 여기서 큰스님은 석존의 뛰어난 제자들을 말하는 것이다.

5) **세존**(世尊) 부처님을 부르는 10가지 호칭 중의 하나. 부처님에게 있는 공덕상(功德相)을 일컬어 10가지로 표현하는데, 이것을 여래 10호(如來十號)라 한다.

① 여래(如來;Tathāgata) : 열반(涅槃)의 피안(彼岸)에 이르는 분. 여(如)로서 내생(來生)한 분.
② 응공(應供;Arhat) : 온갖 번뇌를 끊어 인간과 천상의 중생들로부터 공양을 받을 만한 덕이 있는 분.
③ 정변지(正遍知;Samyak sambuddha) : 일체지(一切智)를 갖추어 우주의 모든 시공을 알지 못함이 없다는 뜻.
④ 명행족(明行足;Vidyācaraṇa-saṃpanna) : 명(明)은 무상정변지(無上正遍智), 행족(行足)은 각족(脚足)이란 뜻으로 계(戒)·정(定)·혜(慧)의 3학(三學)을 두루 가리킨다. 즉 3학의 각족에 의해 최고의 깨달음을 얻었다는 뜻.
⑤ 선서(善逝;Sugata) : 깨달음의 피안에서 이 생사(生死)의 바다에 빠지지 않는 분.
⑥ 세간해(世間解;Lokavit) : 세계의 온갖 일을 다 아는 분.
⑦ 무상사(無上士;Anuttara) : 모든 생물 가운데에서 가장 높으신 분이며 위가 없는 큰 분.
⑧ 조어장부(調御丈夫;Puruṣadamyasārathi) : 대자대비(大慈大悲)와 대지(大智)로써 중생에 대하여 때로는 부드러운 말, 때로는 간절한 말로 제어(制御)하고 바른 길을 벗어나지 않게 조절하시는 분.
⑨ 천인사(天人師;Devamanuṣyaśāstṛ) : 하늘과 사람의 스승이라는 뜻.
⑩ 세존(世尊;Bhagavat) : 세상에서 가장 존귀한 분.

6) 식사 때가 된지라(食時) 부처님은 하루 한 끼 식사를 사시(巳時; 상오 9시~11시)에 하시었다.

7) 바리때를 드시고(持鉢) 바리때는 비구(比丘)가 사용하는 밥그릇. 이것을 가지고 돌아다니면서 밥을 비는 것을 탁발(托鉢)이라 한다. 바리때라는 말은 원어 파트라(Pātra)의 음역인데, 한문으로는 발다라(鉢多羅) 또는 발우(鉢盂)라고도 하고, 단지 줄여서 발(鉢)이라고도 한다. 쇠로 만든 철발(鐵鉢), 오지로 만든 와발(瓦鉢) 등이 있으나 우리 나라에서는 주로 나무로 만든 목발(木鉢)을 쓰고 있다.

8) 탁발(托鉢) 출가한 승려가 바리때를 들고 거리를 돌아다니면서 음식 등을 받는 것으로, 이것을 탁발걸식(打鉢乞食)이라 한다.

걸식에는 엄격한 규율이 정해져 있어서 그 대상에는 빈부나 귀천에 차별을 두지 않고 한 집 한 집 차례로 평등하게 한다. 이 걸식에는 얻거나 못 얻거나 하루에 일곱 집으로 한정되어 있는데, 이것은 색과 물에 대한 욕심, 즉 탐심(貪心)에의 집착을 버리고, 또 참고 견디는 정신을 기르기 위한 수양의 한 방법이다. 걸식할 때 비구가 지켜야 할 네 가지를 걸식사사(乞食四事)라 한다. 즉 주정계(住正戒)라 하여 심신을 바르게 가져서 정계에 주(住)하고, 주정위의(住正威儀)라 하여 용모를 단정히 하고 예의바르게 하여 상대로 하여금 공경하여 믿게 하는 것이며, 주정명(住正命)이라 하여 부처님의 법도에 따라 걸식하고 다섯 가지의 부정한 생활을 하지 않는 것이고, 주정각(住正覺)이라 하여 몸이 괴로움의 근본인 줄 알아 음식은 겨우 몸을 지탱하는 정도로 만족해야 한다는 것 등 네 가지이다.

9) **공양**(供養) 원어는 Pūjanā. 공시(供施)라고도 한다. 출가한 승려가 하루 세 끼 음식을 먹는 것. 금품이나 옷·음식·꽃·향 등을 불(佛)·법(法)·승(僧)의 삼보(三寶)에게나, 혹은 부모·스승, 또는 죽은 이에게 바치는 것을 말하는데, 근래에 와서는 부처님께 드리는 것이라는 뜻으로만 쓰인다.

10) **의복과 바리때를 거두어 치우시고 발을 씻으신 뒤**(收衣鉢 洗足已) 불교에서는 마음을 깨끗이 하기 위해서는 먼저 몸을 깨끗하게 하지 않을 수 없다고 하여 밖에서 돌아오면 반드시 손과 발을 씻도록 하는 것이다. 여기서 말하는 의복은 가사(袈裟)라고 풀이하는 사람도 있으나, 세존이 생존해 있었던 이때에는 아직 가사는 없었다는 설이 유력하다.

11) **자리를 펴고 앉으시었다**(敷座而坐) 좌(座)는 자리라는 뜻이고 좌(坐)는 앉는다는 뜻으로, 설법을 하기 위하여 법도에 맞게 위의(威儀)를 갖추어 법좌(法座)를 마련하고 조용히 바로 앉아 이제부터 제자인 수보리(須菩提)와 문답을 하게 되는 것이다. 불교에서는 행주좌와(行住坐臥), 즉 오가고 다니는 법·머무르는 법·앉는 법·눕는 법에 대한 일정한 계율이 있다. 이것을 사위의(四威儀)라 하여 일상생활에서 매우 중요시하고 실천한다.

제2 선현기청분(善現起請分)

시 장로수보리 재대중중 즉종좌기 편단우견 우슬착지 합
원문 時 長老須菩提 在大衆中 卽從座起 偏袒右肩 右膝著地 合
장공경 이백불언 희유세존 여래 선호념 제보살 선부촉 제보살
掌恭敬 而白佛言 希有世尊 如來 善護念 諸菩薩 善付囑 諸菩薩
세존 선남자 선여인 발아뇩다라삼먁삼보리심 응운하주 운하항
世尊 善男子 善女人 發阿耨多羅三藐三菩提心 應云何住 云何降
복기심 불언 선재선재 수보리여여소설 여래 선호념 제보살 선
伏其心 佛言 善哉善哉 須菩提如汝所說 如來 善護念 諸菩薩 善
부촉 제보살 여금제청 당위여설 선남자 선여인 발아뇩다라삼
付囑 諸菩薩 汝今諦聽 當爲汝說 善男子 善女人 發阿耨多羅三
먁삼보리심 응여시주 여시항복기심 유연 세존 원요욕문
藐三菩提心 應如是住 如是降伏其心 唯然 世尊 願樂欲聞

時에 長老 須菩提 在大衆中하다가 卽從座起하여 偏袒右肩하고 右膝著地하며 合掌恭敬하고 而白佛言하되 希有니이다 世尊하 如來 善護念 諸菩薩하시며 善付囑 諸菩薩하시나이다 世尊하 善男子 善女人이 發阿耨多羅三藐三菩提心하니 應云何住하며 云何降伏其心하리이까 佛이 言하시되 善哉善哉라 須菩提야 如汝所說하여 如來 善護念 諸菩薩하며 善付囑 諸菩薩하나니 汝今諦聽하라 當爲汝說하리라 善男子 善女人이 發阿耨多羅三藐三菩提心하면 應如是住하며 如是降伏其心할지니라 唯然 世尊하 願樂欲聞하나이다

이때, 장로(長老)[1] 수보리(須菩提)[2]가 모인 여러 사람들 가운데에 있다가 자리에서 일어나 옷을 벗어 오른쪽 어깨에 메고[3], 오른쪽 무릎을 땅에 꿇고[4], 합장(合掌)[5]하고 공손히 부처님께 말씀드리었다.

"세상에도 희유하신 세존이시여, 여래(如來)[6]께서는 모든 보살(菩薩)[7]들을 잘 호념(護念)[8]하시고, 모든 보살들에게 불법(佛法)을 잘 부촉(付囑)[9]하시옵니다.

세존이시여, 선남선녀(善男善女)[10]들로서 아뇩다라삼먁삼보리(阿耨多羅三藐三菩提)[11]의 마음을 낸 이는 어떻게 머물러야 하며(생활하고 행동하며) 어떻게 그 마음을 항복받아야(마음가짐이 있어야) 마땅하오리까?"

부처님이 말씀하시었다.

"좋은 말이로다, 참으로 좋은 말이로다. 수보리야, 네 말과 같이 여래는 모든 보살들을 잘 호념하여 부촉하느니라.

너는 이제 분명히 듣거라, 내 이제 너를 위하여 말하여 주리라. 선남선녀들이 아뇩다라삼먁삼보리의 마음을 내었으면 응당 이와 같이 머물러야 하며, 이와 같이 마음을 항복시켜야 하느니라."

수보리가 말하였다.

"예, 그러하옵니다. 세존이시여, 진심으로 듣기를 바라옵니다."

주

1) **장로**(長老) Āyuṣmant의 번역어. 불교에서 학식과 덕망이 높고 법랍(法臘)이 많은 승려의 존칭. 또는 젊은 비구가 늙은 비구를 높여 부르는 이름. 존자(尊者)·구수(具壽)라고도 한역하며, 기년(耆年)장로·법(法)장로·작(作)장로의 세 가지가 있다.

2) **수보리**(須菩提) 수부티(Subhūti)의 음역. 석가모니의 10대 제자

의 한 사람이며 또 16나한(羅漢)의 한 사람이기도 하다. 사위국왕의 장자로 태어나 천성이 총명하였으나, 성질이 고약하여 늘 화를 잘 내었으므로 부모로부터 쫓겨나다시피 집을 나와서 사방으로 돌아다니다가, 기원정사에서 부처님의 설법을 듣고 공(空)사상을 깨달아 그 후부터는 자비로워져서 많은 선업(善業)을 베풀었다. 또 공(空)의 도리를 제일 잘 이해한 사람으로 알려져 해공제일(解空第一)이라고 불린다. 태어날 때 부친이 꿈을 꾸니 창고가 텅 비어 보여서 공생(空生)이라 이름을 지었는데, 1주일 후 다시 꿈에 창고가 가득 차 있는 것을 보고 선현(善現)이라 이름을 고치었다. 또 그의 장래를 점상가(占相家)에게 물으니 '오직 길하다' 하여 이름을 선길(善吉)이라 하였다고 전한다. 그래서 선현(善現)·선실(善實)·묘생(妙生) 등의 여러 이름으로 불리고 있다.

· 석가모니의 10대 제자

만행(萬行)을 가장 잘하는 두타 제일(頭陀第一)인 마하가섭존자(魔訶迦葉尊者), 지혜 제일(智慧第一)인 사리불존자(舍利佛尊者), 신통 제일(神通第一)인 목건련존자(目鍵蓮尊者), 지계 제일(持戒第一)인 우바리존자(優婆離尊者), 설법 제일(說法第一)인 부루나존자(富樓那尊者), 해공제일(解空第一)인 수보리존자(須菩提尊者), 다문 제일(多聞第一)인 아난존자(阿難尊者), 밀행 제일(蜜行第一)인 나후라존자(羅睺羅尊者), 논의 제일(論義第一)인 가전연존자(可傳蓮尊者), 천안 제일(天眼第一)인 아나율존자(阿那律尊者).

3) **옷을 벗어 오른쪽 어깨에 메고**(偏袒右肩) 편단(偏袒)은 한쪽 소매를 벗어 멘다는 뜻이다. 고대 인도의 예법으로 웃옷의 한쪽 소매를 벗어 오른쪽 어깨에 걸어 메고 어깨를 드러내는 것으로, 자진해서 시중을 들겠다는 의사표시를 했다고 하는데, 지금도 동남아시아의 승려들 사이에 행해지고 있는 예법이며, 승려의 가사(袈裟)에 이 흔적이 그대로 남아 있다.

4) **오른쪽 무릎을 땅에 꿇고**(右膝著地) 착(著)은 착(着)과 통한다. 고대 인도 예법의 하나로 오른쪽 무릎을 땅에다 대는 것인데, 존경의 뜻을 표하는 방법이다.

5) **합장**(合掌) 합장배례(合掌拜禮)라 하여 두 손바닥을 앞으로 합쳐서 모아올리고 고개를 숙여 절하는 예법이다. 승려의 인사법으로 쓰

고 있다.

6) 여래(如來) 원어 타트하가타(Tathāgata)의 한역. 부처님의 10가지 호칭 중의 하나. 다타아가타(多陀阿伽陀)·다타아가도(多陀阿伽度)·달타벽다(怛他蘗多)라고 음역하기도 한다. 원어인 Tathāgata라는 말은 tathā라는 말과 gata, 또는 agata라는 두 낱말의 합성어이다. tathā는 여(如)를, 여(如)는 진여(眞如)를 말하고, gata는 가다(去), agata는 오다(來)의 뜻이다. 그래서 tathā+gata란 말은 진여(眞如)에 가다(去), 오다(來)가 되고 열반(涅槃)의 피안(彼岸)에 간 사람, 즉 도피안(到彼岸)의 뜻이 된다고 풀이하고 있다.

또 여래(如來)라는 말은 다음과 같은 3가지의 뜻을 갖는다고도 한다.

① 전세(前世)의 모든 부처님들과 같은 길을 걸어서 이 세상에 나타나신 분으로, 이 세상에 진리를 보여준 분.

② 전세의 부처님들처럼 그같은 길을 걸어서 열반의 피안에 도달한 분.

③ 진리에 도달한 분.

위 3가지 뜻으로 해석하여 여(如)로 내생(來生)한 사람이라고 해서 여래(如來)라고 한 것이다. 여(如)는 진여(眞如), 즉 항상 불변한 것이므로 가는 것도 없고 오는 것도 없는 것이라고 풀이하는 학자도 있다. 그러나 Tathāgata라는 말에는 이와 같이 복잡한 뜻은 원래는 없고, 단지 '인격의 완성자'라는 뜻에 불과했다. 그러나 후대의 학자들이 이와 같이 복잡한 억지 해석을 하게 된 것이다.

7) 보살(菩薩) 원어는 보디사트타(Bodhisattvā). 보리살타(菩提薩埵)의 준말로서 각유정(覺有情)·고사(高士)·개사(開士)·대사(大士)·시사(始士) 등으로 의역하고 있다. 보살이란 일반적으로는 대승불교에 귀의하여 성불하기 위해 수행에 힘쓰는 이를 말한다. 원래 보살이란 큰 마음을 내어 불도에 들어와서 6바라밀(六波羅蜜)을 수행하며, 위로는 부처를 따르고 아래로는 중생을 제도하는, 부처에 버금가는 성인(聖人)을 말하는 것이다. 보살이 되려면 3아승기(阿僧祇)의 100억 겁(劫;제15 주해 4), 제16 주해 4)참조)의 긴 세월에 나와 남을 모두 이롭게 하기 위한 자리이타(自利利他)의 행(行)을 닦으며 51위(位)의 수양계단을 지나 드디어 불과(佛果)를 얻는 이를 말하는 것이

다. 그중에는 지장보살(地藏菩薩)과 같이 중생의 제도를 위해 영영 성불하지 않는 이도 있다. 이를 대비천제(大悲闡提)라 한다. 관세음보살 같은 이도 이에 속한다. 보(菩)는 슬기를 닦음이요, 살(薩)은 복을 닦음이라고 풀이하는 학자도 있다. 소승불교(小乘佛教)에서는 부처님은 오직 석가모니불과 미래에 성불할 미륵뿐이라고 생각하기 때문에 석가모니불이 성불하기 전의 호명보살과 앞으로 성불할 미륵보살밖에 없다고 말한다. 반면에 대승불교에서는 성불하는 것을 목적으로 하므로 석가모니 한 분만이 아니고 한없이 많은 부처가 있다고 말하고, 또 재가(在家)나 출가(出家)를 막론하고 불도를 수행하는 이를 모두 보살이라 부르고 있다. 우리 나라에서는 우바이(優婆夷)와 청신녀(淸信女)의 존칭으로 쓰이는데, 그 어원을 알 수가 없다.

8) **호념**(護念) 원어 파리그라하(Parigraha)의 번역어. 모든 부처, 보살들이 선행을 닦는 중생에게 온갖 어려움을 없애주며 옹호하고 깊이 억념(憶念)하여 버리지 않는 것을 말한다.

9) **부촉**(付囑) 다른 이에게 부탁하고 위촉하는 것. 부처님은 설법을 마친 후에 청중 가운데서 어떤 사람을 가려내어 그 법의 유통을 촉탁하는 것이 상례였다. 이것을 촉루(囑累), 누교(累教)라 하기도 한다. 경전 가운데서는 이러한 부촉의 일을 말한 부분을 촉루품(囑累品), 또는 부촉단(付囑段)이라고 해서 대개 경전의 맨 끝에 있다. 부촉(付屬)이라고도 쓴다.

10) **선남선녀**(善男善女) 선남자선여인(善男子善女人)을 줄인 말. 원어는 쿨라푸트라(Kulaputra), 쿨라두히트라(Kuladuhitra). 직역하면 출생이 좋은 올바른 아들, 출생이 올바른 딸의 뜻. 선(善)은 선인(善因)으로 전세에서 지은 선사공덕(善事功德)이 현세에 나타나 부처님의 가르침을 듣고 믿는 이, 현세에서 불법을 믿고 선을 닦는 이, 부처님의 명호를 듣고 염불하는 남자와 여자라는 뜻. 죄악이 많은 자라도 마음을 돌이켜서 참회하고 염불하면 선남선녀가 된다고 한다.

11) **아뇩다라삼막삼보리**(阿耨多羅三藐三菩提) 원어 Anuttara-samyak-saṃbodhi의 음역. 직역하면 '이 위없이 올바른 깨달음으로 향하는 마음'이란 뜻이 되고, 무상정등정각(無上正等正覺), 또는 무상정등각(無上正等覺)이라 한역한다. 범부(凡夫)가 불각(不覺)인 데 비해 미계(迷界)를 여의고 각지(覺知)가 원만하여 일체의 진상을 모두 아는 부

처님의 전지전능한 깨달음을 말하는 것이다. 아뇩다라(阿耨多羅)는 '위가 없다', 즉 무상(無上)· 삼먁(三藐)은 '바르고 평등하다'는 뜻으로 정등(正等)· 삼보리(三菩提)는 세 가지 도(道), 즉 성문보리(聲聞菩提)·연각보리(緣覺菩提)·제불보리(諸佛菩提)를 말하는데, 모든 진리를 똑바로 밝게 깨달은 부처의 마음[정각(正覺)]을 뜻한다. 따라서 부처님의 무상승지(無上勝地)를 말하는 것이다.

또한 우리 나라 조선 초기에 간행된 《금강경오가해(金剛經五家解)》에서 육조혜능(六祖慧能)은 "아(阿)는 무(無)를, 뇩다라(耨多羅)는 상(上)을, 삼(三)은 정(正)을, 먁(藐)은 변(偏)을, 보리(菩提)는 지(智)를 말한다."고 설명하고 있다.

제3 대승정종분(大乘正宗分)

불고수보리 제보살 마하살 응여시항복기심 소유일체 중
[원문] 佛告須菩提 諸菩薩 摩訶薩 應如是降伏其心 所有一切 衆
생지류 약난생 약태생 약습생 약화생 약유색 약무색 약유상
生之類 若卵生 若胎生 若濕生 若化生 若有色 若無色 若有想
약무상 약비유상 비무상 아개영입 무여열반 이멸도지 여시멸
若無想 若非有想 非無想 我皆令入 無餘涅槃 而滅度之 如是滅
도 무량무수무변중생 실무중생 득멸도자 하이고 수보리 약보
度 無量無數無邊衆生 實無衆生 得滅度者 何以故 須菩提 若菩
살 유아상 인상 중생상 수자상 즉비보살
薩 有我相 人相 衆生相 壽者相 卽非菩薩

佛이 告須菩提하시되 諸菩薩 摩訶薩은 應如是降伏其心이니 所有一切衆生之類 若卵生이나 若胎生이나 若濕生이나 若化生이나 若有色이나 若無色이나 若有想이나 若無想이나 若非有想 非無想이나를 我皆令入 無餘涅槃하여 而滅度之하리니 如是滅度 無量無數無邊衆生하되 實無衆生 得滅度者하니 何以故오 須若提야 若菩薩이 有我相 人相 衆生相 壽者相하면 卽非菩薩이니라

부처님께서 수보리에게 말씀하시었다.

"모든 보살 마하살(摩訶薩)[1]은 응당 이렇게 그 마음을 굴복시켜야 하느니라.

이 세상에 있는 일체 중생의 종류[2)]인 난생(卵生)[3)]이거나, 태생(胎生)[4)]이거나, 습생(濕生)[5)]이거나, 혹은 화생(化生)[6)]이거나, 유색(有色) 혹은 무색(無色)[7)]이거나, 유상(有想) 혹은 무상(無想)[8)]이거나, 비유상(非有想) 혹은 비무상(非無想)이거나를 가리지 않고 내가 남김없이 이를 모조리 제도(濟度)하여 무여열반(無餘涅槃)[9)]에 들도록 하리라.

이렇게 한량이 없고, 무수히 많고, 끝이 없는 중생들을 제도하였으나 실제로는 중생으로서 멸도(滅道)[10)]를 얻은 자가 없으니 이 무슨 까닭이겠느냐.

수보리야, 만약 보살이 아상(我相)[11)], 인상(人相)[12)], 중생상(衆生相)[13)], 수자상(壽者相)[14)]을 가지고 있다고 한다면 그것은 곧 보살이 아니기 때문이니라."

주

1) **마하살**(摩訶薩) 원어는 Mahāsattva. 마하살타(摩訶薩埵)의 준말로서 보살의 미칭(美稱)이다. 마하(摩訶)는 크다는 뜻이고 보살은 나와 남을 이롭게 하기 위하여 대행(大行)을 닦는 사람이므로 큰보살, 즉 마하살이라고 하는 것이다. 부처님을 제외하고는 중생 가운데 맨 윗자리에 있으므로 대(大)를 더하여 대사(大士) 또는 대유정(大有情)이라 한역하고 있다(제2 주해 7)참조).

2) **일체 중생의 종류**(一切衆生之類) 범어의 Sattva를 중생(衆生)이라고 한역했다. 보통 미계(迷界)의 생물들을 통틀어 중생지류(衆生之類)라고 한다. 예전에는 '정식(情識)이 있는 생물'로 풀이되어 왔으나 당(唐)나라 현장법사(玄奘法師)가 '유정(有情)'이라 번역한 이후로는 계속 쓰이고 있다. 중생의 뜻에는 첫째 여러 생(生)을 윤회(輪廻)한다, 둘째 여럿이 함께 산다, 셋째 많은 연(緣)이 화합하여 비로소 생(生)한다는 뜻을 가진다고 한다.

3) **난생**(卵生) 원어 Aṇḍaja의 번역어. 알에서 태어나는 모든 생물을 말한다. 원생동물이나 포유동물 이외의 물고기·새·뱀 등의 종류가 이에 속한다. 난생과 다음에 설명하는 태생(胎生)·습생(濕生)·화

생(化生)의 생물이 태어나는 형태를 네 가지로 분류하여 사생(四生; Catasro-yonayaḥ)이라 한다.

4) 태생(胎生) 사람이나 소, 말과 같이 어미의 뱃속에서 사지와 형태가 갖추어진 채 출생하는 모든 것을 말한다. 포유동물이 이에 속한다.

5) 습생(濕生) 원어 Saṃsvedajā의 번역어. 습한 곳에서 태어나는 생물을 말하는데 모기·개구리·지렁이 따위가 그것이다.

6) 화생(化生) 원어 Upapāduka. 자체가 없으며, 의탁한 데 없이 홀연히 생겨나는 생물을 말한다. 모든 천상(天上)이나 지옥에 나거나, 우주가 처음 생길 때인 초겁(初劫) 또는 천지개벽 시초에 나는 존재들을 말한다. 육조혜능(六祖慧能)은 이 사생(四生)을 다음과 같이 설명하고 있다. 난생은 미(迷)한 성품, 태생은 습성(習性), 습생은 사견에 이끌리는 것, 화생은 견취성(見趣性)을 이르는 것이다. 이 모두가 어리석기 때문에 모든 업을 짓고 습성에 젖어 있기 때문에 생사윤회에 유전(流轉)하며, 사(邪)에 끌리기 때문에 마음이 인정(印定)되지 못하여 타락하게 된다고 풀이하고 있다(《금강경오가해》).

7) 유색 혹은 무색(若有色 若無色) 중생이 살고 있는 세계를 욕계(欲界)·색계(色界)·무색계(無色界)의 3개로 나누는데 이것을 삼계(三界)라 한다. 이중에 욕계(欲界)는 지옥·아귀·축생·아수라·인간·6욕천(欲天)의 총칭이다. 이곳은 식욕(食欲)·음욕(淫欲)·수면욕(睡眠欲) 등이 가득 찬 세계이다. 색계(色界)는 욕계의 위 무색계(無色界)의 아래에 있는 세계로서 욕계에서와 같은 탐욕은 없어졌으나, 완전히 물질적인 것에서는 벗어나지 못해 전적으로 정신적인 것이 되지 못한 중간의 물적(物的)인 세계이다. 위에 말한 것은 형상이 있는 것이라서 유색(有色)이다. 무색계(無色界)는 색계 위에 있어 물질적인 것을 벗어난 순 정신적 존재인 세계, 즉 무색천(無色天)에 사는 사람을 말한다. 이것은 형상이 없다고 해서 무색(無色)이라 한다. 이 무색계에서는 형색(形色)은 없고 수(受)·상(想)·행(行)·식(識)의 4온(蘊)만 있다. 삼계(三界) 가운데서 맨 위에 있는 차원 높은 하늘이라고 해서 유정천(有頂天)이라고도 한다.

8) 유상 혹은 무상(若有想 若無想) 생각하는 번뇌나 망상이 있는 상념(想念)을 가지고 있는 것이 유상(有想)이고, 일체의 상념이 없는

것이 무상(無想)이다. 그러나 깊은 번뇌, 곧 잠재의식은 남아 있으므로 역시 중생을 면치 못한다.

9) **무여열반**(無餘涅槃) 원어는 아누파디세사 니르바나(Anupadhiśeṣa-nirvāṇa). 멸(滅)·적멸(寂滅)·원적(圓寂)·멸도(滅道)라고도 번역하고 있다. 혹은 무작(無作), 무생(無生)이라고도 한다. 도(道)를 완전히 이루어 일체의 미혹(迷惑)과 번뇌를 끊고 삶과 죽음을 초월한 불생불멸(不生不滅)의 법을 증험한 해탈의 경지를 열반(涅槃)이라 하여 불교의 최고의 이상(理想)으로 삼는다. 열반에는 두 가지가 있는데 그 하나는 자기의 수행으로 고계(苦界)의 원인인 일체의 번뇌와 미혹을 끊었으나 아직도 과거의 업보(業報)로 받은 몸을 멸하지 못하고 남기고 있는 경우를 유여열반(有餘涅槃;Sopadhi śeṣa-nirvāṇa)이라 하고, 미혹과 번뇌가 전혀 없는 상태로 죽어서 몸체까지도 모두 영원한 진리에로 돌아가는 것을 무여열반이라 말한다.

10) **멸도**(滅道) 멸체(滅諦)와 도체(道諦)를 말한다. 멸(滅)은 미혹(迷惑)의 인과(因果)를 끊어 없애는 것이고 도(道)는 그 멸과에 이르는 방법, 곧 실천적인 수단으로 계(戒)·정(定)·혜(慧) 등의 수행을 말한다. 멸은 깨달은 결과, 도는 깨달을 원인이다.

11) **아상**(我相) 아상(我相)·인상(人相)·중생상(衆生相)·수자상(壽者相)의 네 개를 아인사상(我人四相) 또는 사상(四相)이라 하여 불교인들이 범하기 쉬운 집착상을 경계하는 말이 되고 있다. 아상(我相)은 '나'라는 상(相)에 집착하는 것을 말한다. 오온(五蘊;제30 주해 2)참조)이 가합(假合)하여 이루어진 가변의 존재인 자기 자신을 마치 무슨 실재(實在)가 있고 아(我)가 있다고 생각하고, 또 내가 있다고 그릇되게 생각하는 견해, 즉 '내가 있다'고 하는 생각을 말한다.

12) **인상**(人相) 아상(我相)처럼 집착하는 모습의 하나인데 '남'을 의식하는 데에서 오는 행동과 생각을 말한다. 우리들은 사람이므로 지옥취(地獄趣)나 축생취(畜生趣)와는 다르다고 집착하여 소나 개 같은 짐승이나, 성인(聖人)과 범인(凡人) 등 상대방과 비교·차별·경멸감 등을 느낌으로써 일어나는 대립적 행동이나 생각의 현상을 말한다.

사람이 만물의 영장(靈長)이라고 생각하거나 육식(肉食)을 하는 것은, 다른 짐승인 중생을 나보다 열등하다고 보는 데서 오는 인상(人

相)의 하나이다.

13) 중생상(衆生相) 괴로운 것을 싫어하고 즐거운 것을 탐내는 동물적인 행동이나 상념의 집착을 규정하는 말인데, 중생들이 그릇된 의미에서 '나의 몸은 오온(五蘊)이 가합(假合)되어서 생겨난 것'이라는 아집에 집착하여 그릇된 생각에 빠지는 오류를 말한다.

14) 수자상(壽者相) 우리들은 선천적으로 길든 짧든 간에 일정한 수명을 하늘에서 받아 그 수명대로 살고 있다고 하는 생각의 집착을 말한다(제15 주해 8)참조).

제4 묘행무주분(妙行無住分)

부차 수보리 보살어법 응무소주 행어보시 소위부주색보
원문 復次 須菩提 菩薩於法 應無所住 行於布施 所謂不住色布
시 부주성향미촉법보시 수보리 보살 응여시보시 부주어상 하
施 不住聲香味觸法布施 須菩提 菩薩 應如是布施 不住於相 何
이고 약보살 부주상보시 기복덕 불가사량 수보리 어의운하 동
以故 若菩薩 不住相布施 其福德 不可思量 須菩提 於意云何 東
방허공 가사량부 불야 세존 수보리 남서북방 사유상하허공 가
方虛空 可思量不 不也 世尊 須菩提 南西北方 四維上下虛空 可
사량부 불야 세존 수보리 보살 무주상보시복덕 역부여시 불가
思量不 不也 世尊 須菩提 菩薩 無住相布施福德 亦復如是 不可
사량 수보리 보살 단응여소교주
思量 須菩提 菩薩 但應如所教住

復次 須菩提야 菩薩은 於法에 應無所住하여 行於布施니 所謂不住色布施하며 不住聲香味觸法布施니라 須菩提야 菩薩은 應如是布施하여 不住於相이니 何以故오 若菩薩이 不住相布施하면 其福德이 不可思量이니라 須菩提야 於意云何오 東方虛空을 可思量不아 不也니이다 世尊하 須菩提야 南西北方 四維上下虛空을 可思量不아 不也니이다 世尊하 須菩提야 菩薩의 無住相布施福德도 亦復如是하여 不可思量이니라 須菩提야 菩薩은 但應如所教住니라

"그리고 또 수보리야, 보살은 응당 법(法)에 머무르는 바 없이 보시(布施)[1]를 행해야 하느니라. 이른바 색(色)에 머무르지 아니한 보시이며, 성(聲)·향(香)·미(味)·촉(觸)·법(法)[2] 등에도 머무르지(얽매이지) 않고서 보시를 해야 하느니라.

수보리야, 보살은 마땅히 이렇게 보시를 하여 (자취를 남기고자 하는) 상(相)에 머무르지 않아야[3] 할 것이니라.

그것은 무슨 까닭이냐 하면, 만약에 보살이 자취를 남기고자 하는 상(相)에 머무르지 않고 보시를 하면 그 복덕(福德)[4]은 가히 헤아릴 수 없을 것이기 때문이니라.

수보리야, 네 생각에는 어떠하냐? 동쪽 하늘의 허공(虛空)이 얼마나 크고 넓은지를 헤아릴 수 있겠느냐, 없겠느냐?"

"헤아릴 수 없겠사옵니다, 세존이시여."

"수보리야, 그러면 남쪽·서쪽·북쪽과 사유(四維)[5]·상하(上下)의 허공을 능히 헤아릴 수 있겠느냐, 없겠느냐?"

"헤아릴 수 없겠사옵니다, 세존이시여."

"수보리야, 보살이 자취를 남기고자 하는 상(相)에 머무르지 않고 행하는 보시의 복덕(福德)도 또한 이와 같아 생각으로서는 헤아릴 수 없는 것이니라.

수보리야, 보살은 다만 이렇게 가르쳐 준 대로 머물러야 하느니라.[6]"

주

1) **보시**(布施) 원어 Dāna의 의역. 단나(檀那)라 음역한다. 육바라밀(六波羅蜜 ; Ṣaḍ-pāramitā)의 하나로 조건없이 깨끗한 마음으로 법이나 재물을 남에게 베풀어주는 것을 보시라 한다.

육바라밀은 보시(布施)·지계(持戒)·인욕(忍辱)·정진(精進)·선정(禪定)·지혜(智慧)의 여섯 가지로, 생사의 고해를 건너 열반의 피안

(彼岸)에 이르는 대승불교도의 수행하는 실천 덕목으로 삼는 것이다. 보시는 그 베푸는 성질에 따라서 ① 돈이나 재물 등으로 하는 물질적인 보시인 재시(財施), ② 설법으로써 선근(善根)을 자라게 하는 정신적인 보시인 법시(法施), ③ 계(戒)를 지켜서 남을 침해하지 아니하고, 남에게 두려움이나 근심이나 걱정을 없애주고, 또한 위태로운 목숨을 구해주거나, 병을 고쳐주고, 곤경을 모면하게 해주는 보시인 무외시(無畏施)의 세 가지가 있다. 또 베푸는 사람의 마음가짐에 따라서 정시(淨施)와 부정시(不淨施)가 있다. 정시는 보시함으로써 그 대가를 바라거나 어떤 보람을 바라지 않는 깨끗한 마음으로 하는 보시를 말한다. 부정시는 어떤 보람이나 보답을 바라고, 즉 보시함으로써 어떤 복을 받는다거나 혹은 남의 칭찬이나 감사를 기대하면서 하는 보시를 말한다.

여기에서 나오는 '법에 머무르는 바 없이 보시를 행해야(無所住行於布施)'란 '내가 무엇을 베풀었다'라는 자만 같은 게 없이 오로지 깨끗한 마음으로 하는 보시를 말한다. 만일 '내가 보시를 했다'라는 상념이 있는 보시라면 진정한 의미의 보시라 볼 수 없다. 그 이유는 '내가 베풀었다' 하는 의식은 집착이기 때문이다. 이렇게 마음에 걸림이 없고 머무름이 없는 보시를 무주어상보시(無住於相布施)라고 한다.

2) 색(色)·**성**(聲)·**향**(香)·**미**(味)·**촉**(觸)·**법**(法) 우리의 눈(眼)·귀(耳)·코(鼻)·혀(舌)·몸(體)·뜻(意)을 육근(六根)이라 하는데, 색(모양)·성(소리)·향(냄새)·미(맛)·촉(느낌)·법(계법)의 6요소는 육근을 통하여 몸 속으로 들어가, 우리들의 본성인 청정(淸淨)하고 깨끗한 마음을 더럽히고 진성(眞性)을 덮어 흐리게 하는 6개의 요소라 하여 육진(六塵)이라 한다. 이것을 설명하면 다음과 같다.

① 색(色;Rūpa) : 일정한 모양과 색채가 있는 시각적·직감적인 일체의 물질을 말한다. '부주색(不住色)'이란 이런 색에 구애받지 않는, 즉 머무름이 없는 것이란 뜻이다.

② 성(聲) : 귀로 듣는 청각적인 대상, 즉 소리를 말한다.

③ 향(香;Gandha) : 건타(乾陀)라고 음역하기도 하는데, 코로 맡아서 후각적으로 느껴 분별하는 냄새를 말한다. 냄새는 호향(好香)·오향(惡香)·등향(等香)·부등향(不等香) 등 4종으로 나눈다.

④ 미(味) : 혀로 느끼는 미각적인 미욕(味欲)을 말한다. 즉 맛있는

음식을 많이 먹고 싶어하는 욕심이다. 또 맛이라는 것은 심식(心識)을 물들게 하여 번뇌를 일으키기도 한다.

⑤ 촉(觸;Sprasṭavya) : 촉각(觸覺)의 대상, 감촉(感觸)되는 것을 말한다. 즉 닿아서 느껴 아는 것이다. 굳은 것(堅), 축축한 것(濕), 더운 것(煖), 흔들리는 것(動), 매끄러운 것(滑), 껄끄러운 것(澁), 무거운 것(重), 가벼운 것(輕), 차가운 것(冷), 배고픈 것(飢), 목마른 것(渴)의 11종으로 나눈다.

⑥ 법(法;Dharma) 달마(達磨)라 음역하기도 한다. 궤범(軌範)을 주로 하여 규칙을 법이라 하니, 부처님의 가르침을 불법·정법·교법이라 하며, 부처님이 제정한 계율을 계법(戒法)이라 하고, 그 규정에 따라 수행하는 의식을 수법(修法)이라 한다. 쉽게 말해 규칙을 법이라고 하는데, 여기에서는 곱다, 밉다, 옳다, 그르다 하는 따위의 마음의 대상이 되는 정신작용을 가리키는 것이다.

3) **상에 머무르지 않아야**(不住於相) 상(相)이란 외계(外界)에 나타나서 마음의 상상이 되는 사물의 모양·꼴·형태 등을 말하는 것이고, '머무르지 않아야'란 말은 보시를 할 때에는 내가, 누구에게, 무엇을 보시를 함에 있어 거기에 대한 어떤 보람이나 또는 어떤 희망이나 또는 내가 베풀었다는 자부심을 마음속에 남기지 않고 마음을 비운 상태에서 해야 한다는 말이다. 이것을 삼륜청정(三輪淸淨) 또는 삼륜공적(三輪空寂)이라고 해서 대단히 중요시하는 법도이다. 삼륜(三輪)이란 베푸는 사람, 즉 시자(施者)·받는 사람, 즉 수자(受者)·베푸는 물건, 즉 시물(施物)의 세 가지를 가리키는 말이다. 청정(淸淨)은 깨끗하고 맑은 마음을 말하는 것이고, 공적은 마음속에 아무것도 얽매임이 없는 공허의 상태를 말하는 것이다.

4) **복덕**(福德) 복(福)은 복리, 선(善)을 수행하는 이를 도와 복되게 하는 것이고 덕(德)은 얻었다는 뜻이다. 즉 복을 얻었다는 뜻으로 복덕이라 한다. 공덕(功德)과 비슷한 말(제14 주해 10)참조).

5) **사유**(四維) 유(維)는 방우(方隅), 즉 모퉁이를 말한다. 네 구석. 동북(東北)의 간(艮), 동남(東南)의 손(巽), 서북(西北)의 건(乾), 서남(西南)의 곤(坤)의 4개의 간방(間方)을 말한다.

동·서·남·북의 4방(四方)과 상(上)·하(下)를 합해 육합(六合)이라 하고, 여기에 사유(四維)인 네 모퉁이를 넣어 10개 방향을 시방

(十方)이라 한다. 시방세계(十方世界)라 하면 온 세계를 말하는 것이고, 시방정토(十方淨土)라 하면 무량무변(無量無邊)한 여러 부처의 정토를 말하는 것이다.

6) 다만 이렇게 가르쳐 준 대로 머물러야 하느니라(但應如所教住) 달리 생각할 것 없이 응당 부처님이 가르쳐 주신 그대로 무상(無想)의 보시를 일삼으라는 말. 응(應)은 순순히 따르라는 뜻이다.

제5 여리실견분(如理實見分)

수보리 어의운하 가이신상 견여래부 불야 세존 불가이신
원문 須菩提 於意云何 可以身相 見如來不 不也 世尊 不可以身
상 득견여래 하이고 여래소설신상 즉비신상 불고수보리 범소
相 得見如來 何以故 如來所說身相 卽非身相 佛告須菩提 凡所
유상 개시허망 약견제상비상 즉견여래
有相 皆是虛妄 若見諸相非相 卽見如來

須菩提야 於意云何오 可以身相으로 見如來不아 不也니이다 世尊하 不可以身相으로 得見如來니 何以故오 如來所說身相은 卽非身相이니이다 佛이 告須菩提하시되 凡所有相이 皆是 虛妄하니 若見諸相非相이면 卽見如來하리라

"수보리야, 네 생각엔 어떠하냐? 신상(身相)[1]을 가지고 여래(如來)라고 볼 수 있겠느냐?"

"아니옵니다, 세존이시여. 신상을 가지고서는 여래라 볼 수 없는 것이옵니다. 왜냐하면 여래께서 말씀하신 바의 신상은 곧 신상이 아니기 때문이옵니다."

부처님께서 수보리에게 말씀하시었다.

"무릇 모든 상(相)은 다 허망(虛妄)[2]한 것이니라. 만약에 모든 상이 상 아님을 알면 그것은 곧 여래를 보는 것이니라.[3]"

주

1) **신상**(身相) 형상도 빛깔도 없는 법신(法身)에 대하여, 형상과 빛깔이 있는 것을 신상(身相)이라고 한다. 즉 몸매·모습·몸짓 등 육신 자체와 육신의 동작 등도 포함해서 말하는 것이다. 석가여래는 보통 사람이 지니지 않는 특징인 32상(相)을 지니고 있었다고 한다(제13 주해 5)참조). 이런 상을 갖춘 이는 세속에 있으면 전륜왕(轉輪王;제26 주해 2)참조)이 될 것이며, 출가하면 부처님이 된다고 한다. 전륜왕이란 고대 인도의 전설적인 대망의 왕이다. 부처님과 같이 32상을 갖추고 있고, 그가 즉위하는 때에 하늘로부터 윤보(輪寶)라는 일종의 무기를 감득(感得)하고 그것을 굴려 전 인도(천하)를 정복한다고 전해진다. 전륜왕에 대한 대망의 생각은 힌두교도, 불교도, 자이나교도들의 공통된 것이었다. 여래(如來)는 중생이 갖고 있지 못한 32상을 가지고 있다고 하지만 그것은 겉모양에 불과한 것이고, 그의 마음속에 지니고 있는 진여(眞如)의 법신은 아니다. 흙(地)·불(火)·물(水)·바람(風)으로 이루어진 우리들의 몸체를 색신(色身)이라고 하고 이 색신이 곧 신상이다. 살·뼈·가죽·털 등은 죽어서 흙으로 돌아가고, 눈물·콧물·피·오줌 등은 물로 돌아가고 체온은 불로 돌아가고, 움직임은 바람으로 돌아가는 것이라고 생각했던 것이다. 그래서 흙·물·불·바람의 네 가지는 우리의 육신을 이루는 4대 요소라 해서 사대 색신(四大色身)이라 한다.

2) **허망**(虛妄) 실(實)이 아닌 것이 허(虛)이고, 진(眞)이 아닌 것이 망(妄)이다. 실제가 아니고 진상이 아닌 것을 말한다.

3) **모든 상이 상 아님을 알면 그것은 곧 여래를 보는 것이니라**(見諸相非相 卽見如來) 색신은 유상(有相)이요, 법신(法身)은 무상(無相)이다. 색신은 지(地)·수(水)·화(火)·풍(風)의 4요소가 화합한 것으로, 육안으로 볼 수 있는 것이다. 그러나 법신은 모양이 없고 육안으로는 볼 수가 없으며, 혜안(慧眼)으로써만 능히 이를 볼 수가 있는 것이다. 범부는 색신의 여래(如來)만 보고 법신의 여래는 보지 못하는 것이다.

모든 상은 실상이 아니며 이는 모두 허망한 것이다. 이와 같이 이름과 상에 머무르지 않는다면 상(相)은 상이지만 진실한 상이 아님을 알게 될 것이다. 그때에야 비로소 여래, 곧 진실한 진리를 보게 되는 것이다.

제6 정신희유분(正信希有分)

수보리 백불언 세존 파유중생 득문여시언설장구 생실신
원문 須菩提 白佛言 世尊 頗有衆生 得聞如是言說章句 生實信
부 불고수보리 막작시설 여래멸후 후오백세 유지계수복자 어
不 佛告須菩提 莫作是說 如來滅後 後五百歲 有持戒修福者 於
차장구 능생신심 이차위실 당지 시인 불어일불이불삼사오불
此章句 能生信心 以此爲實 當知 是人 不於一佛二佛三四五佛
이종선근 이어무량천만불소 종제선근 문시장구 내지일념 생정
而種善根 已於無量千萬佛所 種諸善根 聞是章句 乃至一念 生淨
신자 수보리 여래 실지실견 시제중생 득여시무량복덕 하이고
信者 須菩提 如來 悉知悉見 是諸衆生 得如是無量福德 何以故
시제중생 무부아상 인상 중생상 수자상 무법상 역무비법상 하
是諸衆生 無復我相 人相 衆生相 壽者相 無法相 亦無非法相 何
이고 시제중생 약심취상 즉위착아인 중생수자 하이고 약취법
以故 是諸衆生 若心取相 卽爲著我人 衆生壽者 何以故 若取法
상 즉착아인중생수자 약취비법상 즉착아인중생수자 시고 불응
相 卽著我人衆生壽者 若取非法相 卽著我人衆生壽者 是故 不應
취법 불응취비법 이시의고 여래상설 여등비구 지아설법 여벌
取法 不應取非法 以是義故 如來常說 汝等比丘 知我說法 如筏
유자 법상응사 하황비법
喩者 法尙應捨 何況非法

須菩提 白佛言하되 世尊하 頗有衆生이 得聞如是言說章句하고

生實信不이까 佛이 告須菩提하시되 莫作是說하라 如來滅後 後五百歲에 有持戒修福者하여 於此章句에 能生信心하여 以此爲實하리니 當知하라 是人은 不於一佛二佛 三四五佛에 而種善根이라 已於無量千萬佛所에 種諸善根하여 聞是章句하고 乃至一念으로 生淨信者니라 須菩提야 如來 悉知悉見하나니 是諸衆生이 得如是無量福德이니라 何以故오 是諸衆生이 無復我相 人相 衆生相 壽者相하며 無法相하며 亦無非法相이니 何以故오 是諸衆生이 若心取相하면 卽爲著我人 衆生壽者이니 何以故오 若取法相이라도 卽著我人衆生壽者이며 若取非法相이라도 卽著我人衆生壽者이니라 是故로 不應取法이며 不應取非法이니라 以是義故로 如來常說하시되 汝等比丘야 知我說法을 如筏喩者라 하나니 法尙應捨어든 何況非法이리요 하니라

수보리가 부처님께 말씀드리었다.

"세존이시여, 매우 많은 중생[1]이 이러한 부처님의 말씀이나 경전(經典)의 글귀를 듣고 진실한 믿음의 마음을 낼 수가 있겠사옵니까, 어떠하옵니까?"

부처님께서 수보리에게 말씀하시었다.

"그런 말을 하지 말라. 여래가 멸(滅)한 뒤 후오백세(後五百歲)[2]에 이르러서도〔정법(正法)이 문란한 때에 이르러서도〕계(戒)를 지키고 복을 닦는[3] 사람이 있어서, 이 경전의 글귀를 보고 능히 믿는 마음을 일으켜 그것을 진실한 것으로 여기게 될 것이다. 당연히 너는 알아야 할 것이다. 이 사람들은 한 부처나 두 부처, 셋, 넷, 다섯 부처님에 대해서 선근(善根)[4]을 심은 것이 아니라, 벌써 헤아릴 수 없이 많은 무량한 천만 부처님에게 모든 선근을 심어 놓았기 때문에, 이 글귀를 듣고 적어도 진심으로 깨끗한 믿음의 마음을 내는 사람이니라.

수보리야, 여래는 이 모든 중생이 이와 같은 헤아릴 수 없는 복덕을 얻게 될 것을 다 아시고, 훤히 내다보고 계시느니라. 그것은 무슨 까닭인가 하면 이 모든 중생들은 아직도 아상(我相)·인상(人相)·중생상(衆生相)·수자상(壽者相)이 전혀 없으며, 법상(法相)[5]도 없고 또한 비법상(非法相)도 없기 때문이니라.

이것은 또 무슨 연유인가 하면 이 모든 중생들이 만약 마음에 상을 취하게 되면, 이는 곧 아상·인상·중생상·수자상에 집착하게 되는 것이며, 만약 법에 상을 취하더라도 곧 아상·인상·중생상·수자상에 집착하게 되는 것이니라. 또 만약 비법상(非法相)을 취하더라도 곧 아상·인상·중생상·수자상에 집착하게 되기 때문이니라. 그러므로 응당 법에 집착하지 말 것이며, 비법에도 집착하지를 말 것이니라. 그렇기 때문에 여래가 늘 말하기를, '너희 비구들아, 나의 설법(說法)이 뗏목의 비유[6]와 같음을 아는 자는 법까지도 마땅히 버려야 할 것이어늘, 하물며 법 아닌 것에 있어서랴.'라고 한 것이니라."

주

1) **매우 많은 중생**(頗有衆生) 파(頗)는 '생각보다 매우'라는 뜻. 파유중생(頗有衆生)은 생각보다 퍽 많은 중생이라는 말이다.

2) **후오백세**(後五百歲) 원어 paścimāyāṃ pañca-śatyāṃ. 제2의 500년을 지칭하는 것이다. 부처의 예언 중에 자신이 돌아간 뒤에 다가올 일들을 다섯 번의 500년씩을 잘라서 1기로 하여 불교의 성쇠상태를 나타낸 것이다. 이것은 오종오백년(五種五百年), 오오백년(五五百年), 오오백세(五五百歲)라 한다. 첫 500년 동안은 해탈견고(解脫堅固)하다고 했다. 즉 지혜가 있어서 해탈의 과(果)를 증득한 사람이 많이 나서 정법이 세상에 행해지는 시기이고, 교(敎)와 수행(修行)과 증과(證果)의 셋이 존재하는 시기라 하여 정법시(正法時)라 하였다. 두 번째 500년 동안은 선정견고(禪定堅固)하다고 했다. 곧 가르침이

나 수행을 충실하게 닦는 사람이 많아 불법이 성행한다는 것이다. 그러나 교(教)와 수행은 있으나 증과(證果)가 없는 시기이고, 그 후는 말법(末法)의 시기로서 교는 있으나 수행도 증과도 없는 멸법(滅法)의 시대가 온다고 했다. 이 설에 따르면 제2의 500년은 상법(像法)의 시대가 된다. 따라서 이 시대에 이르면 불교가 어지러워지고 변동이 일어난다고 보았다. 세 번째 500년 동안은 다문견고(多聞堅固)라 했는데, 곧 불경을 많이 배워 독송·학습하는 사람이 많은 시기라는 것이다. 네 번째 500년 동안은 절이나 탑(塔)을 세우는 사람이 많이 날 것이므로 탑사견고(塔寺堅固)라 했다. 다섯 번째 500년 동안은 점점 불법(佛法)이 쇠미해져서 불법에 대한 논쟁이 많이 생길 것이라 하여 투쟁견고(鬪爭堅固) 시대라 했다. 이 500년 동안은 가르침은 있으나 수행도 증과도 없는 시기라 하여 말법시(末法時)라 하였다. 여기에 나오는 후오백세(後五百歲)는 다섯 번째 500세를 가리킨다는 설도 있다.

3) **계를 지키고 복을 닦는**(持戒修福) 계(戒)란 범어 실라(Śīla)의 의역인데, 불교도로서 해서는 안 되는 금제(禁制), 즉 불교도의 도덕을 말하는 것이다. 계(戒)에는 대승계(大乘戒)에 3귀계(三歸戒)가 있고 3취정계(三聚淨戒), 10중금계(十重禁戒), 48경계(四十八輕戒) 등이 있다. 소승계(小乘戒)에는 5계·8계·10계 등의 재가계(在家戒)와 비구(比丘)의 250계, 비구니(比丘尼)의 348계 등이 있다. 지계(持戒)는 계율을 잘 지켜서 충실하게 수양을 하는 것이고, 수복(修福)은 공덕을 쌓아 복과 덕을 닦는 것을 말한다.

4) **선근**(善根) 좋은 과보(果報)를 받을 수 있는 좋은 인(因), 즉 그 원인의 뿌리(根)라는 뜻으로 불교에서는 행업(行業)에 선근을 심으면 반드시 선과(善果)를 맺고, 악인(惡因)으로는 반드시 악과(惡果)를 얻는다는 인과응보(因果應報)의 윤리관을 내세운다. 선한 과보를 얻기 위해서는 선과의 근본이 되는 선근을 심어야 한다. 온갖 선을 내는 근원인 세 가지를 삼선근(三善根)이라 하여 탐하지 않고(無貪), 시기하지 않고(無瞋), 어리석지 않은(無癡) 세 가지를 들고 있다. 그래서 탐하고(貪), 시기하고(瞋), 어리석은(癡) 것을 인간의 삼독심(三毒心)이라 말하고 있다.

5) **법상**(法相) 원어 다르마 삼즈나(dharma-saṃjñā). 모든 법의 모양이나 만유(萬有)의 자태를 법상이라 하는데, 만유는 그 본바탕은

한 가지이나 그 외부에 나타난 모양은 각각 다르다고 하는 말. 불교에서 말하는 법(dharma)은 이법(理法)·경전(經典)·설법(說法) 등 여러 가지 뜻이 있으나, 특히 이법을 의미할 때가 많다. 여기에서는 '실체가 없는 물건'이라는 뜻으로 해석해도 무방할 것 같다.

6) **뗏목의 비유**(筏喩) 생사의 고락, 윤회의 괴로운 이 언덕(此岸)에서 티없이 깨끗한(淸淨無垢) 저 언덕(彼岸)으로 가기 위해 괴로움이라는 바다를 건너는 데에는 많은 수행(修行)이 필요하다. 베풀고(布施), 계를 지키고(持戒), 참고(忍辱), 노력하고(精進), 마음을 가라앉히고(禪定), 지혜를 개발하는(智慧) 수많은 수행을 해야 한다. 이런 것들은 모두 고해라는 바다를 건너 저 언덕에 이르는 데 필요한 뗏목(筏)과 같은 것이다. 그러나 뗏목은 저 언덕에 도달하기 위해 필요한 도구에 불과한 것이다. 저 언덕에 도달한 후에는 뗏목은 필요없게 되어 버린다. 또 뗏목이 물에 흐르다가 한 모퉁이라도 걸리게 되면 앞으로 나아가지 못하는 것같이, 중도에서 수양을 게을리하면 정진(精進)이 될 수 없다는 뜻으로 이 뗏목의 비유는 불경 도처에서 쓰이고 있다. 타고 간 뗏목은 일단 버리고 나면 잊어버리는 것같이 만유(萬有)에의 집착을 갖지 않는다는 뜻으로도 된다. '집착을 버려라'는 가르침도 결국은 또 다른 집착일 뿐이라는 것을 설하기 위하여 뗏목의 비유법을 설한 것이다.

제7 무득무설분(無得無說分)

수보리 어의운하 여래 득아뇩다라삼먁삼보리야 여래유소
원문 須菩提 於意云何 如來 得阿耨多羅三藐三菩提耶 如來有所
설법야 수보리언 여아해불소설의 무유정법 명아뇩다라삼먁삼
說法耶 須菩提言 如我解佛所說義 無有定法 名阿耨多羅三藐三
보리 역무유정법 여래가설 하이고 여래소설법 개불가취 불가
菩提 亦無有定法 如來可說 何以故 如來所說法 皆不可取 不可
설 비법 비비법 소이자하 일체현성 개이무위법 이유차별
說 非法 非非法 所以者何 一切賢聖 皆以無爲法 而有差別

須菩提야 於意云何오 如來 得阿耨多羅三藐三菩提耶아 如來有所說法耶아 須菩提言하되 如我解佛所說義하여는 無有定法을 名阿耨多羅三藐三菩提하며 亦無有定法을 如來可說이니이다 何以故오 如來所說法은 皆不可取 不可說이며 非法 非非法이니 所以者何오 一切賢聖이 皆以無爲法으로 而有差別이니이다

"수보리야, 네 생각에는 어떠하냐? 여래는 아뇩다라삼먁삼보리를 얻었다고 생각하느냐? 또 여래가 설한 바의 법은 과연 있는 것이라고 생각하느냐?"

수보리가 대답하였다.

"부처님께서 말씀하신 뜻을 제가 아는 바로서는 일정한 법

이 없는(無有定法) 것을 이름해 아뇩다라삼먁삼보리라 했으며, 또 여래께서는 설하실 만한 정한 법이 없사옵니다.

왜 그런고 하면 여래께서 말씀하신 법은 모두 다 파악할 수도 없으며, 또 말할 수도 없으며, 또한 법이 아니요, 법 아님도 아니기 때문이옵니다.

왜 그런고 하면 모든 현인(賢人)이나 성인(聖人)[1]들은 무위의 법[2]을 쓰시되 다 차별이 있기[3] 때문이옵니다."

주

1) **현인(賢人)이나 성인(聖人)** 현자(賢者)와 성자(聖者)를 말한다. 현화(賢和)와 성정(聖正)이라고도 한다. 불법을 닦아 범부에서 차차 선(善)으로 하여 악에서 벗어나기는 했으나 진리를 깨닫지 못하고 아직도 범부의 자리에 머물러 있는 자를 현(賢)이라 하고, 이미 진리를 깨닫고 미혹을 끊어 범부의 성품을 버린 것을 성(聖)이라 한다. 현자에게는 그 구별에 따라 삼현(三賢)이 있고, 성자에게는 십성(十聖)이 있다.

2) **무위의 법**(無爲法) 원어 아삼스크리타 다르마(Asaṃskṛta-dhalma). 만들어진 것으로 있지 않은 존재, 곧 인위적으로 만들어진 것이 아닌 존재라는 뜻이다. 지금 눈앞에 현상으로 나타나 있는 존재인 유위법(有爲法;Saṃskṛta-dharma)이 아니라, 현상의 배후에 있는 '절대적인 것', '무한정인 것', '존재의 근원으로서의 무규정(無規定)한 것'을 말한다. 다시 말하면 인연으로 인해 생겨났다 없어졌다 하지 않는 법을 말하는 것이고, 있다가 없어졌다가 하는 법이 상대세계(相對世界)의 법이라면, 이 상대성의 원리를 초월한 절대경지의 법인 무위(無爲)의 법인 것이다. 무위라 함은 모든 법의 진실체(眞實體)를 말하는 것이고, 위(爲)는 위작(僞作), 조작(造作)의 뜻으로서, 인연의 조작의 뜻이기도 하다. 이 세상의 모든 것은 물질적인 것이든 정신적인 것이든 간에 생주이멸(生住離滅), 성주괴공(成住壞空)의 사상(四相)의 변천을 하는데, 이런 것이 없는, 하는 것이 없고 조작할 것도 없는 경지이므로 무위법(無爲法)이라고 한다.

3) **차별이 있다**(有差別) 만상(萬象)의 근본원리나 진리의 본체는 평

등하다고 한 데 대해 만유(萬有)의 차별현상이 있음을 말한 것이다. 여기에서는 부처님의 법과 성문(聲聞)·연각(緣覺)의 법이 각각 차이가 있다는 말이다. 성문은 부처님의 음성을 직접 듣거나 교법을 보고 공부하는 사람이고, 연각은 스승 없이 주위의 사물을 보고 인연현상을 파악하여 스스로 진리를 깨닫는 부류로서 전생에 많은 공부가 있었던 사람을 말하는 것이다. 성문이나 연각이 되면 다같은 무위의 세계에 들어가게 되나, 대각(大覺)을 성취해 가는 과정에서는 그 깨달음에 깊고 얕은 차이, 크고 작은 차이가 있으므로 다같은 성현이라도 부처가 되기 전에는 무수한 차별이 있다는 말이다. 여래의 설법은 모두 다 파악할 수도 없고 또 설할 수도 없으며, 법도 아니고(非法) 또한 법 아님도 아니어서(非非法) 반드시 정한 법(定法)이 있는 것은 아니다. 따라서 소승(小乘)을 대하면 소승법을 설하고, 대승(大乘)을 대하면 대승법을 설하며, 축생에게는 축생도를, 아귀에게는 아귀도를 때와 장소에 따라, 또 사람에 따라 무량무수한 중생의 근기(根氣)에 맞추어 각각 차별을 두어 설하신다는 뜻이다.

제8 의법출생분(依法出生分)

수보리 어의운하 약인 만삼천대천세계칠보 이용보시 시
원문 須菩提 於意云何 若人 滿三千大千世界七寶 以用布施 是
인 소득복덕 영위다부 수보리언 심다 세존 하이고 시복덕 즉
人 所得福德 寧爲多不 須菩提言 甚多 世尊 何以故 是福德 卽
비복덕성 시고 여래 설복덕다 약부유인 어차경중 수지내지사
非福德性 是故 如來 說福德多 若復有人 於此經中 受持乃至四
구게등 위타인설 기복승피 하이고 수보리 일체제불 급제불 아
句偈等 爲他人說 其福勝彼 何以故 須菩提 一切諸佛 及諸佛 阿
뇩다라삼먁삼보리법 개종차경출 수보리 소위불법자 즉비불법
耨多羅三藐三菩提法 皆從此經出 須菩提 所謂佛法者 卽非佛法

須菩提야 於意云何오 若人이 滿三千大千世界七寶로 以用布施하면 是人의 所得福德이 寧爲多不아 須菩提言하되 甚多니이다 世尊하 何以故오 是福德이 卽非福德性이니 是故로 如來 說福德多하시니이다 若復有人이 於此經中에 受持乃至 四句偈等하여 爲他人說하면 其福이 勝彼하리니 何以故오 須菩提야 一切諸佛과 及諸佛의 阿耨多羅三藐三菩提法이 皆從此經出하니라 須菩提야 所謂佛法者는 卽非佛法이니라

"수보리야, 네 생각에는 어떠하냐? 만약 어떤 사람이 삼천대천세계(三千大千世界)[1]를 가득 채울 만한 칠보(七寶)[2]로써

보시에 쓴다면, 이 사람의 받을 복덕이 정녕 많다고 하겠느냐, 적다고 하겠느냐?"

수보리가 말하였다.

"매우 많겠사옵니다, 세존이시여. 왜 그런가 하면 이 복덕은 곧 복덕성(福德性)이 아니기 때문이옵니다. 그러므로 여래께서는 복덕이 많다고 말씀하셨사옵니다."

"만약 또 다른 어떤 사람이 있어 이 경(經) 가운데에서 적어도 사구게(四句偈)[3] 하나만이라도 받아 지녀서(受持) 남을 위하여 설해 준다면, 그 복덕은 먼젓번 (저 칠보로써 보시한) 복덕보다 훨씬 나은 것이니라.

그것이 무슨 까닭이냐 하면 수보리야, 일체의 모든 부처[4]와 그 아뇩다라삼먁삼보리의 법이 모두 다 이 경전에서 나온 것[5]이기 때문이니라.

수보리야, 불법(佛法)이라는 것은 곧 불법이 아니니라.[6]"

주

1) **삼천대천세계**(三千大千世界) 원어 Trisāhasramāhāsāhasro-lokadhātau. 끝없이 넓은 우주라는 뜻으로 일대삼천세계(一大三千世界)라고도 한다. 불교 천문학에서 수미산(須彌山)을 중심으로 하여 사방에 사대주(四大洲)가 있고, 그 바깥을 금으로 된 칠금산(七金山)이 7겹으로 둘러싸고, 또 그 내해(內海)에는 팔향해(八香海)라는 향수로 가득 찬 여덟 개의 바다로 둘러싸고, 그 바깥에는 대철위산(大鐵圍山)으로 둘러싸여 있다고 한다. 이것을 세계(世界) 또는 소세계(小世界)라 하는데, 이것이 천 개가 모인 것이 소천세계(小千世界)이다. 이 소천세계가 천 개 모인 것을 중천세계(中千世界), 이 중천세계를 천 개 합한 것을 대천세계(大千世界)라고 한다. 대천세계는 소천(小千)·중천(中千)·대천(大千)의 세 번의 천(千)이 거듭 있으므로, 대삼천세계(大三千世界) 또는 삼천대천세계(三千大千世界)라 한다. 천(千)의 3승(三乘)의 세계이니 곧 10억(億)의 세계인데, 무수한 수를 말하기 때

문에 무한히 넓은 우주세계라고 생각할 수 있을 것이다.

2) 칠보(七寶) 원어 Sapta-ratna의 한역. 일곱 가지의 보배라는 뜻인데, 세상에서 가장 값진 것이라 생각되는 보석류를 말한다. 《무량수경》에는 금(金)·은(銀)·유리(瑠璃)·파리(玻璃)·마노(瑪瑙)·차거(硨磲)·산호(珊瑚)를 들고 있고, 《법화경》에서는 금(金)·은(銀)·마노(瑪瑙)·유리(瑠璃)·차거(硨磲)·진주(眞珠)·매괴(玫瑰)의 일곱 가지를 들고 있다. 또 전륜왕(轉輪王)이 가지고 있다고 전하는 칠보로는 윤보(輪寶)·상보(象寶)·마보(馬寶)·여의주보(如意珠寶)·여보(女寶)·장보(將寶)·주장신보(主藏臣寶)를 들고 있다.

3) 사구게(四句偈) 4구(四句)로 된 게문(偈文)을 말하는 것으로, 게(偈)라는 것은 원어 gāthā의 음역이다. 가타(伽陀), 게송(偈頌), 풍송(諷頌) 등으로도 의역하고 있다. 즉 부처님의 공덕이나 교리를 찬미하는 노래나 글귀를 말한다. 이 글귀가 네 구로 되어 있는 것이 사구게(四句偈)이다. 사구문(四句門), 사구분별(四句分別)로 부르기도 한다. 이 분절에서 말하는 사구게는 어느 것을 지칭하는 것인지 확실하지 않으나 《금강경》 중에서 다음 것들의 명구로 꼽히고 있다.

① 제5 여리실견분(如理實見分)
凡所有相 皆是虛妄
若見諸相非相 卽見如來

② 제10 장엄정토분(莊嚴淨土分)
不應住色生心 不應住聲香味觸法生心 應無所住 而生其心

③ 제26 법신비상분(法身非相分)
若以色見我 以音聲求我
是人行邪道 不能見如來

④ 제32 응화비진분(應化非眞分)
一切有爲法 如夢幻泡影
如露亦如電 應作如是觀

참고로 게(偈)에는 풍송(諷頌) 또는 중송(重頌)이라는 것과 고기송(孤起頌)이라는 두 종류가 있다. 산문체로 된 경전에서 1절(一節)의 끝이나 맨 끝에 아름다운 글귀로써 그 묘한 뜻을 읊어놓은 운문(韻文)을 고기송 또는 부중송게(不重頌偈)라 한다. 이는 본문의 내용을 거듭 말한 중송에 대하여 본문과 관계없는 운문이란 뜻이다. 이 구절에서는 부처님이 가르치신 것을 잘 이해하고 믿고 실천하여 자기 것으로 만들어서(受持) 적어도 간단한 사구게 하나만이라도 다른 중생들에게 설해 들려주는 보시가, 삼천대천세계에 가득 찬 천하의 보물로써 하는 물질적인 보시보다 훨씬 낫다는 뜻이다.

4) **일체의 모든 부처**(一切諸佛) 불(佛)은 원어 Buddha의 음역. 각자(覺者) 또는 불타(佛陀)라고도 하고 단지 불(佛), 부처님이라고 한다. 미망(迷妄)을 버리고 스스로 모든 법의 진리를 깨닫고 또 중생을 가르쳐 깨닫게 하는 자각(自覺)·타각(他覺)의 이행(二行)을 원만하게 성취한 이가 불(佛)이다. 원래는 석가모니불을 지칭하는 말이었는데 후일 불교 교리가 발달함에 따라 과거·현재·미래의 모든 부처님들의 존재를 가리키는 말이 되었고, 시방(十方)의 여러 부처님으로 발전하여 드디어 그 수가 한량없이 많게 되었다. 처음엔 역사적인 한 인물이었던 것이 점점 이상화(理想化)되어 유형, 무형, 온갖 방면으로도 원만한 인격적 존재가 되었다. 이 구절에서 말하는 일체(一切)에는 모든 사물 전체를 두루 말하는 일체와, 제한된 어느 범위의 전부를 말하는 일체의 두 가지가 있다. 여기에 말하는 일체제불(一切諸佛)은 사물 전체를 말하는 것이다.

5) **모두 다 이 경전에서 나온 것**(皆從此經出) 과거에서나 현재 및 미래에서나 부처가 되고 또 되고자 한다면 이 《금강경》의 진리를 깨닫지 못하고는 불가능한 것이다. 그 이유는 모든 부처가 되는 요결이 이 경 속에 담겨져 있어서 이 《금강경》이야말로 모든 부처가 되는 근원이 되기 때문이다.

6) **불법이라는 것은 곧 불법이 아니다**(佛法者 卽非佛法) 이 말은 모든 부처와 모든 법은 잡을 곳이 없다는 뜻이다. 만일에 잡을 데가 있다면 그것은 곧 상(相)에 머무르게 되는 것이다. 그러니 모든 불법은 이렇다 할 지정처가 없는 것이므로 불법은 아닌 것이다. 그러므로 모든 법인 아뇩다라삼먁삼보리의 마음이 《금강경》에서 나왔다고 하신 여래의 말씀을 듣고 중생들이 지정된 불법이 있는 줄로 착각할까보아 하신 말씀이다.

제9 일상무상분(一相無相分)

수보리 어의운하 수다원 능작시념 아득수다원과부 수보
[원문] 須菩提 於意云何 須陀洹 能作是念 我得須陀洹果不 須菩
리언 불야 세존 하이고 수다원 명위입류 이무소입 불입색 성
提言 不也 世尊 何以故 須陀洹 名爲入流 而無所入 不入色 聲
향미촉법 시명수다원 수보리 어의운하 사다함 능작시념 아득
香味觸法 是名須陀洹 須菩提 於意云何 斯陀含 能作是念 我得
사다함과부 수보리언 불야 세존 하이고 사다함 명일왕래 이실
斯陀含果不 須菩提言 不也 世尊 何以故 斯陀含 名一往來 而實
무왕래 시명사다함 수보리 어의운하 아나함 능작시념 아득아
無往來 是名斯陀含 須菩提 於意云何 阿那含 能作是念 我得阿
나함과부 수보리언 불야 세존 하이고 아나함 명위불래 이실무
那含果不 須菩提言 不也 世尊 何以故 阿那含 名爲不來 而實無
불래 시고 명아나함 수보리 어의운하 아라한 능작시념 아득아
不來 是故 名阿那含 須菩提 於意云何 阿羅漢 能作是念 我得阿
라한도부 수보리언 불야 세존 하이고 실무유법 명아라한 세존
羅漢道不 須菩提言 不也 世尊 何以故 實無有法 名阿羅漢 世尊
약아라한 작시념 아득아라한도 즉위착아인중생수자 세존 불설
若阿羅漢 作是念 我得阿羅漢道 卽爲著我人衆生壽者 世尊 佛說
아득무쟁삼매인중 최위제일 시제일리욕아라한 세존 아부작시
我得無諍三昧人中 最爲第一 是第一離欲阿羅漢 世尊 我不作是
념 아시리욕아라한 세존 아약작시념 아득아라한도 세존 즉불
念 我是離欲阿羅漢 世尊 我若作是念 我得阿羅漢道 世尊 卽不

설 수보리 시요아란나행자 이수보리 실무소행 이명수보리 시
說 須菩提 是樂阿蘭那行者 以須菩提 實無所行 而名須菩提 是
요아란나행
樂阿蘭那行

須菩提야 於意云何오 須陀洹이 能作是念하되 我得須陀洹果不아 須菩提言하되 不也니이다 世尊하 何以故오 須陀洹은 名爲入流로되 而無所入이오며 不入色聲香味觸法이 是名須陀洹이니이다 須菩提야 於意云何오 斯陀含이 能作是念하되 我得斯陀含果不아 須菩提言하되 不也니이다 世尊하 何以故오 斯陀含은 名一往來로되 而實無往來이니 是名斯陀含이니이다 須菩提야 於意云何오 阿那含이 能作是念하되 我得阿那含果不아 須菩提言하되 不也니이다 世尊하 何以故오 阿那含은 名爲不來로되 而實無不來이니 是故로 名阿那含이니이다 須菩提야 於意云何오 阿羅漢이 能作是念하되 我得阿羅漢道不아 須菩提言하되 不也니이다 世尊하 何以故오 實無有法이 名阿羅漢이니이다 世尊하 若阿羅漢이 作是念하되 我得阿羅漢道라 하면 卽爲著我人衆生壽者니이다 世尊하 佛說我得無諍三昧人中에 最爲第一이라 是第一離欲阿羅漢이나 世尊하 我不作是念하되 我是離欲阿羅漢이니이다 世尊하 我若作是念하되 我得阿羅漢道라 하면 世尊이 卽不說하시되 須菩提 是樂阿蘭那行者하시련만 以須菩提 實無所行일새 而名須菩提로 是樂阿蘭那行하시니이다

"수보리야, 네 생각에는 어떠하냐? 수다원(須陀洹)[1)]이 능히 '나는 수다원의 과(果)[2)]를 얻었다'고 하는 그런 생각을 할 수 있겠느냐?"

수보리가 말하였다.

"아니옵니다, 세존이시여. 왜냐하면 수다원은 입류(入流)[3)] 라는 뜻의 이름이오나 실은 들어간 바가 없으며, 색(色)·성

(聲)·향(香)·미(味)·촉(觸)·법(法)에 들어가지 아니함을 이름하여 수다원이라고 말할 뿐이옵니다."

"수보리야, 네 생각에는 어떠하냐? 사다함(斯陀含)[4]이 능히 '나는 사다함의 과보를 얻었다'고 하는 생각을 할 수 있겠느냐?"

수보리가 말하였다.

"아니옵니다, 세존이시여. 왜냐하면 사다함은 일왕래(一往來)라는 뜻의 이름이오나, 실은 가고 옴이 없는 까닭에 이름하여 사다함이라고 말할 뿐이옵니다."

"수보리야, 네 생각에는 어떠하냐? 아나함(阿那含)[5]이 능히 '나는 아나함의 과보를 얻었다'고 하는 그런 생각을 할 수 있겠느냐?"

수보리가 말하였다.

"아니옵니다, 세존이시여. 왜냐하면 아나함은 불래(不來), 즉 오지 아니한다는 뜻의 이름이오나 실은 오지 아니함이 없는[6] 까닭에 아나함이라고 말할 뿐이옵니다."

"수보리야, 네 생각에는 어떠하냐? 아라한(阿羅漢)[7]이 능히 '나는 아라한의 도(道)[8]를 얻었다'고 하는 그런 생각을 할 수 있겠느냐?"

수보리가 말하였다.

"아니옵니다, 세존이시여. 왜냐하면 실로 법이 없음을 이름하여 아라한이라고 말할 뿐이옵니다. 세존이시여, 만약에 아라한이 '나는 아라한의 도를 얻었노라' 하는 그런 생각을 한다면, 그것은 곧 아상(我相)·인상(人相)·중생상(衆生相)·수자상(壽者相)에 집착하는 것이 될 것이옵니다.

세존이시여, 부처님께서 말씀하시기를 '네가 무쟁삼매(無諍三昧)[9]를 얻은 사람 중에서 으뜸이다. 이는 욕심을 버린 아라

한이다.'라고 하셨습니다마는, 세존이시여, 저는 욕심을 떠난 아라한이라는 그런 생각까지도 내지 않사옵니다.

세존이시여, 제가 만일 '나는 아라한의 도를 얻었노라' 하는 그런 생각을 가졌다면 세존께서는 '수보리는 이야말로 아란나(阿蘭那)[10]행을 좋아하는 자'라고 말씀하시지는 않았을 것이옵니다. 그러하오나 수보리가 실로 행한 바가 없는데도 세존께서는, '수보리는 아란나행을 좋아하는 자'라고 이름하신 까닭이옵니다."

주

1) **수다원**(須陀洹) 원어 슈로타 아판나(Srota āpanna)의 음역. 수다반나(須陀般那)라고 음역하기도 하는데, 입류(入流) 또는 예류(預流)라고 풀이하기도 한다. 입류라는 말은 성도(聖徒)에 처음 들어왔다는 뜻이지만 지류(至流)·역류(逆流)라고도 하는데, 이때 역류라는 말은, 중생들은 크고 작고 주관·객관이 있는 모순상태의 생사의 세계에서 생사가 없는 열반해탈의 세계의 흐름을 거슬러올라왔다는 뜻이다. 수다원은 소승불교에서 성자의 단계를 나타내는 사향(四向) 또는 사과(四果)의 제일 아랫자리이다.

2) **수다원의 과**(須陀洹果) 과(果)는 원어 Phala의 의역으로 열매, 결과라는 뜻이다. 즉 인(因)의 상대어인데, 원인으로 생기는 결과를 말하는 것이다. 그러나 열반(涅槃)과 같은 무위법(無爲法)은 인(因)에서 생긴 과(果)가 아니고 오랜 수행 끝에 증득되는 것이므로 열반의 묘과(妙果)라 한다. 수다원의 과는 사사문과(四沙門果)의 하나로, 곧 수행한 결과 수다원이 되었다는 뜻이다.

3) **입류**(入流) 성자(聖者) 축에 들어간다는 뜻(주 1)참조).

4) **사다함**(斯陀含) 원어 사크리다가민(Sarkṛdāgāmin)의 음역. 소승불교의 성자(聖者)단계인 사향(四向) 또는 사과(四果)의 제2위 자리이다. 원어인 Sarkṛdāgāmin을 직역하면 '한 번 오는 자'라는 뜻이다. 그래서 일래(一來)로 의역한다. 또 '한 번 왕래한다'라는 뜻으로 일왕래(一往來)라고 의역하기도 한다. 인도에서는 한 번 각(覺)을 얻

은 성자는 두 번 다시 태어남을 받는 일은 없다고 말하는데, 사다함은 욕계(欲界)의 9품(九品) 번뇌 가운데 6품(六品)은 끊었지만 아직도 3품(三品)이 남아 있기 때문에 욕계의 인간세상과 육욕천(六欲天)에 한 번 더 태어나서 수도한 후에 하늘이든 인간계(人間界)든 간에 다시 태어나서 각(覺)을 얻고, 그 후에는 다시 하늘이나 인간세계에 태어남을 얻는 일이 없다고 한다. 곧 인간계에 있으면서 이 과(果)를 얻으면 반드시 천상(天上)에 갔다가 다시 인간계에 돌아와서야 비로소 열반(涅槃)에 든다. 또 천상의 세계에서 과를 얻으면 먼저 인간계에 갔다가 다시 천상에 돌아와서 열반에 든다고 한다.

이와 같이 반드시 천상과 인간계를 한 번 왕복하기 때문에 일왕래과(一往來果)라고 한다.

5) 아나함(阿那含) 원어 아나가민(Anāgāmin)의 음역. 아나가미(阿那伽迷, 阿那伽彌)라고도 음역한다. 소승불교의 성자단계 제3위의 자리이다. 원어 Anāgāmin을 직역하면 '결코 다시 돌아오지 않는 자'라는 뜻이다. 그래서 불래(不來) 또는 불환(不還)이라 의역하고 있다. 불래나 불환이라는 뜻은 욕계(欲界)의 번뇌를 남김없이 끊어버린 성자를 말한다. 이 성자는 욕계의 번뇌를 끊고서 사후에는 색계천(色界天), 무색계천(無色界天)에 태어나서 욕계에는 두 번 다시 태어나지 않음을 말하는 것이다.

6) 실은 오지 아니함이 없다(實無不來) 일체의 욕망과 번뇌를 끊어버렸으니 처음부터 태어나는 일이나 태어나지 않는 일도 없다. 또 죽음이니 죽음이 아니니 하는 것도 없고, 오느니 오지 아니하느니 하는 일체의 생각도 없다. 그러니 어찌 오지 아니함(不來)이 있겠는가 하는 뜻이다.

7) 아라한(阿羅漢) 원어 아르한(Arhan)의 음역. Arhan은 '존경받을 만한 사람'이라는 뜻인데, 응공(應供)·살적(殺賊)·불생(不生)·이악(離惡), 또는 불생(不生)·무학(無學) 등으로 의역한다. 소승불교의 사과(四果), 또는 사향(四向)의 가장 윗자리이다. 세상에서 존경과 공양에 알맞는 사람의 의미였지만, 후세에서는 소승불교의 이상적인 수행자라는 뜻으로 쓰이고 있다.

8) 도(道) 과(果)와 같은 뜻. 여기에 도(道)라 한 것은 그 공덕이 이미 부처의 도를 이룩한 것이기 때문에 한 말이다.

9) 무쟁삼매(無諍三昧) 무쟁(無諍)은 원어 아라나(Araṇā)의 의역으로 공리(空理)에 철저히 안주(安住)하여 다른 것과 '싸움이 없는 것'이라는 뜻인데, 싸움이 없다는 것은 마음속에 갈등이 없는 것, 즉 미혹(迷惑)이 없는 것이다. 삼매(三昧)는 원어 Samādhi로 산란한 마음을 한곳에 모아 흩어지지 않게 하고, 또 마음을 바르게 하여 하나의 대상에만 마음을 집중시키는 일사 불란의 정신통일의 경지를 말한다. 무쟁삼매는 몰입무아(沒入無我)의 상태로, 곧 마음속에 갈등이 없음을 말하는 것이다.

10) 아란나(阿蘭那) 원어 아란야(Araṇya)의 음역인데, 아란야(阿蘭若) 또는 아련야(阿練若) 등으로도 음역한다. 적정처(寂靜處)·무쟁처(無諍處)·원리처(遠離處)라고 의역하고 있다. 소음이 없는 조용한 곳으로 수행하기에 적당한 숲·들·모래밭 등을 말한다. 일반적으로 마을에서 소의 울음소리가 겨우 들릴 만큼 떨어진 곳으로 정한다. 인가와 너무 먼 곳은 탁발(托鉢)에 불편하기 때문이다. 이런 곳에서 일체의 욕망과 번뇌를 끊어버리고 무쟁삼매의 수행을 하는 것이 아란나행(阿蘭那行)이다.

제10 장엄정토분(莊嚴淨土分)

불고수보리 어의운하 여래 석재연등불소 어법 유소득부
원문 佛告須菩提 於意云何 如來 昔在燃燈佛所 於法 有所得不
불야 세존 여래 재연등불소 어법 실무소득 수보리 어의운하
不也 世尊 如來 在燃燈佛所 於法 實無所得 須菩提 於意云何
보살 장엄불토부 불야 세존 하이고 장엄불토자 즉비장엄 시명
菩薩 莊嚴佛土不 不也 世尊 何以故 莊嚴佛土者 卽非莊嚴 是名
장엄 시고 수보리 제보살마하살 응여시생청정심 불응주색생심
莊嚴 是故 須菩提 諸菩薩摩訶薩 應如是生淸淨心 不應住色生心
불응주성향미촉법생심 응무소주 이생기심 수보리 비여유인 신
不應住聲香味觸法生心 應無所住 而生其心 須菩提 譬如有人 身
여수미산왕 어의운하 시신위대부 수보리언 심대 세존 하이고
如須彌山王 於意云何 是身爲大不 須菩提言 甚大 世尊 何以故
불설비신 시명대신
佛說非身 是名大身

佛이 告須菩提하시되 於意云何오 如來 昔在燃燈佛所하여 於法에 有所得不아 不也니이다 世尊하 如來 在燃燈佛所하사 於法에 實無所得이니이다 須菩提야 於意云何오 菩薩이 莊嚴佛土不아 不也니이다 世尊하 何以故오 莊嚴佛土者는 卽非莊嚴이니 是名莊嚴이니이다 是故로 須菩提야 諸菩薩摩訶薩은 應如是生淸淨心이니라 不應住色生心이며 不應住聲香味觸法生心이니 應無所住하여 而生其

心이니라 須菩提야 譬如有人이 身如須彌山王하면 於意云何오 是身이 爲大不아 須菩提言하되 甚大니이다 世尊하 何以故오 佛說非身이 是名大身이니이다

부처님께서 수보리에게 말씀하시었다.
"수보리야, 네 생각에는 어떠하냐? 옛적에 여래가 연등불(燃燈佛)[1]의 처소에서 법을 얻은 것이 있다고 생각하느냐?"
"아니옵니다, 세존이시여. 여래께서는 연등불의 처소에 계시되 법에 대하여 실제로 얻은 바가 없사옵니다.[2]"
"수보리야, 네 생각에는 어떠하냐? 보살이 불토(佛土)를 장엄한다[3] 하겠느냐, 아니냐?"
"아니옵니다, 세존이시여. 왜냐하면 불토를 장엄한다 하는 것은 곧 장엄이 아니오며, 다만 그 이름이 장엄이기 때문이옵니다."
"그러므로 수보리야, 모든 보살마하살(菩薩摩訶薩)은 응당 이렇게 맑고 깨끗한 마음을 낼 것이니라. 색(色)에 머무르는(집착하는) 마음을 내어서는 안 되며, 결코 성(聲)·향(香)·미(味)·촉(觸)·법(法)에 머무르는 마음을 내어서도 안 되며, 마땅히 머무름이 없는 마음을 내어야 하느니라.
수보리야, 비유하여 말하자면 여기 어떤 사람이 있는데, 그 사람의 몸이 수미산(須彌山)[4]왕만하다고 한다면, 네 생각에는 어떠하냐? 그 몸이 크다고 하겠느냐, 아니냐?"
수보리가 말하였다.
"매우 크옵니다, 세존이시여. 왜냐하면 부처님께서는 몸 아닌 것을 말씀하시고 이것을 큰 몸이라 이름하셨기 때문[5]이옵니다."

주

1) **연등불**(燃燈佛) 원어는 디판카라 타트하가타(Dīpaṅkara-Tathāgata). 과거세(過去世)의 부처님으로 세존(世尊) 이전에 나타났다고 전설적으로 전해지는 24명의 부처님 가운데 한 분이다. 정광불(錠光佛)이라고도 한다. 세존이 전생에 스미다라는 보살로서 보살도를 닦는 한 고행자(苦行者)였을 때, 수리중인 험한 길바닥에 자기의 몸을 누이고 연등불로 하여 자기의 머리털을 밟고 지나가게 했다. 연등불은 석존에게 "너는 후세에 석가족에 태어나 성자(聖者)가 되리라." 하는 수기(授記)를 주었다고 한다.

2) **법에 대하여 실제로 얻은 바가 없다**(於法 實無所得) 법이란 연등불이 줄 수도 없는 것이며 또 세존이 받을 수도 없는 것이기 때문에 실제로 얻은 바가 없다고 한 것이다. 연등불이 준 것이 있다면 그것은 부처의 가는 길을 열어 주었을 뿐이고 어디까지나 세존 자신이 깨달은 것이다.

3) **불토를 장엄한다**(莊嚴佛土) 장엄(莊嚴)이란 훌륭하고 아름다운 것으로 국토를 가꾸고 꾸미며, 또 훌륭한 공덕을 쌓아서 몸을 장식하고 꽃과 향을 부처님에게 올려서 장식하는 것이다. 불토(佛土)는 부처님이 계시는 맑고 깨끗한 국토를 말한다. 불토에는 세간불토(世間佛土)·신불토(身佛土)·심불토(心佛土)의 세 가지가 있다. 세간불토는 절을 짓고, 경(經)을 간행하고, 보시를 하고, 공양하는 것이다. 신불토는 모든 사람을 두루 공경하는 것이고, 심불토는 마음이 청정하여 곧 불토가 청정한 것이다. 세간불토와 신불토의 두 장엄은 유상(有相)인 물질적인 것이고, 심불토는 무상(無相)인 정신적인 것이다. 여기에서는 부처님이 물질적인 장엄을 물으신 데 대하여 정신적인 장엄으로써 수보리가 대답한 것이다.

4) **수미산**(須彌山) 원어 Sumeru-parvata의 음역. 수미루(修迷樓), 소미로(蘇迷盧)라 음역도 하고 또 묘고(妙高)·묘광(妙光) 등으로 의역하기도 한다. 고대 인도의 신화적 우주관에서 전해 오는 큰 산이다. 세계의 제일 밑에는 풍륜(風輪), 그 위에 수륜(水輪), 그 위에 금륜(金輪)이 있고, 그 둘레에 7개의 산과 8개의 바다가 있다고 한다. 그 중심이 수미산이라는 큰 산이며, 우주에서 제일 높고 크고 또 중심이 되는 산이다. 높이는 8만 4000유순(1유순은 약 60리)이고, 해와 달이

이 산의 중턱에 돈다고 한다. 그 산의 정상에는 제석천(帝釋天)이 살고 있으며, 중턱에는 사왕천(四王天)이 살고 있다고 한다. 여기에서 수미산왕(王)이라 한 것은 모든 산 가운데 가장 크고 높기 때문이라고 한다.

5) 몸 아닌 것을 말씀하시고 이것을 큰 몸이라 이름하셨기 때문(非身 是名大身) 여기에서 말한 몸(身)이란 색신이 아닌 법신(法身)을 뜻하고 있다. 색신은 형태가 있는 것이니 아무리 크다고 해도 그 한도가 있는 것이다. 한도가 있고 형태가 있으면 측량할 수가 있고 또 설명도 할 수가 있는 것이다. 그러나 법신은 아상·인상·중생상·수자상이 없을 뿐만 아니라 표현할 길도 없고 그 크고, 가이없는 큰 허공세계(虛空世界)도 그 품안에 넣을 수가 있는 것이라서 산의 왕이 되는 수미산에 비기고도 남음이 있다는 말이다. 육신이 비록 크다고 해도 그 속에 들어 있는 마음이 작으면 아무리 큰 몸이라도 결코 크다고 할 수가 없는 것이고, 그 마음속이 커서 허공과 같아야 비로소 큰 몸이라 할 수가 있는 것이다. 그러니 육신이 비록 수미산만하다 해도 크다는 말을 할 수가 없는 것이라는 뜻이다.

제11 무위복승분(無爲福勝分)

수보리 여항하중 소유사수 여시사등항하 어의운하 시제
원문 須菩提 如恒河中 所有沙數 如是沙等恒河 於意云何 是諸
항하사 영위다부 수보리언 심다 세존 단제항하 상다무수 하황
恒河沙 寧爲多不 須菩提言 甚多 世尊 但諸恒河 尙多無數 何況
기사 수보리 아금실언고여 약유선남자선여인 이칠보만이소항
其沙 須菩提 我今實言告汝 若有善男子善女人 以七寶滿爾所恒
하사수 삼천대천세계 이용보시 득복다부 수보리언 심다 세존
河沙數 三千大千世界 以用布施 得福多不 須菩提言 甚多 世尊
불고수보리 약선남자선여인 어차경중 내지수지사구게등 위타
佛告須菩提 若善男子善女人 於此經中 乃至受持四句偈等 爲他
인설 이차복덕 승전복덕
人說 而此福德 勝前福德

須菩提야 如恒河中에 所有沙數하여 如是沙等恒河하면 於意云何오 是諸恒河沙 寧爲多不아 須菩提言하되 甚多니이다 世尊하 但諸恒河도 尙多無數이거늘 何況其沙리요 須菩提야 我今實言으로 告汝하노니 若有善男子善女人하여 以七寶로 滿爾所恒河沙數 三千大千世界하여 以用布施하면 得福이 多不아 須菩提言하되 甚多니이다 世尊하 佛이 告須菩提하시되 若善男子善女人이 於此經中에 乃至受持四句偈等하여 爲他人說하면 而此福德이 勝前福德이니라

"수보리야, 항하(恒河)[1] 중에 있는 모래의 수와 같이 그렇게 많은 항하가 있다고 한다면, 네 생각에는 어떠하냐? 이 모든 항하의 모래가 얼마나 많다고 하겠느냐?"

수보리가 대답하였다.

"매우 많사옵니다, 세존이시여. 단지 모든 항하들만 하여도 그와 같이 많고 이미 헤아릴 수 없이 많사온데, 하물며 그 모래수에 있어서이겠사옵니까?"

"수보리야, 내 이제 너에게 진실한 말로써 이르노니, 만약에 어떤 선남선녀가 있어 칠보(七寶)로써 항하의 모래수만큼이나 삼천대천세계(三千大千世界)에 가득하게 하여 그것으로 보시를 한다면 그 얻을 복덕이 많다고 하겠는가, 적다고 하겠는가?"

수보리가 말하였다.

"참으로 많겠사옵니다, 세존이시여."

부처님께서 수보리에게 말씀하시었다.

"만약에 어떤 선남선녀가 있어서 이 경(經) 가운데서 적어도 사구게(四句偈) 하나쯤이라도 잘 받아 지녀서 다른 사람을 위하여 설해 들려줄 것 같으면, 이 복덕[2]이 저 앞에서 말한 복덕보다 훨씬 클 것이니라."

주

1) **항하**(恒河) 원어 강가(Gangā)의 음역. 인도의 설산(雪山)인 히말라야 산맥에 근원을 두고 동남쪽으로 흘러 벵골만으로 흘러들어가는 갠지스(Ganges)강을 말한다. 인도에서 인더스강 다음으로 길고 큰 강으로 하류 쪽은 강폭이 바다와 같이 넓으며, 그 유역의 땅들은 매우 비옥하여 옛날부터 인도의 제국(諸國)들이 도읍을 이 강가에 정하기도 하였다. 따라서 수천 년을 두고 인도문명의 중심이 되었고, 불교를 비롯한 여러 종교와 철학이 이곳에서 발생하기도 했다. 지금도 인도 사람들은 이 강을 매우 신성시하고 있으며, 강의 이름으로 신(神)의

이름을 삼기도 했다. 세존의 비유 가운데 자주 등장하는 강 이름의 하나이다.

2) 이차복덕(而此福德) 간단한 사구게 하나만이라도 소상하게 풀이해서 남을 깨우쳐 주는 정신적인 복덕이, 칠보 같은 값진 보물로써 그 헤아릴 수 없는 항아의 모래알보다 더 많이 대천세계에 가득 차게 하는 물질적인 보시의 공덕보다 훨씬 낫다는 것을 말하는 것이다.

제12 존중정교분(尊重正教分)

부차수보리 수설시경 내지사구게등 당지 차처 일체세간
원문 復次須菩提 隨說是經 乃至四句偈等 當知 此處 一切世間
천인아수라 개응공양 여불탑묘 하황유인 진능수지독송 수보리
天人阿修羅 皆應供養 如佛塔廟 何況有人 盡能受持讀誦 須菩提
당지 시인 성취최상제일희유지법 약시경전소재지처 즉위유불
當知 是人 成就最上第一希有之法 若是經典所在之處 卽爲有佛
약존중제자
若尊重弟子

復次 須菩提야 隨說是經 乃至四句偈等하면 當知하라 此處는 一切世間天人阿修羅가 皆應供養하되 如佛塔廟어든 何況有人이 盡能受持讀誦함이리요 須菩提야 當知하라 是人은 成就最上第一希有之法이니 若是經典所在之處는 卽爲有佛 若尊重弟子니라

"그리고 또 수보리야, 이 경(經)을 설함에 있어서 사구게 같은 것만이라도 마땅히 알아야 하느니라.

이곳은 모든 세간(世間)의 천(天)[1]·인(人)[2]·아수라(阿修羅)[3] 등이 다 응당 공양(供養)하기를 부처님의 탑묘(塔廟)[4]와도 같이 하거늘, 하물며 사람이 있어 이 경을 고스란히 받아 지녀[5] 읽고 외우고 함에 있어서이겠느냐.

수보리야, 마땅히 알아둘지어다. 이 사람은 가장 높고 제일 가는 세상에도 드문 법을 성취할 것임을. 만약 이 경전에 있는 곳(받아 지녀 읽고 외우고 설하는 곳)이라면 곧 부처가 있고 존중받을 만한 제자가 있는 곳[6]이라 할 것이니라."

주

1) **천**(天) 중생들이 각자 자기가 지은 업인(業因)에 따라서 윤회(輪廻)하는 길을 여섯으로 나누어 6도(六道)라 하는데, 지옥(地獄)·아귀(餓鬼)·축생(畜生)·아수라(阿修羅)·인간(人間)·천(天)이 그 여섯이다. 천(天)은 데바(Deva)로서 천상(天上)이라고도 하며, 인간세상보다 더 좋은 과보를 받는 곳이지만, 그곳에도 차별이 있어 욕계천(欲界天)·색계천(色界天)·무색계천(無色界天)이 있다고 한다.

여기에서 말하는 천(天)은 그러한 6도의 천(天)이 아니라 천지만물을 주재하는 신(神)을 가리킨다. 어떤 특정한 신이라기보다는 모든 신적인 존재를 총칭하는 표현이라 하겠다.

2) **인**(人) 6도(六道)의 하나로서는 인간계를 가리키는 말이지만, 여기에서는 일반적인 의미로 단지 사람을 가리키는 말이다.

3) **아수라**(阿修羅) 원어 아수라(Asura)의 음역. 인도에서 가장 오래된 신의 하나이다. 인도 고전의 하나인 《리그베다(Rig-veda)》에서는 가장 수승(殊勝)한 성령(性靈)이라는 뜻으로 쓰이고 있는데, 중기 이후에 와서는 무서운 귀신으로 인식되었다. 성품이 사나워서 성을 잘 내고, 덕이 모자라서 싸우기를 좋아하는 악신(惡神)이라고 생각되어 늘 무서운 형상으로 표현되고 있다. 아수라는 아소라(阿素羅)·아소락(阿素洛)·아수륜(阿須倫)이라 그대로 음역하기도 하고, 수라(修羅)·비천(非天)·비류(非類)·부단정(不端正)이라고 의역하기도 한다. 여기에서는 6도 중에서 천(天)·인(人)·아수라(阿修羅)들이 다 와서 공양(供養)한다는 뜻이다. 나머지 지옥·아귀·축생의 셋은 죄가 무겁고 슬기가 얕아서 반야의 묘리를 들을 수가 없기 때문에 들지 않고 말하지 않은 것이다.

4) **탑묘**(塔廟) 탑(塔)은 범어 스트우파(Stūpa)의 음역이라 볼 수 있고, 묘(廟)는 한자어로 범어와 한자어의 합성어라 할 수 있다. 원어

는 차이트야 부후타(Caitya-bhūta)이다. 차이트야는 묘소를 가리키는 말이나, 불교에서는 불타(佛陀) 또는 불제자(佛弟子)들의 유골(遺骨)을 담은 거대한 무덤을 스트우파(Stūpa), 즉 탑(塔)이라 부르고, 유골을 묻지 않고 그밖의 다른 성물(聖物)인 발우(鉢盂)·경전 등을 넣어 보관하는 건물을 차이트야라고 불러 구별해 왔다. 그러나 후세에 와서는 이 두 가지를 혼용하게 되었다. 즉 탑묘(塔廟)란 말의 탑은 부처님의 사리(舍利)를 모신 곳인 사리탑(舍利塔)을 말하고, 묘(廟)는 불상이나 경전 따위를 모신 곳, 곧 절을 말하는 것이라고 풀이되고 있다. 사리는 범어 사리라(Śarīra)의 음역인데, 신골(身骨)·유신(遺身)·영골(靈骨) 등으로 의역한다. 사리는 전신사리(全身舍利)·쇄신사리(碎身舍利)·생신사리(生身舍利)·법신사리(法身舍利)의 네 가지 구별이 있다. 전신사리는 다보불(多寶佛)과 같이 온몸이 그대로 사리인 것, 쇄신사리는 석가불의 사리와 같이 몸에서 나온 낱알로 된 것, 생신사리는 여래가 멸도한 뒤에 전신사리나 쇄신사리를 남겨 사람과 하늘이 공양하게 하는 것, 법신사리는 대승·소승의 경전으로서 부처님이 말씀하신 오묘한 교법을 가리킨다. 원래는 신골이나 주검을 모두 사리라고 했는데, 후세에 와서는 화장〔다비(茶毘;Jhāpita)라고 함〕한 뒤에 나온 작은 구슬 모양의 것을 말하게 되었다. 탑을 만드는 것은 퍽 오래된 일이나, 석굴은 부처님의 10대 제자의 한 사람인 가섭불(迦葉佛)의 사리를 위하여 흙을 쌓아 탑을 만든 것이 시초라고 하는데, 2~3세기쯤에는 인도의 아소가왕이 8만 4000개의 탑을 쌓았다고 전한다. 부처님의 사리는 여덟 곳에 나누어져서 탑 속에 봉안되었다고 전하는데, 그 하나가 우리 나라 경남 양산 통도사(通道寺)에 봉안되어 있다고 한다. 탑은 유골을 묻지 않고도 오직 특별한 영지(靈地)임을 표시하기 위해서나 또는 그 덕을 앙묘하여 보은의 공양으로 세워지기도 했다. 당시의 탑은 반구형(半球形)으로 쌓아 그 꼭대기에서 수직으로 구멍을 뚫어 지평에 이르게 하고, 그 밑바닥에 사리 또는 값진 보물들을 장치한 다음 주위에 예배할 수 있는 길을 만들고 바깥에는 돌로 난간을 둘렀다. 그래서 탑은 불교국가에서는 상당히 신성시되어, 탑에 대한 예배는 불상예배와 같이 중요한 행사였다. 따라서 고대 신라에 있어서 탑돌이 같은 행사가 성행했던 것은 여기에서 연유된 것이라 하겠다. 탑의 건축재료는 돌·벽돌·금속·나무 등 여러 가지를 썼고, 특히 중국에서는 벽돌로 만든 전탑(塼塔), 일본에서는 목조탑(木造塔), 우리 나라에서는 석탑(石塔)이 유행하고 발달되었다. 여기에서 말하는 '탑묘(塔廟)와도 같이'는 '최대의 존경과 예배를 받는 탑묘와 같이 존경을 받는'이라는 뜻이다.

5) 받아 지녀(受持) 부처님의 가르침을 '받아 지닌다'는 말로, 습득한 경전을 항상 잊지 않고 머리에 새겨 자기 것으로 만들어 성심껏 수행함을 말한다.

6) 부처가 있고 존중받을 만한 제자가 있는 곳(有佛 若尊重弟子) 이 《금강경》이나 적어도 사구게 한 구절만이라도 설하게 되면 일체세간의 천(天)·인(人)·아수라(阿修羅)가 공양하게 되어 마치 불탑이 서 있는 곳과 같이 되는 것이고, 한번 법을 성취한 이곳에는 부처나 혹은 존경을 받을 만한 도덕 높은 고승인 부처님의 제자가 있게 마련인 것이다. 그러니 중생은 소중히 《금강경》을 수지할 것을 가르친 것이다.

제13 여법수지분(如法受持分)

이시 수보리 백불언 세존 당하명차경 아등 운하봉지 불고
원문 爾時 須菩提 白佛言 世尊 當何名此經 我等 云何奉持 佛告
수보리 사경 명위금강반야바라밀 이시명자 여당봉지 소이자하
須菩提 是經 名爲金剛般若波羅蜜 以是名字 汝當奉持 所以者何
수보리 불설반야바라밀 즉비반야바라밀 시명반야바라밀 수보
須菩提 佛說般若波羅蜜 卽非般若波羅蜜 是名般若波羅蜜 須菩
리 어의운하 여래 유소설법부 수보리 백불언 세존 여래무소설
提 於意云何 如來 有所說法不 須菩提 白佛言 世尊 如來無所說
수보리 어의운하 삼천대천세계 소유미진 시위다부 수보리언
須菩提 於意云何 三千大千世界 所有微塵 是爲多不 須菩提言
심다 세존 수보리 제미진 여래설비미진 시명미진 여래설세계
甚多 世尊 須菩提 諸微塵 如來說非微塵 是名微塵 如來說世界
비세계 시명세계 수보리 어의운하 가이삼십이상 견여래부 불
非世界 是名世界 須菩提 於意云何 可以三十二相 見如來不 不
야 세존 불가이삼십이상 득견여래 하이고 여래 설삼십이상 즉
也 世尊 不可以三十二相 得見如來 何以故 如來 說三十二相 卽
시비상 시명삼십이상 수보리 약유선남자선여인 이항하사등신
是非相 是名三十二相 須菩提 若有善男子善女人 以恒河沙等身
명보시 약부유인 어차경중 내지수지 사구게등 위타인설 기복
命布施 若復有人 於此經中 乃至受持 四句偈等 爲他人說 其福
심다
甚多

爾時에 須菩提 白佛言하되 世尊하 當何名此經이며 我等이 云何奉持하리이까 佛告須菩提하시되 是經은 名爲金剛般若波羅蜜이니 以是名字로 汝當奉持하라 所以者何오 須菩提야 佛說般若波羅蜜이 卽非般若波羅蜜이라 是名般若波羅蜜이니라 須菩提야 於意云何오 如來 有所說法不아 須菩提 白佛言하되 世尊하 如來無所說이니이다 須菩提야 於意云何오 三千大千世界의 所有微塵이 是爲多不아 須菩提言하되 甚多니이다 世尊하 須菩提야 諸微塵은 如來說非微塵이라 是名微塵이며 如來說世界도 非世界라 是名世界니라 須菩提야 於意云何오 可以三十二相으로 見如來不아 不也니이다 世尊하 不可以三十二相으로 得見如來니 何以故오 如來說三十二相이 卽是非相이라 是名三十二相이니이다 須菩提야 若有善男子善女人이 以恒河沙等身命으로 布施하되 若復有人이 於此經中에 乃至受持四句偈等하여 爲他人說하면 其福이 甚多이니라

그때 수보리가 부처님께 말씀드리었다.

"세존이시여, 이 경(經)의 이름을 무엇이라 하오며, 그리고 저희들이 어떻게 받들어 지니어야 하오리까?"

부처님께서 수보리에게 이르시었다.

"이 경의 이름은 금강반야바라밀(金剛般若波羅蜜)이라 한다. 이 이름의 글자 그대로 너희들은 받들어 지니어야 한다.

왜 그런고 하면 수보리야, 내가 말한 반야바라밀(般若波羅蜜)은 그것이 곧 반야바라밀이 아니라[1] 그 이름이 반야바라밀이기 때문이니라.

수보리야, 네 생각에는 어떠하냐? 여래가 법을 설한 것이 있느냐, 없느냐?"

수보리가 부처님께 말씀드리었다.

"세존이시여, 여래께서는 법을 설하신 바가 없사옵니다.[2]"

"수보리야, 네 생각에는 어떠하냐? 삼천대천세계에 있는 티끌[3]을 많다 하겠느냐, 적다 하겠느냐?"

수보리가 말씀드리었다.

"엄청나게 많습니다. 세존이시여."

"수보리야, 여래께서는 모든 티끌은 티끌이 아니라 그 이름이 티끌이라고 말씀하셨으며, 또 세계는 세계가 아니라[4] 그 이름을 세계라 한다고 말씀하셨느니라.

수보리야, 네 생각에는 어떠하냐? 32상(三十二相)[5]으로써 여래를 볼 수 있겠느냐?"

"아니옵니다, 세존이시여. 32상을 가지고서는 여래를 알아보지 못하옵니다. 왜 그런고 하오면 여래께서 말씀하신 32상은, 그것이 곧 상이 아니고[6] 그 이름을 32상이라 한다고 말씀하셨기 때문입니다."

"수보리야, 만약에 어떤 선남선녀가 있어 저 항하의 모래알만큼이나 많은 몸과 목숨으로써 보시를 하고, 또 만약에 다른 어떤 사람이 있어 적어도 이 경 중에서 사구게(四句偈) 같은 것만이라도 받아 지니고, 이것을 다른 사람을 위해 설해 들려주면, 그 복이 저 복보다 훨씬 더 많은 것이니라."

주

1) **반야바라밀은 그것이 곧 반야바라밀이 아니다**(般若波羅蜜 卽非般若波羅蜜) 부처가 설한 반야바라밀은 그것이 곧 반야바라밀이 아니라, 다만 그 이름이 바라밀이다. 이 뜻은 마음이 아닌 것이 마음이요, 하늘이 아닌 것이 하늘임과 같은 것이다. 맑은 거울에 천태만상이 비치어 그 영상이 생기지만, 거울로서 보면 일찍이 한 개의 영상도 만든 일이 없고 오직 밝은 거울이 있을 뿐, 천태만상은 달리 있는 것이며 거울 자체에는 없는 것이다. 여래가 설하는 바라밀도 이와 같은 것으로 반야바라밀이 아니며 그 이름이 반야바라밀일 따름이다. 이 대목을 《금

강반야바라밀경오가해(金剛般若波羅蜜經五家解)》에서 육조혜능(六祖慧能) 대사는 다음과 같이 풀이하고 있다.

“佛說般若波羅蜜 令諸學人用智慧 除去愚心生滅 生滅 滅盡卽到彼岸 若心有所得 卽不到彼岸 心無一法可得 卽是到彼岸 口說心行 乃是到彼岸也〔부처님께서 반야바라밀(般若波羅蜜)을 설하시어 모든 학인(學人)으로 하여 지혜를 써서 어리석은 마음이 생겼다 사라졌다 하는 일을 없애도록 하였다. 생겼다 사라졌다 하는 일이 다하게 되면 곧 피안에 이르는 것이다. 만약 마음에 얻는 바가 있으면 곧 피안에 도달할 수 없으며, 마음에 한 가지 법도 얻는 것이 없어야만 피안에 이르는 것이다. 입으로 말하고 마음으로 행하는 것, 곧 이것이 도피안(到彼岸)이다.〕” (제14 주해 5)참조)

• 반야바라밀다심경(般若波羅蜜多心經) : 원어 Prajñāpāramitā-hṛdaya-sūtra의 음역. 반야심경(般若心經) 또는 그저 단지 심경(心經)이라 줄여서 말하기도 한다. 5온(五蘊)·3과(三科)·12인연(十二因緣)·4체(四諦)의 법을 들어 온갖 법이 다 공(空)하다는 이치를 기록하고, 보살이 이 이치를 터득할 때는 일체의 고액(苦厄)을 면하고, 열반을 구경(究境)하여 아뇩보리를 증득한다고 말하고 있다. 전문 14행(行) 262자(字)의 작은 경이나, 《대반야경(大般若經)》의 정요(精要)를 뽑아 모은 것으로 여러 나라에서 유통하고 있다.

• 대반야경(大般若經) : 반야로 관조(觀照)할 이(理)인 만유는 우리가 실물처럼 보는 것과 같은 존재가 아니고 모두 다 공(空)하다는 것을 말한 것이다.

이 경은 여러 종류가 있으나 이것을 집성한 것이 당나라 현장(玄奘)이 번역한 《대반야경(大般若經)》인데, 16회(會) 600권이 있다. 여러 가지의 ‘반야경’은 모두 이 경의 일부에 해당된다. 삼과(三科)라는 것은 일체 만법을 5온(五蘊)·12처(十二處)·18계(十八界)의 셋으로 분류한 것이다.

• 십이인연(十二因緣)은 십이연기(十二緣起)라고도 하는데, 삼계(三界)에 대한 미혹(迷惑)의 인과(因果)를 12가지로 나눈 것이다. 즉 ① 무명(無明) : 미혹(迷惑)의 근본이 되는 무지(無知). ② 행(行) : 무지로부터의 의식의 작용을 일으키는 동작. ③ 식(識) : 의식작용. ④ 명색(名色) : 이름만 있고 형상이 없는 마음과 형체가 있는 물질. ⑤ 육

처(六處) : 눈·귀·코·혀·몸의 5관(五官)과 의근(意根). ⑥ 촉(觸) : 사물에 접촉함. ⑦ 수(受) : 밖으로부터 받아들이는 고락(苦樂)의 감각. ⑧ 애(愛) : 고통을 피하고 즐거움을 구함. ⑨ 취(取) : 가지고 싶은 물건을 가짐. ⑩ 유(有) : 다음 세상의 결과를 불러올 업(業). ⑪ 생(生) : 이 몸이 태어남. ⑫ 노사(老死) : 늙어서 죽음. 이상 12가지를 인연으로 해서 생겨나는 것이라고 하여 십이인연이라고 한다.

· 사체(四諦 ; Catvāri-āryasatyāni), 사성체(四聖諦)라고도 하는데, 고체(苦諦)·집체(集諦)·멸체(滅諦)·도체(道諦)를 말한다.

고체 : 현실의 인생은 괴로운 것이라 보고 이 세상을 고해(苦海)라고 본다.

집체 : 괴로움의 원인·근거·이유를 말하는 것인데, 그 원인은 번뇌이며, 번뇌의 원인은 애욕과 업(業)이다.

멸체 : 깨달을 목표, 즉 이상의 열반이다.

도체 : 열반에 이르는 길, 즉 그 방법을 말한다.

2) **설하신 바가 없다**(無所說) 부처님의 설법은 있는 것도 없고 없는 것도 없이 유무(有無)를 떠나서 하시는 것이다. 있고 없음에 얽매이는 것은 범부(凡夫)의 헤매임에 지나지 않는 것이다. 만약에 법이 있다면 그것은 중생을 위해서 만든 법에 지나지 않을, 중생이 만든 법인 것이다. '여래가 설한 바 법이 있느냐?' 하고 물은 데 대해 수보리는 이미 반야바라밀에 도달하고 있었으므로 곧 '여래께서는 말씀하신 바가 없습니다.' 하고 대답한 것이다.

3) **티끌**(微塵) 원어 Rajas. 구마라습을 비롯한 여러 한역에서는 미진(微塵)이라고 했다. 즉 작은 먼지인 티끌을 말하는 것이다. 불교에서는 이 미진을 미(微;Aṇu)라고도 나타내는데, 색법(色法)의 가장 작은 것이 극미(極微)이다. 극미는 오직 한 개만으로는 존재할 수가 없고 반드시 일곱 개의 극미가 한 덩어리가 되어 미(微)로 되어야 비로소 존재하게 된다는 것이다. 세계는 곧 이 미진이 모여서 이루어지는 것으로, 현재의 원자(原子)·분자(分子)의 개념과 비슷한 말이다. 따라서 세계가 부서지면 필경은 티끌로 화하게 될 것이다. 그러니 우리 눈에 보이는 천지만물은 모두가 미진에 불과한 것이라는 뜻이다.

4) **세계는 세계가 아니다**(世界 非世界) 세계란 티끌들이 모여서 된 것이니 티끌을 떠나서 세계가 따로 존재할 수 없고, 티끌 또한 세계를

떠나서 존재할 수 없다. 티끌이 곧 티끌이 아니요, 세계가 곧 세계가 아님을 알 것이다. 이 모든 티끌이나 세계가 본디 허망한 것이니 곧 티끌은 본래부터 있는 것이 아니요 세계가 부서져서 된 것이며, 세계는 본래부터 있는 것이 아니요 티끌이 모여서 된 것이다. 이와 같이 티끌과 세계가 둘이 아니고 하나인 것인데, 마음이 어지러워 망상이 일면 세계와 티끌을 둘로 보게 되는 것이다.

5) **32상**(三十二相) 원어 Dvātriṃśatmahāpuruṣā-lakṣaṇāni. 부처님이 갖추고 있는 보통 사람과 다른 32가지의 훌륭한 상(相)을 말하는 것으로, 32대인상(三十二大人相) 또는 32대장부상(三十二大丈夫相)이라고도 한다. 이 상을 갖춘 이는 세속에 있으면 전륜왕(轉輪王; 제5 주해 1), 제26 주해 2)참조)이 되고 출가하면 부처가 된다고 한다. 부처가 갖춘 32상은 다음과 같다.

① 발바닥이 판판하다. ② 손바닥에 수레바퀴 같은 금(무늬)이 있다. ③ 손가락이 가늘면서 길다. ④ 손발이 매우 부드럽다. ⑤ 손가락·발가락 사이마다 얇은 비단결 같은 막(膜)이 있다. ⑥ 발꿈치가 둥글다. ⑦ 발등이 둥글고 노톰하다. ⑧ 종아리가 사슴다리같이 미끈하다. ⑨ 팔이 길어서 펴면 손이 무릎까지 내려간다. ⑩ 생식기가 오므라들어 몸 안에 숨어 있는 것이 말(馬)과 같다. ⑪ 키가 두 팔을 편 길이와 같다. ⑫ 털구멍마다 새까만 털이 나 있다. ⑬ 몸의 털이 위로 쏠려 있다. ⑭ 온몸이 황금색이다. ⑮ 몸에서 솟아나는 광명이 한 길이나 된다. ⑯ 살결이 보드랍고 매끄럽다. ⑰ 발바닥·손바닥·어깨, 정수리가 모두 둥글고 판판하며 두텁다. ⑱ 겨드랑이가 편편하다. ⑲ 몸매가 사자와 같이 균형이 잡혀 있다. ⑳ 몸이 곧고 단정하다. ㉑ 양어깨가 둥글며 두툼하다. ㉒ 치아가 40개이다. ㉓ 치아가 희고 가지런하며, 빽빽하다. ㉔ 송곳니가 희고 크다. ㉕ 양뺨이 사자처럼 생겼다. ㉖ 목구멍에서 달콤한 진액이 나온다. ㉗ 혀가 길고 넓다. ㉘ 목소리가 맑고 멀리 들린다. ㉙ 눈동자가 바르고 검푸르다. ㉚ 속눈썹이 소의 속눈썹처럼 시원스럽다. ㉛ 두 눈썹 사이에 흰 털이 나 있다. ㉜ 정수리에 살상투가 있다(불교사전 참조).

이밖에 32상 이외에 80종호(八十種好) 또는 80수형호(八十隨形好)라고도 하는 보통 사람과 달리 특별히 훌륭한 것 80가지가 부처의 몸에 있다고 하는데, 손톱이 좁고 길고 엷고 구릿빛 윤이 나는 것, 신통력으로 스스로 유지하고 남의 호위를 받지 않는 것 등이다. 이것은 경(經)과 논(論)에 따라서 해석이 조금씩 다르기도 하다. 또 33응신(應身)이라는 것도 있다. 곧 관세음보살(觀世音菩薩)이 관자재(觀自在) 대자대비(大慈大悲)하여 중생을 구하기 위해 33가지 몸으로 변하여 나타난다고 하는데, 중생을 제도하는 상태에 따라서 부처, 천대장군(天大將軍), 왕(王), 재상(宰相), 장자(長者), 비구(比丘), 비구니(比丘尼), 우바새(優婆塞), 우바이(優婆夷), 용(龍), 야차(夜叉), 사람(人), 선녀(仙女), 미녀(美女), 동자(童子), 사미승(沙彌僧), 사자(獅子)로, 심지어는 비인(非人)으로까지 33형으로 변신한다는 것이다.

6) 상이 아니다(非相) 32상이라는 것은 색신(色身)에 나타나 있는 상이다. 그러니 아무리 훌륭한 상이라도 모양이 있기 때문에 언젠가는 색신은 없어져버릴 것이다. 따라서 32상에서 여래를 본다고 하는 것은 옳지 않으며, 그렇다고 여래를 보지 못한다 하는 것도 옳지 않은 것이다. 색신의 32상을 가지고 여래의 법신의 상이라 할 수는 없기 때문이다.

제14 이상적멸분(離相寂滅分)

이시 수보리 문설시경 심해의취 체루비읍 이백불언희유
원문 爾時 須菩提 聞說是經 深解義趣 涕淚悲泣 而白佛言希有
세존 불설여시심심경전 아종석래 소득혜안 미증득문여시지경
世尊 佛說如是甚深經典 我從昔來 所得慧眼 未曾得聞如是之經
세존 약부유인 득문시경 신심청정 즉생실상 당지시인 성취제
世尊 若復有人 得聞是經 信心淸淨 卽生實相 當知是人 成就第
일희유공덕 세존 시실상자 즉시비상 시고 여래설명실상 세존
一希有功德 世尊 是實相者 卽是非相 是故 如來說名實相 世尊
아금득문여시경전 신해수지 부족위난 약당래세 후오백세 기유
我今得聞如是經典 信解受持 不足爲難 若當來世 後五百歲 其有
중생 득문시경 신해수지 시인 즉위제일희유 하이고 차인 무아
衆生 得聞是經 信解受持 是人 卽爲第一希有 何以故 此人 無我
상 무인상 무중생상 무수자상 소이자하 아상즉시비상 인상 중
相 無人相 無衆生相 無壽者相 所以者何 我相卽是非相 人相 衆
생상 수자상 즉시비상 하이고 이일체제상 즉명제불 불고수보
生相 壽者相 卽是非相 何以故 離一切諸相 卽名諸佛 佛告須菩
리 여시여시 약부유인 득문시경 불경불포불외 당지 시인 심위
提 如是如是 若復有人 得聞是經 不驚不怖不畏 當知 是人 甚爲
희유 하이고 수보리 여래설제일바라밀 즉비제일바라밀 시명제
希有 何以故 須菩提 如來說第一波羅蜜 卽非第一波羅蜜 是名第
일바라밀 수보리 인욕바라밀 여래설비인욕바라밀 시명인욕바
一波羅蜜 須菩提 忍辱波羅蜜 如來說非忍辱波羅蜜 是名忍辱波

라밀 하이고 수보리 여아석위가리왕 할절신체 아어이시 무아
羅蜜 何以故 須菩提 如我昔爲歌利王 割截身體 我於爾時 無我
상 무인상 무중생상 무수자상 하이고 아어왕석 절절지해시 약
相 無人相 無衆生相 無壽者相 何以故 我於往昔 節節支解時 若
유아상 인상 중생상 수자상 응생진한 수보리 우념과거 어오백
有我相 人相 衆生相 壽者相 應生瞋恨 須菩提 又念過去 於五百
세 작인욕선인 어이소세 무아상 무인상 무중생상 무수자상 시
世 作忍辱仙人 於爾所世 無我相 無人相 無衆生相 無壽者相 是
고 수보리 보살 응리일체상 발아뇩다라삼먁삼보리심 불응주색
故 須菩提 菩薩 應離一切相 發阿耨多羅三藐三菩提心 不應住色
생심 불응주성향미촉법생심 응생무소주심 약심유주 즉위비주
生心 不應住聲香味觸法生心 應生無所住心 若心有住 卽爲非住
시고 불설보살심 불응주색보시 수보리 보살 위리익일체중생
是故 佛說菩薩心 不應住色布施 須菩提 菩薩 爲利益一切衆生
응여시보시 여래설일체제상 즉시비상 우설일체중생 즉비중생
應如是布施 如來說一切諸相 卽是非相 又說一切衆生 卽非衆生
수보리 여래시진어자 실어자 여어자 불광어자 불이어자 수보
須菩提 如來是眞語者 實語者 如語者 不誑語者 不異語者 須菩
리 여래소득법 차법 무실무허 수보리 약보살 심주어법 이행보
提 如來所得法 此法 無實無虛 須菩提 若菩薩 心住於法 而行布
시 여인입암 즉무소견 약보살 심부주법 이행보시 여인유목 일
施 如人入闇 卽無所見 若菩薩 心不住法 而行布施 如人有目 日
광명조 견종종색 수보리 당래지세 약유선남자선여인 능어차경
光明照 見種種色 須菩提 當來之世 若有善男子善女人 能於此經
수지독송 즉위여래 이불지혜 실지시인 실견시인 개득성취무량
受持讀誦 卽爲如來 以佛智慧 悉知是人 悉見是人 皆得成就無量
무변공덕
無邊功德

爾時에 須菩提 聞說是經하고 深解義趣하여 涕淚悲泣하며 而白佛言하되 希有니이다 世尊하 佛說如是甚深經典은 我從昔來의 所得慧眼으론 未曾得聞如是之經이니이다 世尊하 若復有人이 得聞是

經하고 信心이 淸淨하면 卽生實相하리니 當知是人은 成就第一希有功德이니이다 世尊하 是實相者는 卽是非相이니 是故로 如來說名實相이니이다 世尊하 我今得聞如是經典하고 信解受持는 不足爲難이오나 若當來世 後五百歲에 其有衆生이 得聞是經하고 信解受持하면 是人은 卽爲第一希有이니이다 何以故오 此人은 無我相하며 無人相하며 無衆生相하며 無壽者相이니 所以者何오 我相이 卽是非相이며 人相 衆生相 壽者相도 卽是非相이니이다 何以故오 離一切諸相이 卽名諸佛이니이다 佛이 告須菩提하시되 如是如是니라 若復有人이 得聞是經하고 不驚不怖不畏하면 當知하라 是人도 甚爲希有니라 何以故오 須菩提야 如來說第一波羅蜜이 卽非第一波羅蜜이라 是名이 第一波羅蜜이니라 須菩提야 忍辱波羅蜜도 如來說非忍辱波羅蜜이라 是名이 忍辱波羅蜜이니 何以故오 須菩提야 如我昔爲歌利王에 割截身體로되 我於爾時에 無我相하며 無人相하며 無衆生相하며 無壽者相이니라 何以故오 我於往昔 節節支解時에 若有我相 人相 衆生相 壽者相이면 應生瞋恨이니라 須菩提야 又念過去 於五百世에 作忍辱仙人하여 於爾所世에 無我相하며 無人相하며 無衆生相하며 無壽者相이니라 是故로 須菩提야 菩薩은 應離一切相하여 發阿耨多羅三藐三菩提心이니 不應住色生心하며 不應住聲香味觸法生心이요 應生無所住心이니라 若心有住하면 卽爲非住니라 是故로 佛說菩薩心은 不應住色布施라 하니라 須菩提야 菩薩은 爲利益一切衆生하여 應如是布施니 如來說一切諸相이 卽是非相이며 又說一切衆生이 卽非衆生이니라 須菩提야 如來는 是眞語者이며 實語者이며 如語子이며 不誑語者이며 不異語者이니라 須菩提야 如來所得法은 此法이 無實無虛하니라 須菩提야 若菩薩이 心住於法하여 而行布施하면 如人이 入闇하여 卽無所見하며 若菩薩이 心不住法하여 而行布施하면 如人이 有目하여 日光이 明照에 見種種色이니라 須菩提야 當來之世에 若有善男子善女人이 能

於此經에 受持讀誦하면 卽爲如來가 以佛智慧로 悉知是人하며 悉見是人하나니 皆得成就無量無邊功德이리라

그때 수보리가 이 경을 설하시는 말씀을 듣고 깊이 그 묘한 뜻을 깨달아 눈물을 흘리면서 부처님께 말씀드리었다.

"세상에서도 드문 훌륭한 일이옵니다, 세존이시여. 부처님께서 이와 같은 뜻이 깊고 깊은 경전을 설하시기는 처음이오며, 저는 예부터 이제까지 얻은 바의 혜안(慧眼)[1]으로써는 아직껏 이와 같은 경을 들어보지 못하였습니다.

세존이시여, 만약에 어떤 사람이 있어 이 경을 얻어 듣고 신심(信心)이 맑고 깨끗하면[2] 곧 실상(實相)이 나타날 것이며, 이 사람은 마땅히 제일 희유(希有)한 공덕을 성취한 사람인 줄로 아옵니다.

세존이시여, 이 실상이라는 것은 곧 이것이 상이 아니기 때문에[3] 여래께서 설하시기를, 그 이름이 실상이라고 말씀하셨사옵니다.

세존이시여, 제가 지금 이 경전을 들을 기회를 얻어, 믿어 터득하고 지니기는[4] 그다지 어렵지 아니하옵니다.

그러하오나 만약에 앞으로 돌아오는 후오백세(後五百歲)에, 그때 어떤 중생들이 이 경을 얻어들을 수가 있어서 그대로 알고 받아 지닌다면 이 사람이야말로 곧 제일 희유한 존재가 될 것이옵니다.

왜 그런고 하오면 이 사람은 아상(我相)도 없고 인상(人相)도 없으며, 중생상(衆生相)도 수자상(壽者相)도 없기 때문이옵니다. 그것이 무슨 까닭이냐 하오면 아상은 곧 상(相)이 아니요, 인상·중생상·수자상도 곧 상이 아니기 때문이옵니다. 왜 그런고 하오면 일체의 모든 상에서 벗어나야 곧 부처라고 이

름하기 때문이옵니다."

부처님은 수보리에게 일러 말씀하시었다.

"그러하니라, 그러하느니라. 참으로 그러하느니라. 만약에 또 어떤 사람이 있어, 이 경을 얻어듣고 놀라지도 않고 겁내지도 않고 두려워하지도 않는다면 이 사람도 매우 희유한 사람임을 알아야 하느니라.

왜 그런고 하면 수보리야, 여래가 말하는 제일바라밀(第一波羅蜜)[5]은 제일바라밀이 아니요, 그 이름이 제일바라밀이기 때문이니라.

수보리야, 인욕바라밀(忍辱波羅蜜)[6]도 인욕바라밀이 아니라 그 이름이 인욕바라밀이라고 여래는 설하였다.

그 이유는 수보리야, 내가 옛날 전생에서 가리왕(歌利王)[7]에게 내 몸을 베이고 갈기갈기 찢길 때와 같은 것이니라. 나는 그때에 아상도 없고, 인상도 없고, 중생상도 없고, 수자상도 없었느니라. 왜 그런고 하니, 내가 옛날 온몸의 마디마디와 사지를 찢길 때에 만약에 아상·인상·중생상·수자상이 있었더라면, 응당 화내고 원망하고 원통한 마음을 일으켰을 것이기 때문이니라.

수보리야, 또 과거를 생각하니, 전생 500세에 있어서 인욕선인(忍辱仙人)이 되었던 때에도 아상도 없고 인상도 없으며, 중생상도 없고 수자상도 없었느니라.

그러므로 수보리야, 보살은 마땅히 일체상을 떠나서 아뇩다라삼먁삼보리의 마음을 내어야 할 것이니라. 결코 색에 얽매인 마음을 내지 말 것이며, 마땅히 머무르는 바 없는 마음을 일으켜야 하느니라. 마땅히 성(聲)·향(香)·미(味)·촉(觸)·법(法)에 머무르는 바의 마음을 내지 말아야 하느니라. 만약 마음에 머무름이 있으면 그것을 얽매임이 아니게 해야 하느니

라. 그런 까닭으로 부처님께서는 '보살심은 응당 색(色)에 머물러 하는 보시가 아니어야 한다.'고 설하셨느니라.

수보리야, 보살은 일체 중생을 이롭게 하기 위하여 마땅히 이와 같이 보시를 해야 하느니라.

여래께서는 '일체의 상은 곧 상이 아니다.'라고 설하셨으며, 또한 '일체의 중생은 그것이 곧 중생이 아니다.'[8]라고도 설하셨느니라.

수보리야, 여래는 진(眞)을 말하는 분이며, 실(實)을 말하는 분이며, 있는 그대로의 여(如)를 말하는 분이며, 거짓을 말하지 않는 분이니라. 따라서 사실과 다른 말을 하지 않는 분이니라.

수보리야, 여래가 얻은 바, 이 법은 실(實)도 없고 허(虛)도 없느니라.[9]

수보리야, 만약에 보살이 마음을 법에 얽매이면서 보시를 한다면, 이는 마치 사람이 어두운 곳에서 아무것도 못 보는 것과 같은 것이니라. 만약에 보살이 마음을 법에 머무름이 없이 보시를 행하면, 마치 사람이 눈이 있고 햇빛이 밝게 비치어 가지가지의 색(色)을 보는 것과 같은 것이니라.

수보리야, 장차 오는 세상에 만약 선남선녀가 있어서 능히 이 경을 받아 지니어 읽고 외우고 한다면, 곧 이를 위해 여래는 부처의 지혜로써 남김없이 이 사람들을 다 알고 이 사람들을 다 보고 있기 때문에, 이 사람을 보고 모두가 한량없고 가이 없는 무량무변의 공덕(功德)[10]을 성취할 수가 있게 하느니라."

주

1) **혜안**(慧眼) 오안(五眼) 중의 하나. 우주 사물의 진리를 밝히 보는 눈을 말한다.

오안(五眼)이란 모든 법의 사(事)와 이(理)를 관조하는 5종의 눈으로, 육안(肉眼)·천안(天眼)·혜안(慧眼)·법안(法眼)·불안(佛眼)을 말한다. 이들 중 혜안(慧眼)은 만유(萬有)의 모든 현상은 공(空)·무상(無相)·무작(無作)·무생(無生)·무멸(無滅)이라고 보아 모든 집착을 여의고 차별적인 현상세계를 보지 않는 지혜의 눈인데, 이것은 성문(聲聞)과 연각(緣覺) 등 이승(二乘)이 얻는 지혜이므로 중생을 제도하지는 못한다고 한다. 성문이란 부처님의 음성을 직접 듣거나, 교법을 보고 공부하는 사람이고, 연각은 스승 없이 주위의 사물을 보고 인연현상을 파악하여 스스로 진리를 깨닫는 부류로서 전생에 많은 공부가 있었던 사람들을 말한다.

2) **신심이 맑고 깨끗하다**(信心淸淨) 악행으로 인해 생긴 허물이나 번뇌의 더러움에서 벗어난 깨끗함을 청정(淸淨)이라 한다. 믿음이 불순하면 진실한 믿음이라 할 수가 없다. 진실한 믿음이란 맑고 깨끗한 마음에서 우러나는 것이다. 이러한 맑고 깨끗한 믿음의 마음을 가지고 있는 사람은 실상(實相)을 보게 된다. 이렇게 거짓이 없고 참되기 때문에 최상의 깨달음을 얻을 수가 있는 것이다. 청정에는 자성청정(自性淸淨)과 이구청정(離垢淸淨)의 두 가지가 있다.

3) **실상**(實相)·**비상**(非相) 실상이란 만물의 있는 그대로의 모양을 말하며, 만유의 본체 또는 현상을 포착하여, 본체는 어떤 물건이며 또 현상은 얼마나 허망한가를 궁구하여 횡(橫)으로 연구한 교리를 실상론(實相論)이라 한다. 믿는 마음이 맑고 깨끗하고 거짓이 없이 진실하면 있는 그대로의 모습을 볼 수가 있다는 뜻이다. 부처는 실상이 따로 있는 것이 아니라 상 아닌 것이 곧 실상이요, 실상이 곧 상이 아니니, 실상에 집착한다거나 얽매이지 말기를 가르쳤고, 아상(我相)이 있기 때문에 실상에 집착하는 것이니 실상이 곧 비상(非相)이며 비상이 곧 실상이라고 설하신 것이다.

4) **믿어 터득하고 지니다**(信解受持) 불법을 믿어 의심하지 않고 부처의 가르침을 터득하여, 그 가르침 그대로 받아 자기의 믿음으로 지니어 실천 수행하는 것.

5) **제일바라밀**(第一波羅蜜) 바라밀(波羅蜜)이라는 말은 원어 파라미타(Pāramitā)의 음역인데, 그 뜻을 도피안(到彼岸)·도무극(度無極)·사구경(事究竟)·도(度)라고 풀이하고 있다. 피안(彼岸)이란 모든 번

뇌에 얽매인 고통의 세계인 생사고해(生死苦海)를 건너 이상의 경지인 열반의 저 언덕에 이르고자 하는 보살 수행의 길(道)을 통틀어 말하고 있다. 여기에서 말하는 제일바라밀은 6바라밀(六波羅蜜) 중의 첫째인 보시바라밀(布施波羅蜜)을 가리키는 것이다. 믿음의 마음이 청정하여 실상을 본 사람의 경우, 그가 하는 보시는 곧 진실한 보시라고 말할 수가 없다. 줄 사람도 없고 받을 사람도 없으니 주고받을 물건이나 법도 없기 때문이다. 물론 피안도 있을 수가 없다. 그러니 보시바라밀이 보시바라밀이 아니요, 그 이름이 보시바라밀일 뿐이다. 즉 중생을 깨우치기 위하여 제일바라밀, 보시바라밀이라는 이름의 말만 빌어서 쓴 것뿐이라는 뜻이다. 제일바라밀을 으뜸가는 바라밀 또는 최고완성이라고 풀이하는 이도 있다.

6) **인욕바라밀**(忍辱波羅蜜) 원어 Kṣāntipāramitā의 음역. 찬데바라밀(羼提波羅蜜)이라고도 하고, 줄여서 그저 인바라밀(忍波羅蜜)이라 하기도 한다. 인욕(忍辱)은 Kṣānti의 의역. 육바라밀 중의 셋째 바라밀로서 온갖 모욕과 번뇌를 참고 견디어 원한을 일으키지 않는 수행을 하여 열반의 피안에 도달하는 도(道)의 하나이다. 모든 것을 참고 견디어 집착과 번뇌를 물리치고 믿음을 굳게 하여 깨끗한 마음으로 깨달음을 얻는 수행인데, 이 수행을 성취하면 모든 상이 없어지고 밖으로부터 욕된 일을 당하여도 그것이 욕된 줄도, 그것을 참고 있다는 의식도 없고, 욕이니 참는 것이니 하는 것조차도 없는 것이다. 내가 당한 욕을 참는다는 상이 있다면 그것은 참으로 참고 견딘다고 할 수 없는 것이다. 그러므로 인욕바라밀이 따로 있는 것이 아니라, 인욕바라밀이라는 이름을 빌려서 쓰는 데 지나지 않는다는 뜻이다.

7) **가리왕**(歌利王) 범어 칼리(Kali). 가리(歌利, 哥利), 갈리(羯利) 등으로 음역하고 있다. 또 칼링가(Kalinga)라고도 써서 가릉가(迦陵伽), 갈릉가(羯陵伽), 가람부(迦藍浮)라고도 음역하고 있다. 또 악생무도왕(惡生無道王)이라 의역하기도 한다. 세존이 전생에 인욕선인(忍辱仙人)이 되어 산중에서 인욕(忍辱)수행을 하고 있을 때였다. 때마침 가리왕이 신하와 많은 궁녀들을 거느리고 그 산중에 사냥을 나왔다가 점심 후에 고단해서 잠시 잠이 들었다. 잠을 깬 가리왕은 자기 옆에 있어야 할 궁녀들이 눈에 띄지 않자 이들을 찾아다니다가 드디어 인욕수행을 하고 있는 선인인 세존에게 꽃을 바치고, 배례하고 있는 궁

녀들을 발견했다. 가리왕은 성이 나서 궁녀들을 유혹한 출가자라고 매도했다. 그러나 선인은 "나는 이 여자들을 탐낸 일이 조금도 없소." 라고 태연한 표정으로 말했다. 가리왕은 칼을 빼어 선인 세존의 몸을 베면서 "이래도 나의 시녀들을 탐내었다고 실토하지 않겠단 말인가?" 하고 소리를 질렀다. 선인은 조금도 동요하지 않고, "나는 지금 인욕계(忍辱戒)를 하고 있는 중이오." 하고 역시 태연자약했다. 가리왕은 더욱 성이 나서 선인의 몸을 찌르며 말했다. "이래도 아프지 않느냐?" "그렇소, 아프지 않소." 가리왕은 더욱 화가 나서 선인의 사지를 찢고 뼈를 마디마디 잘랐다. "이래도 네가 원통해하지도 성내지도 않는단 말이냐?" "내 이미 있지 않거늘 누가 성을 내며 무엇을 원통해한단 말인가." 하고 역시 태연히 말했다. 그때 하늘이 노하여 가리왕에게 돌비(石雨)를 퍼부었다. 선인은 그때서야 "너는 여자 때문에 내 몸을 이토록 토막을 내었으나 나는 여자를 탐낸 일은 없다. 내가 내세에 불도를 성취하는 날 반드시 지혜의 칼날로 너의 극악한 마음을 끊어놓으리라." 하고 조용한 목소리로 꾸짖었다. 가리왕은 벌벌 떨며 아무 말도 하지 못하였고, 선인의 몸에는 아무런 상처도 없었다고 한다.

8) **일체의 중생은 그것이 곧 중생이 아니다**(一切衆生 卽非衆生) 일체의 모든 상이 상이 아님과 같이 일체의 중생도 따지고 보면 중생이 아닌 것이다. 이 우주의 모든 것은 시시각각으로 변천하는 것이다. 우주도, 일체의 현상도, 정신세계도, 중생도 모두가 무상하고 허망하여 영원불멸(永遠不滅)이라는 것은 없다. 따라서 모든 상은 상이 아니며 중생도 중생이 아니라고 부처는 설했던 것이다.

9) **실도 없고 허도 없다**(無實無虛) 불법이라는 것은 실도 버리고 허도 버린 경지에서 얻어지는 것이다. 또 버린 그 자체도 아무것도 없는 것이다. 그래서 실상도 없는 것이고, 허(虛)도 없는 것이다.

10) **공덕**(功德) 원어 구나(Guṇa)의 의역. 구나(求那), 구낭(懼囊)이라 음역하기도 한다. 좋은 일을 쌓은 공(功)과 불도를 수행한 덕(德)을 말한다. 이 공덕을 해석하는 데는 다음과 같은 여러 가지 설이 있다.

① 복덕(福德)과 같은 뜻으로, 복(福)은 복리(福利), 즉 선(善)을 수행하는 이를 도와서 복되게 하므로 복이라 하며, 복의 덕이므로 복

덕이라 한다.

② 공(功)은 공능(功能)이라 하고 선(善)을 수행하는 이를 도와 이롭게 하므로 공이라 하며, 공의 덕이란 뜻으로 공덕이라 한다.

③ 공(功)을 베푸는 것을 공이라 하고 그 대가가 자기에게 돌아옴을 덕(德)이라고 한다.

④ 악(惡)이 다함을 공(功)이라고 하고 선(善)이 가득함을 덕(德)이라 한다.

⑤ 덕(德)은 얻었다(得)는 뜻이니 공을 닦은 뒤에 얻는 것이므로 공덕(功德)이라 한다.

제15 지경공덕분(持經功德分)

수보리 약유선남자선여인 초일분 이항하사등신보시 중일
원문 須菩提 若有善男子善女人 初日分 以恒河沙等身布施 中日
분 부이항하사등신보시 후일분 역이항하사등신보시 여시무량
分 復以恒河沙等身布施 後日分 亦以恒河沙等身布施 如是無量
백천만억겁 이신보시 약부유인 문차경전 신심불역 기복승피
百千萬億劫 以身布施 若復有人 聞此經典 信心不逆 其福勝彼
하황서사수지독송 위인해설 수보리 이요언지 시경유불가사의
何況書寫受持讀誦 爲人解說 須菩提 以要言之 是經有不可思議
불가칭량 무변공덕 여래위발대승자설 위발최상승자설 약유인
不可稱量 無邊功德 如來爲發大乘者說 爲發最上乘者說 若有人
능수지독송 광위인설 여래실지시인 실견시인 개득성취불가량
能受持讀誦 廣爲人說 如來悉知是人 悉見是人 皆得成就不可量
불가칭 무유변 불가사의공덕 여시인등 즉위하담 여래 아뇩다
不可稱 無有邊 不可思議功德 女是人等 卽爲荷擔 如來 阿耨多
라 삼먁삼보리 하이고 수보리 약요소법자 착아견 인견 중생견
羅 三藐三菩提 何以故 須菩提 若樂小法者 著我見 人見 衆生見
수자견 즉어차경 불능청수독송 위인해설 수보리 재재처처 약
壽者見 卽於此經 不能聽受讀誦 爲人解說 須菩提 在在處處 若
유차경 일체세간 천인아수라 소응공양 당지 차처 즉위시탑 개
有此經 一切世間 天人阿修羅 所應供養 當知 此處 卽爲是塔 皆
응공경 작례위요 이제화향 이산기처
應恭敬 作禮圍繞 以諸華香 而散其處

須菩提야 若有善男子善女人이 初日分에 以恒河沙等身으로 布施하고 中日分에 復以恒河沙等身으로 布施하고 後日分에 亦以恒河沙等身으로 布施하여 如是無量百千萬億劫에 以身布施하여도 若復有人이 聞此經典하고 信心不逆하면 其福이 勝彼하리니 何況書寫受持讀誦하여 爲人解說임에랴 須菩提야 以要言之컨대 是經이 有不可思議 不可稱量하니 無邊功德하니 如來爲發大乘者說이며 爲發最上乘者說이니라 若有人이 能受持讀誦하여 廣爲人說하면 如來悉知是人하며 悉見是人하여 皆得成就不可量 不可稱 無有邊 不可思議功德이리니 如是人等은 卽爲荷擔 如來 阿耨多羅三藐三菩提니라 何以故오 須菩提야 若樂小法者는 著我見 人見 衆生見 壽者見하여 卽於此經에 不能聽受讀誦 爲人解說하리라 須菩提야 在在處處에 若有此經하면 一切世間 天人阿修羅의 所應供養이니 當知하라 此處는 卽爲是塔이라 皆應恭敬 作禮圍繞하여 以諸華香으로 而散其處하리라

"수보리야, 만약에 어떤 선남선녀가 있어 초일분(初日分)[1]에 항하(恒河)의 모래알만큼을 몸으로써 보시하고, 중일분(中日分)[2]에도 다시 항하의 모래알만큼을 몸으로써 보시하고, 후일분(後日分)[3]에도 또한 항하의 모래알만큼을 몸으로써 보시하여, 이와 같이 하기를 헤아릴 수 없는 백천만억겁(百千萬億劫)[4]을 두고 몸으로써 보시를 했다고 하자.

여기에 또 다른 어떤 사람이 있어 이 경전을 듣고 믿는 마음으로 거역하지만 아니하면, 그 복덕이 이전의 복덕보다 훨씬 나을 것이니, 하물며 경을 베껴쓰고 받아서 지니며, 읽고 외워서 다른 사람을 위하여 설명해 주는 사람에 있어서랴.

수보리야, 요약해서 말할 것 같으면, 이 경은 실로 불가사의(不可思議)하고, 가히 측량할 수 없는 무변(無邊)한 공덕을 지

니고 있느니라.

그러므로 여래(如來)는 대승(大乘)[5]의 마음을 낸 사람을 위하여 이것을 설한 것이요, 최상승(最上乘)[6]의 마음을 낸 사람을 위하여 이것을 설한 것이니라. 만약에 어떤 사람이 능히 이 경을 받아 지니고, 읽고 외워서 널리 다른 사람을 위하여 설해 주는 사람이 있다면 여래는 그 사람을 잘 알고 그 사람을 환히 보고 있기 때문에[7], 모든 사람은 헤아릴 수도 없고 이루 말할 수 없으며, 가이없는 불가사의한 공덕을 다 얻어 성취할 수가 있게 될 것이니라. 이러한 사람들은 곧 여래의 아뇩다라삼먁삼보리를 터득하여 자기 것으로 만든 것이 되느니라.

왜 그런고 하면 수보리야, 만약에 작은 법을 즐기는 자[8]는 아견·인견·중생견·수자견에 집착하여[9] 이 경을 알아듣지도, 받아 지니지도, 읽지도 외우지도 못하고, 따라서 남을 위하여 설하여 주지도 못하기 때문이니라.

수보리야, 만약 가는 곳마다 이 경이 있다고 한다면 일체 세간의 천(天)·인(人)·아수라(阿修羅)가 반드시 공양할 것이니라. 너는 마땅히 바로 알아야 한다. 이곳은 곧 탑(塔)이 되어 모두들 마땅히 공경하여 예배를 드리고 둘러싸고 돌며[10], 갖가지 꽃과 향을 그곳에 뿌리게 될 것이니라."

주

1) **초일분**(初日分) 불교에서는 하루 중 자는 시간을 뺀 새벽부터 초저녁까지를 셋으로 나누는데, 새벽 3시(寅時)부터 아침 9시(辰時)까지를 초일분(初日分)이라 한다.

2) **중일분**(中日分) 상호 9시(巳時)부터 하오 3시(未時)까지를 말한다.

3) **후일분**(後日分) 하오 3시(申時)부터 하오 9시(戌時)까지를 말한다.

4) **백천만억겁**(百千萬億劫) 원문은 칼파 코티 니유타 사타 사하스라니(Kalpa-koti-niyuta-śata-sahasrāṇy). 겁(劫)은 칼파(Kalpa)의 번

역어로서 겁파(劫波, 劫跛, 劫簸), 또는 갈랍파(羯臘波)라 음역하고, 분별시분(分別時分)·분별시절(分別時節)·장시(長時)·대시(大時) 등으로 의역하고 있다. 인도에서는 1겁(一劫)은 범천(梵天)의 하루가 되고, 인간세계의 4억 3200만 년에 해당된다고 한다.

어쨌든 1겁은 헤아릴 수 없는 아득한 긴 시간, 즉 무한한 긴 시간을 표시하는 말이다. 코티(Koti)는 십만억(十萬億)으로 번역되고, 니유타(Niyuta)는 나유타(Nayuta)라고도 하는데 조(兆) 또는 나유타(那由他)라고 그대로 음역해 쓰기도 한다. 사타(Śata)는 백(百)이고, 사하스라(Sahasrā)는 천(千)이다. 원문을 직역하면 '백의 천의 십만억조의 많은 겁', 즉 '백 곱하기, 천 곱하기, 만 곱하기, 십만 곱하기, 억 곱하기, 조, 또 그 많은 겁(劫)'이라는 말로 표시할 수밖에 없다. 상상할 수 없는 무한한 시간을 뜻하는 말이라 하겠다. 겁(劫)이란 말에 대해서는 불교에서는 개자겁(芥子劫), 반석겁(磐石劫)이라고 하는 것이 있다. 개자겁이란 그 둘레가 40리 되는 성(城) 안에 겨자씨를 가득 채워놓고 장수천인(長壽天人)이 3년마다 한 알씩 가지고 가서 죄다 없어질 때까지를 1겁이라 한다.

또 둘레가 40리 되는 바위를 천인(天人)이 무게가 3수(銖)되는 천의(天衣)로써 3년마다 한 번씩 스쳐 그 바위가 다 닳아 없어질 때까지를 1반석겁이라 한다. 또 겁에는 대(大)·중(中)·소(小)의 세 가지가 있다고 한다. 둘레 80리를 1중겁(一中劫), 둘레 120리를 1대겁(一大劫)이라 하기도 한다.

혹은 사람의 나이가 8만 4000세(歲) 때부터 백 년마다 한 살씩 줄여서 10세 때까지 이르고, 다시 백 년마다 한 살씩 늘여 그 나이가 8만 4000세에 이르되 한 번 줄고 한 번 느는 동안을 1소겁, 20소겁을 1중겁, 4중겁을 1대겁, 또 한 번 늘거나 한 번 주는 것을 1소겁, 한 번 늘고 한 번 주는 동안을 1중겁, 성겁(成劫)·주겁(住劫)·괴겁(壞劫)·공겁(空劫)이 각각 20중겁, 합하여 80중겁을 1대겁이라 말하기도 한다.

이런 말들은 인도 사람들이 얼마나 엄청난 숫자를 공상적으로 상상했는가를 짐작할 수 있게 한다.

5) 대승(大乘) Mahāyāna의 한역. 마하연나(摩訶衍那)라고 음역한다. 승(乘)이란 '타다', '태우다', 또는 '싣고 운반하다'의 뜻이다. 중

생을 태워서 나고 죽고 하는 괴로움의 바다를 건네주는 수레라는 뜻에서 대승(大乘)이니 소승(小乘)이니 하는 말을 쓴다.

대승은 불도를 깨달아서 제 한 몸을 건지는 데 그치지 않고 나아가서 일체 중생까지도 건지기를 바라는 교리인데, 이런 교리를 가지는 불교를 대승불교라 한다. 이와는 대조적으로 법을 수행함에 있어서 상(相)에 집착하여 닦는 것이 소승(小乘)이다. 대승은 상(相)을 떠나서 도를 닦고 지옥과 극락이 둘이 아님을 깨닫고 닦는데 비해, 지옥을 싫어하고 극락을 좋아하여 도를 닦는 것이 소승인 것이다.

일본의 불교학자 나카무라(中村元)는, 대승이라는 것은 중생들을 태우고 생사의 고해를 건너서 불교의 이상경(理想境)인 피안(彼岸)에 이르게 하는 교법 가운데 교리나 교설이 피안에 도달하려는 그 이상(理想)과 목적이 크고 깊어서 이것을 받아들이는 그릇도 큰 그릇이어야 하므로 대승이라 번역했다. 여기에는 권대승(權大乘)과 실대승(實大乘)의 두 가지가 있다. 권대승은 권교대승(權敎大乘)·대승권교(大乘權敎)·권대(權大)라고도 하며, 여래의 진실한 교법을 그대로 받아들이지 못하는 중생을 진실한 교법으로 끌어들이려는 방편수단이다. 법상(法相)·삼론(三論) 등의 교의(敎義)를 설하는 대승교법을 말하고, 이상경(理想境)인 피안에 이르게 하는 교법 중에서 교(敎)·이(理)·행(行)·과(果)들이 모두 깊고 넓고 커서 이를 수행하는 승려나 중생들이나 구도자가 대기이근(大器利根)인 기류(機類)를 요하는 것을 말한다. 실대승교(實大乘敎)는 대승교 중에서 방편을 겸하지 아니한 진실한 교법을 말한 교(敎)이다. 천태종(天台宗)·화엄종(華嚴宗)·선종(禪宗) 등이 이것에 속한다.

대승과 반대되는 것이 소승인데, 소승 중에는 성문승(聲聞僧)과 연각승(緣覺僧)의 둘이 있다. 성문승은 사체(四諦)의 이치를 깨닫고 사과(四果)를 증득하여 열반에 이르는 것을 교리로 하고, 연각승은 12인연(十二因緣)을 깨닫고 벽지불과(辟支佛果)에 이르는 것을 교체(敎體)로 하고 있다. 인도의 상좌부·대중부 등 20분파와 동토(東土)의 구사종(救士宗)·성실종(成實宗)·율종(律宗) 등이 있다.

6) **최상승**(最上乘) 대승 가운데에서도 가장 높은 도. 최상승에 대해 《금강경오가해(金剛經五家解)》에서 육조혜능(六祖慧能)은, "때묻은 법, 싫어해야 할 속된 법을 보지 않는 것이며, 구해야 할 거룩한 법을

보지 않는 것이고, 구해야 할 중생을 보지 않는 것이다. 또한 열반이 있어서 증득한 것을 보지 않고 중생을 제도했다는 마음을 내지 않으며, 또한 중생을 제도하지 않았다는 마음도 두지 않는 것이니, 이를 최상승이라 한다."고 풀이하고 있다.

7) **여래는 그 사람을 잘 알고, 그 사람을 환히 보고 있기 때문에**(如來悉知是人 悉見是人) 《금강경》은 대승과 최상승의 마음을 낸 사람을 위하여 설법한 것인데, 이것을 받아 지니고, 읽고 외워서 남을 위해 설하는 사람은 대승자요 최대승자이니, 여래께서 이 사람의 공덕을 속속들이 잘 알고 그 사람의 뜻을 눈으로 보듯 환히 알고 있으므로 무한한 공덕을 이룰 것이라는 말이다.

8) **작은 법을 즐기는 자**(樂小法者) 원문은 hīnā-dhīmaktikaihsattvaih. 하이나(hīnā)를 '열등한'이라 번역하고 하이나야나(hina-yana)를 소승(小乘)이라 번역하듯 소법(小法), 즉 작은 법이라고 의역한다. 소법이란 소승이라고 이해해도 좋을 것이다. 다시 말하면 작은 법은 소승을 말한다. 소승을 즐기는 자란, 자기 한 몸만 생각하고 그저 극락세계에 태어나겠다는, 생각이 좁고 용렬한 사람을 말하는 것이다. 이런 사람은 아상(我相)·인상(人相)·중생상(衆生相)·수자상(壽者相)과 같은 사상(四相)의 주견을 버리지 못하고 상에 집착하여 상이 있는 작은 과(果)만 생각할 뿐 과가 보이지 않는 불과(佛果)를 얻을 생각은 하지 못하기 때문에, 이 경이 귀에 들어가지 않아서 이것을 받아 지니고, 읽고 외워 남에게 설하지도 못한다는 뜻이다.

9) **아견·인견·중생견·수자견에 집착한다**(著我見 人見 衆生見 壽者見) 착(著)은 집착을 말하고, 견(見)은 소견·의견·견해를 말하는 것이다. 아견은 일명 신견(身見)이라고도 하는데, '나'라 함은 원래 오온(五蘊)이 화합하여 생긴 것으로 참으로 '나'라 할 것이 없는데도 '나'가 실재(實在)해 있는 줄 잘못 알고 나의 소유라고 집착하는 견해이다. 인견은 우리는 사람이니 지옥취(地獄趣)나 축생취(畜生趣)와는 다르다고 집착하는 견해이다. 즉 사람과 짐승, 성인(聖人)과 범인(凡人) 등 대상에 대한 비교·차별 또는 경멸감에서 일어나는 대립적 행동이나 현상을 말한다. 중생견(衆生見)은 중생들의 잘못된 소견으로, 즐거운 것을 탐내고 괴로운 것을 싫어하는 동물적인 행동이나 생각으로 자기 몸은 오온이 화합하여 생겨난 것이라고 고집하고 집착하는 견

해. 수자견(壽者見)은 우리는 선천적으로 길든 짧든 간에 일정한 수명을 하늘에서 받았다고 집착하는 견해. 이렇게 소견이 좁고 공(空)하지 못한 탓에 믿는 힘이 모자라서 사상(四相)이 있다고 하면 그것에 얽매여 집착하여 버리고, 사상이 공허한 것이라고 하면 역시 또 그것에 얽매여 집착하여 버리고 만다. 이렇게 부처가 사상을 설한 것은 이런 상에 집착하는 견해를 버리라는 뜻에서이다.

10) 둘러싸고 돌며(作禮圍繞) 작례(作禮)는 예배드린다는 말이고 위요(圍繞)는 둘레를 빙빙 도는 것을 말한다. 따라서 그 둘레를 빙빙 돌면서 합장하고 예배한다는 뜻이다. 인도에서는 오체투지(五體投地)라 하여 두 팔다리와 머리의 5체(五體)를 땅에 던지고 절하는 풍습이 있고, 또 어떤 존경의 대상을 중심으로 하여 둘레를 돌면서 절하는 예법이 있는데, 이것은 귀의(歸依)의 뜻을 표하는 것이다. 또 이밖에도 우요 삼잡(右繞三匝)이라 하여 귀인에게 존경의 뜻을 표시할 때에는 오른쪽 옆구리를 귀인 쪽으로 향하여 그 주위를 세 번 도는 예법이 있다. 또 군대가 개선해서 돌아왔을 때에도 귀국하는 즉시 성벽의 주위를 세 번 오른쪽으로 돌고 성안으로 들어갔다. 보리수(菩提樹) 등을 향해 예배할 때에도 같은 방식으로 했다. 아시아 제국의 불교 승려는 이 규정을 지키고 탑이나 본존불(本尊佛)을 중심으로 오른쪽 어깨를 향한 채 도는 행사도 있다. 불교에서 탑을 중심으로 돌면서 예배하는 탑돌이 행사도 여기에 연유한다고 봄이 타당할 것이다.

제16 능정업장분(能淨業障分)

부차수보리 선남자선여인 수지독송차경 약위인경천 시인
원문 復次須菩提 善男子善女人 受持讀誦此經 若爲人輕賤 是人
선세죄업 응타악도 이금세인 경천고 선세죄업 즉위소멸 당득
先世罪業 應墮惡道 以今世人 輕賤故 先世罪業 卽爲消滅 當得
아뇩다라삼먁삼보리 수보리 아념과거 무량아승기겁 어연등불
阿耨多羅三藐三菩提 須菩提 我念過去 無量阿僧祇劫 於燃燈佛
전 득치팔백사천만억나유타제불 실개공양승사 무공과자 약부
前 得値八百四千萬億那由他諸佛 悉皆供養承事 無空過者 若復
유인 어후말세 능수지독송차경 소득공덕 어아소공양제불공덕
有人 於後末世 能受持讀誦此經 所得功德 於我所供養諸佛功德
백분불급일 천만억분 내지산수비유 소불능급 수보리 약선남자
百分不及一 千萬億分 乃至算數譬喩 所不能及 須菩提 若善男子
선여인 어후말세 유수지독송차경 소득공덕 아약구설자 혹유인
善女人 於後末世 有受持讀誦此經 所得功德 我若具說者 或有人
문 심즉광란 호의불신 수보리 당지 시경 의불가사의 과보역불
聞 心卽狂亂 狐疑不信 須菩提 當知 是經 義不可思議 果報亦不
가사의
可思議

復次 須菩提야 善男子善女人이 受持讀誦此經하여 若爲人輕賤이면 是人은 先世罪業으로 應墮惡道로되 以今世人이 輕賤故로 先世罪業이 卽爲消滅하고 當得阿耨多羅三藐三菩提니라 須菩提야

我念過去 無量阿僧祇劫하니 於燃燈佛前에 得値八百四千萬億那由他諸佛하여 悉皆供養承事하여 無空過者니라 若復有人이 於後末世에 能受持讀誦此經하면 所得功德이 於我所供養諸佛功德으론 百分에 不及一이며 千萬億分 乃至 算數譬喩로도 所不能及이니라 須菩提야 若善男子善女人이 於後末世에 有受持讀誦此經하여 所得功德을 我若具說者면 或有人聞하고 心卽狂亂하여 狐疑不信하리니 須菩提야 當知하라 是經은 義不可思議며 果報도 亦不可思議니라

"그리고 또 수보리야, 선남선녀가 이 경을 받아 지니어 읽고 외워서 그 때문에 만약 남에게서 경멸과 천대를 받게 된다면[1], 이 사람은 전생에 지은 죄업[2]으로 말미암아 마땅히 악도(惡道)에 떨어질 것이나[3], 이 세상 사람들에게서 경멸과 천대를 받은 까닭에 전생에 지은 죄업이 곧 소멸되어 반드시 아뇩다라삼먁삼보리를 얻게 될 것이다.

수보리야, 나는 이렇게 생각하느니라. 내가 지난날의 헤아릴 수도 없는 아승기겁(阿僧祇劫)[4]을 생각해 보니, 그때 연등불(燃燈佛)이 나시기 전에 팔백사천만억(八百四千萬億) 나유타(那由他)[5]의 여러 부처님을 다 만나보고 이를 다 공양하고, 그 뜻을 받들어 섬기고 하여 한 분도 헛되이 지나쳐 버린 이가 없었느니라.

만약에 또 어떤 사람이 있어 후말법세상(後末世)[6]에 능히 이 경을 받아 지녀 읽고 외워서 얻은 공덕이야말로 내가 여러 부처에게 공양한 그 공덕 따위는 백분의 일에도 미치지 못할 것이며, 천만억분 내지 어떠한 숫자적 비유로도 능히 미칠 수 없느니라.

수보리야, 만약에 어떤 선남선녀가 후말법세상에서 이 경을 받아 지녀 읽고 외우는 사람이 있어 그 얻은 공덕을 내가 다

말한다고 한다면, 혹 어떤 사람은 그 말을 듣고 마음이 어수선하여 여우같이 의심하여 믿지 않을 것이다.[7]

수보리야, 너는 마땅히 알아야 한다. 이 경은 그 뜻도 가히 생각할 수 없으려니와[8] 그 과보[9] 또한 가히 생각할 수가 없느니라."

주

1) **남에게서 경멸과 천대를 받게 된다면**(若爲人輕賤) 경천(輕賤)은 경멸과 천대로서, 남에게서 업신여김을 당한다는 말이다. 전생에 지은 죄업으로 마땅히 악도(惡道)에 떨어질 사람이 이 《금강경》을 받아 지니어 읽고 외웠다고 하여 남에게서 경멸과 천대를 받는 일이 있다면, 이 경을 읽고 경멸을 받은 대가로 전생에 지은 그 죄업이 다 없어지고 아뇩다라삼먁삼보리를 얻을 수가 있을 것이라는 말이다.

2) **전생에 지은 죄업**(先世罪業) 선세(先世)는 현세에 태어나기 전의 세상, 즉 전세(前世)를 가리키는 말이다. 전생(前生)·숙세(宿世)라고도 한다. 선세의 죄업이란 선세에 말·행동·생각 등에서 지은 모든 죄악이다. 죄업에는 경죄(輕罪)와 중죄(重罪)의 2종이 있으며 전생에서 죄를 짓거나 선을 베풀거나 하면 금생(今生)에서 그 선업 혹은 악업에 따라 반드시 과보를 받는다는 뜻으로, 선악의 결과 생기는 것이 업(業) 또는 업보(業報)이다.

업(業)은 원어 카르마(Karma)의 번역어. 갈마(羯磨)라 음역한다. 업은 선업(善業)과 악업(惡業)으로 나뉘고, 선업을 열 가지로 나누어서 10선업(十善業)이 있다. 그러나 악업만을 단순히 업이라 할 때가 많다.

3) **마땅히 악도에 떨어질 것이다**(應墮惡道) 악도(惡道)는 악취(惡趣)라고도 하며, 나쁜 일을 한 죄의 응보로 장차 태어날 곳을 뜻하는 것이다. 악도에는 3악도(三惡道), 4악도(四惡道), 5악도(五惡道) 등이 있는데, 3악도는 지옥(地獄)·아귀(餓鬼)·축생(畜生)을 말하고, 4악도는 3악도에다 아수라(阿修羅)를 더하고, 5악도는 3악도에다 인간계(人間界)와 천상계(天上界)를 더한 다섯 미계(迷界)를 말한다. 인간과 천상은 선악의 잡업(雜業)으로 간다고 한다. 지옥·아귀·축생은 순전

한 악업으로 가며 모두가 갈피를 잡지 못하고 헤매임의 인연으로 가서 태어나는 곳이므로 악도라고 한다.

4) **아승기겁**(阿僧祇劫) 아승기(阿僧祇)는 범어 Asaṃkhya의 음역이다. 아승기야(阿僧企耶, 阿僧祇耶)라고 음역하기도 한다. 또 승기(僧祇), 무수(無數), 무앙수(無央數)라고도 번역한다. 산수로서는 표현할 수가 없는 가장 많은 수를 가리키는 인도어이다. 아승기겁은 겁(劫)의 수가 아승기란 말이다.

5) **팔백사천만억**(八百四千萬億) **나유타**(那由他) 나유타(Nayuta)는 니유타(Niyuta)라고도 하는데, 나유타(那由他)로 음역(제15 주해 4)참조). 불교에서는 가장 많은 수를 나타낼 때에는 반드시 어떤 수 앞에다 84를 붙이고 있다. 1나유타는 천만억(千萬億)을 가리키는 수라고 하니 팔백사천만억(八百四千萬億) 나유타라고 하면 가히 생각할 수도 없는 수이다. 또 10억을 1낙차라 하고, 10낙차를 1구지, 10구지를 1나유타라고 한다. 이렇게 계산하면 1나유타는 천만억(千萬億)을 가리킨다는 설도 있다. 또 일설에는 1나유타는 아유타(阿由他)의 백 배, 수천만 혹은 천억, 만억이라는 설도 있으니 모두 일정하지 않다.

6) **후말법세상**(後末世) 말대(末代)라고도 하는데, 사람의 마음이 어지럽고 여러 가지 죄악이 성행하는 시대를 말한다(제6 주해 2)참조).

7) **여우같이 의심하여 믿지 않다**(狐疑不信) 여우가 의심이 많은 것에서 온 말로서, 내가 모든 부처에게 공양한 이야기를 모조리 말할 것 같으면 미혹에 빠지고 죄 많은 중생들은 그 말을 듣고는 기가 막히고 두렵고 마음이 산란해져서, 여우같이 의심을 내어 믿으려 하지 않을 것이라는 말.

8) **가히 생각할 수 없다**(不可思議) 이(理)가 미묘하고 사(事)가 희유하여 마음으로 생각할 수도 없고 말로 형용할 수도 없는 일.

9) **과보**(果報) 동류인(同類因)으로 생기는 결과를 과(果), 이숙인(異熟因)으로 생기는 결과를 보(報)라고 한다.

제17 구경무아분(究竟無我分)

이시 수보리백불언 세존 선남자선여인 발아뇩다라삼먁삼
원문 爾時 須菩提白佛言 世尊 善男子善女人 發阿耨多羅三藐三
보리심 운하응주 운하항복기심 불고수보리 약선남자선여인 발
菩提心 云何應住 云何降伏其心 佛告須菩提 若善男子善女人 發
아뇩다라삼먁삼보리심자 당생여시심 아응멸도일체중생 멸도일
阿耨多羅三藐三菩提心者 當生如是心 我應滅度一切衆生 滅度一
체중생이 이무유일중생 실멸도자 하이고 수보리 약보살 유아
切衆生已 而無有一衆生 實滅度者 何以故 須菩提 若菩薩 有我
상 인상 중생상 수자상 즉비보살 소이자하 수보리 실무유법
相 人相 衆生相 壽者相 卽非菩薩 所以者何 須菩提 實無有法
발아뇩다라삼먁삼보리심자 수보리 어의운하 여래어연등불소
發阿耨多羅三藐三菩提心者 須菩提 於意云何 如來於燃燈佛所
유법 득아뇩다라삼먁삼보리부 불야 세존 여아해불소설의 불어
有法 得阿耨多羅三藐三菩提不 不也 世尊 如我解佛所說義 佛於
연등불소 무유법 득아뇩다라삼먁삼보리 불언 여시여시 수보리
燃燈佛所 無有法 得阿耨多羅三藐三菩提 佛言 如是如是 須菩提
실무유법 여래 득아뇩다라삼먁삼보리 수보리 약유법 여래 득
實無有法 如來 得阿耨多羅三藐三菩提 須菩提 若有法 如來 得
아뇩다라삼먁삼보리자 연등불 즉불여아수기 여어내세 당득작
阿耨多羅三藐三菩提者 燃燈佛 卽不與我授記 汝於來世 當得作
불 호석가모니 이실무유법 득아뇩다라삼먁삼보리 시고연등불
佛 號釋迦牟尼 以實無有法 得阿耨多羅三藐三菩提 是故燃燈佛

여아수기 작시언 여어내세 당득작불 호석가모니 하이고 여래
與我授記 作是言 汝於來世 當得作佛 號釋迦牟尼 何以故 如來
자 즉제법여의 약유인언 여래 득아뇩다라삼먁삼보리 수보리
者 卽諸法如義 若有人言 如來 得阿耨多羅三藐三菩提 須菩提
실무유법 불득아뇩다라삼먁삼보리 수보리 여래소득 아뇩다라
實無有法 佛得阿耨多羅三藐三菩提 須菩提 如來所得 阿耨多羅
삼먁삼보리 어시중 무실무허 시고 여래설일체법 개시불법 수
三藐三菩提 於是中 無實無虛 是故 如來說一切法 皆是佛法 須
보리 소인일체법자 즉비일체법 시고명일체법 수보리 비여인신
菩提 所言一切法者 卽非一切法 是故名一切法 須菩提 譬如人身
장대 수보리언 세존 여래설인신장대 즉위비대신 시명대신 수
長大 須菩提言 世尊 如來說人身長大 卽爲非大身 是名大身 須
보리 보살역여시 약작시언 아당멸도무량중생 즉불명보살 하이
菩提 菩薩亦如是 若作是言 我當滅度無量衆生 卽不名菩薩 何以
고 수보리 실무유법 명위보살 시고 불설일체법 무아 무인 무
故 須菩提 實無有法 名爲菩薩 是故 佛說一切法 無我 無人 無
중생 무수자 수보리 약보살 작시언 아당장엄불토 시불명보살
衆生 無壽者 須菩提 若菩薩 作是言 我當莊嚴佛土 是不名菩薩
하이고 여래설장엄불토자 즉비장엄 시명장엄 수보리 약보살
何以故 如來說莊嚴佛土者 卽非莊嚴 是名莊嚴 須菩提 若菩薩
통달무아법자 여래설명진시보살
通達無我法者 如來說名眞是菩薩

爾時에 須菩提 白佛言하되 世尊하 善男子善女人이 發阿耨多羅三藐三菩提心하면 云何應住하며 云何降伏其心하리이까 佛告須菩提하시되 若善男子善女人이 發阿耨多羅三藐三菩提心者는 當生如是心이러니 我應滅度一切衆生하리라 滅度一切衆生已로되 而無有一衆生도 實滅度者니라 何以故오 須菩提야 若菩薩이 有我相 人相 衆生相 壽者相이면 卽非菩薩이니라 所以者何오 須菩提야 實無有法이 發阿耨多羅三藐三菩提心者니라 須菩提야 於意云何오 如來於燃燈佛所에 有法하여 得阿耨多羅三藐三菩提不아 不也니이다 世

尊하 如我解佛所說義하여는 佛이 於燃燈佛所에 無有法하여 得阿耨多羅三藐三菩提하시니이다 佛言하시되 如是如是니라 須菩提야 實無有法하여 如來 得阿耨多羅三藐三菩提니라 須菩提야 若有法하여 如來 得阿耨多羅三藐三菩提者인댄 燃燈佛이 卽不與我授記하시되 汝於來世에 當得作佛하여 號釋迦牟尼련마는 以實無有法하여 得阿耨多羅三藐三菩提일새 是故로 燃燈佛이 與我授記하사 作是言하시되 汝於來世에 當得作佛하여 號釋迦牟尼라 하시니라 何以故오 如來者는 卽諸法如義니라 若有人言하되 如來 得阿耨多羅三藐三菩提라면 須菩提야 實無有法하여 佛得阿耨多羅三藐三菩提니라 須菩提야 如來所得 阿耨多羅三藐三菩提는 於是中에 無實無虛하니라 是故로 如來說一切法이 皆是佛法이니라 須菩提야 所言一切法者는 卽非一切法이라 是故로 名一切法이니라 須菩提야 譬如人身長大이니라 須菩提言하되 世尊하 如來說人身長大는 卽爲非大身이요 是名大身이니이다 須菩提야 菩薩도 亦如是하여 若作是言하되 我當滅度無量衆生이라 하면 卽不名菩薩이니 何以故오 須菩提야 實無有法이 名爲菩薩이니 是故로 佛說一切法이 無我 無人 無衆生 無壽者라 하니라 須菩提야 若菩薩이 作是言하되 我當莊嚴佛土라 하면 是不名菩薩이니라 何以故오 如來說莊嚴佛土者는 卽非莊嚴이요 是名莊嚴이니라 須菩提야 若菩薩이 通達無我法者이면 如來說名眞是菩薩이니라

이때 수보리가 부처님께 말씀드리었다.

"세존이시여, 선남선녀들이 있어 아뇩다라삼먁삼보리의 마음을 내려면 어떻게 그 마음을 바로 머물게 하여야 하며, 어떻게 그 마음을 굴복시켜야 하오리까[1](어떻게 생활하고 행동하며 마음가짐을 어떻게 처해야 마땅하옵니까)?"

부처님께서 수보리에게 말씀하시었다.

"만약에 선남선녀로서 아뇩다라삼먁삼보리의 마음을 내는 자는 마땅히 이와 같은 생각을 할 것이니라.[2] '내가 응당 일체 중생을 멸도(滅道)하여 피안(彼岸)에 이르도록 제도해야 하리라. 일체 중생을 다 멸도하게 하고 난 다음에도 실은 한 중생도 멸도한 자가 없다고 하리라.'고.

그것은 무슨 까닭이냐 하면 수보리야, 만약에 보살이 아상·인상·중생상·수자상을 가지고 있으면 곧 보살이 아니기 때문이니라.

무슨 까닭이냐 하면 수보리야, 실로 정한 법이 없어야 아뇩다라삼먁삼보리의 마음을 내는 자가 되기 때문이니라.

수보리야, 네 생각에는 어떠하느냐. 여래가 연등불(燃燈佛)의 처소에서 정한 법이 있어 아뇩다라삼먁삼보리라는 법을 얻었겠느냐?"

"그렇지 않사옵니다, 세존이시여. 제가 부처님의 말씀하신 뜻을 아는 바로서는, 부처님께서 연등불의 처소에서 정한 법이 있어 아뇩다라삼먁삼보리란 법을 얻은 것은 없사옵니다."

부처님께서 말씀하시었다.

"그러하느니라, 참으로 그러하느니라. 수보리야, 실인즉 정한 법이 있어서 여래가 아뇩다라삼먁삼보리를 얻은 것은 아니니라.

수보리야, 만약에 정한 법이 있어 여래가 아뇩다라삼먁삼보리를 얻었다고 하면, 연등불이 내게 수기(授記)[3]를 주되 '네가 내세에 반드시 부처가 되어 이름을 석가모니(釋迦牟尼)[4]라 하리라.'고 하지 아니하였을 것이니라. 실인즉 정한 법이 있지 않아야 아뇩다라삼먁삼보리를 얻을 수 있으므로, 연등불이 나에게 수기를 주되 '너는 내세에 반드시 부처가 될지니 이름을 석가모니라 하리라.'는 말씀을 하셨느니라.

무슨 까닭이냐 하면 여래라 함은 곧 모든 법이 여(如)하다[5]는 뜻이기 때문이니, 만약에 어떤 사람이 '여래가 아뇩다라삼먁삼보리를 얻었다.'고 말할지라도 수보리야, 실제로는 정한 법이 없이 부처님이 아뇩다라삼먁삼보리를 얻을 것이니라.

수보리야, 여래가 얻은 아뇩다라삼먁삼보리 가운데에는 참된 것도 없고 허망한 것도 없느니라. 그러므로 여래가 설하기를, 일체의 법이 모두 불법(佛法)이라고 한 것이니라.

수보리야, 일체법(一切法)[6]이라고 말하는 것은 곧 일체법이 아니니라. 그런 까닭에 그 이름이 일체법이니라.

수보리야, 비유해서 말하면 사람의 몸이 장대하다[7]는 것과 같은 것이니라."

수보리가 말씀드리었다.

"세존이시여, 여래께서 사람이 장대하다고 말씀하신 것은 곧 장대한 몸을 두고 하신 것이 아니라, 다만 그 이름을 장대한 몸이라 하셨을 뿐이옵니다."

"수보리야, 보살도 또한 이와 같아, 만약 '나는 마땅히 헤아릴 수 없이 많은 중생을 멸도하였다.'라고 말하면, 그것은 곧 보살이라 이름하지 못할 것이니라.[8] 왜 그런고 하면 수보리야, 실인즉 법이 있지 아니하여야 보살이라 이름하기 때문이니라. 그러므로 여래께서 설하시기를 일체법(一切法)이란 아상(我相)도 없고, 인상(人相)도 없고, 중생상(衆生相)이나 수자상(壽者相)도 없는 것이라고 하셨느니라.

수보리야, 만약에 보살이 '내가 마땅히 불토(佛土)를 장엄케 하리라[9].'고 말한다면, 그것은 보살이라고 이름할 수 없느니라. 무슨 까닭이냐 하면 여래가 말한 불토를 장엄케 한다고 함은 그것이 곧 장엄하는 것이 아니고 그 이름을 장엄이라 말하기 때문이니라.

수보리야, 만약에 보살이 무아법(無我法)에 통달한 사람[10] 이라면 여래는 그것이 참다운 보살이라고 말할 것이니라."

주

1) **어떻게 그 마음을 바로 머물게 하여야 하며, 어떻게 그 마음을 굴복시켜야 하오리까**(云何應住 云何降伏其心) 수보리는 깨닫지 못한 미계(迷界)를 뿌리치고 아뇩다라삼막삼보리심을 내었다면 그 마음가짐을 어떻게 해야 제 것으로 만들어 생활하고, 어떻게 실천하고 행동은 어떻게 해야 하느냐고 그 방법을 물은 것이다. 마음을 굴복시킨다는 말은 다른 번뇌에 사로잡혀서 집착하는 마음을 끊어 없애 버린다는 뜻이고, 맑고 깨끗한 마음으로 깨달음을 얻는다는 뜻이다.

2) **마땅히 이와 같은 생각을 하다**(當生如是心) 당연히 이와 같은 마음이 생길 것이다 하고 그 결과를 미리 예측하여 한 말이다.

3) **수기**(授記) 원어 Vyākaraṇa. 수기(授記, 受記), 수결(受決), 수별(受別)이라 번역한다. 부처님이 어떤 사람에게 '장래에 깨달은 사람이 될 것이다.'라고 미리 예언한 교설(敎說), 또는 그런 예언을 하는 것. 세존은 연등불에게서 '석가모니불(佛)'이 되리라는 수기를 받았다.

4) **석가모니**(釋迦牟尼) 원어 사카무니(Śākyamuni). 우리 나라에서는 석가모니 혹은 서가모니 등으로 부르고 있으나 일반적으로 석가모니라 하고 있다. 존경의 뜻으로 세존(世尊) 또는 석존(釋尊)이라고도 한다. 사카(Śākya)는 종족 이름이고, 무니(Muni)는 성자(聖者)라는 뜻이다. 석가모니는 중인도 가비라(迦毘羅;Kapila) 성주인 정반왕(淨飯王;Suddhodana)의 태자로 B.C.623년 4월 8일(음력)에 룸비니 동산 무우수(無憂樹) 아래에서 마야(摩耶)부인을 어머니로 하여 탄생했다. 나면서 바로 사방으로 7보를 걸으면서 "천상천하 유아독존(天上天下唯我獨存)."이라고 외쳤다고 한다. 난 지 7일 만에 어머니인 마야부인을 잃고 이모인 파사파제(波闍波提)를 양모로 하여 자랐다. 어릴 때 이름은 교답마(喬答摩) 혹은 실달다(悉達多)라 했으며, 점차 자라면서 학문과 무예에 능하여 탁월한 인물로 뭇사람들에게서 존경을 받았다. 선각왕의 딸 야수다라(耶輸陀羅;Yaśodharā)와 결혼하여 아들 나후라(羅睺羅;Rāhula)를 낳았다. 석가모니는 항상 생로병사(生老病死)를 두고 고민의 나날을 보내다가 29세 때 드디어 출가할 뜻을 내

어 성(城)을 탈출하여 동방의 남마성(藍摩城) 밖 숲속에서 속세의 옷을 벗어 버리고 출가했다. 그 다음 남방으로 비야리와 마갈타를 지나다니면서 발가바(跋伽婆)·아람가람(阿藍伽藍)·울다라(鬱陀羅) 등의 선인(仙人)을 만나 6년 동안 고행을 한 끝에 금욕(禁慾)만으로는 아무 이익이 없음을 알고 고행을 시작한 지 7년 만에 불타가야(佛陀伽耶;Buddhagaya)의 보리수 밑에 단정히 앉아 사유(思惟)하여 마침내 크게 깨달아 부처가 되었다. 그때 그의 나이가 35세였다. 이로부터 스스로 깨달은 교법을 널리 퍼뜨리고자 먼저 녹야원(鹿野苑)에 가서 아야교진여(阿若憍陳如) 등 다섯 사람을 교화하고, 그 다음에 가섭(伽葉)·사리불(舍利佛)·목건련(目犍蓮) 등을 제도하여 교단(敎團)을 조직하고, 깨달은 뒤 3년 만에 가비라 벌솔도에 돌아가서 부왕을 뵙고 친족들을 제도했다. 한편 여러 나라로 다니면서 빈바사라·아사세·바사닉 등 여러 왕들을 교화하여 불교에 귀의하게 하였다. 그 뒤 오늘날 불교의 교조가 되어 중생제도에 일생을 바치고 북방의 구시나가라성 밖 발데하(跋提河) 언덕 사라쌍수 아래 누워 최후의 교계(敎戒)를 하고 난 후 B.C. 544년 2월 15일 80세로 열반에 들었다.

5) 모든 법이 여하다(諸法如義) '모든 법이 같다'라는 뜻이다. 여(如)라는 것은 보통 사물이 비슷한 것을 나타내는 경우에 쓰이는 말이지만, 여기에서는 모든 법이 진여(眞如)라는 뜻이고 차별이 없고 평등하다는 뜻으로 쓰이고 있다. 즉 일여(一如)나 여상(如常)과 같은 뜻이다. 여기에 말한 '모든 법이 여(如)하다'라는 구절은 그들 스스로가 법도를 지켜서 으레 그러한 것을 말하며, 존재하는 상호간의 인연과 당위(當爲)를 나타낸 표현이라고 볼 수가 있다.

6) 일체법(一切法) 일체 만유(萬有)를 모두 포괄한 말로, 우주의 삼라만상이나 모든 현상은 불법(佛法)이라는 뜻이다.

7) 비유해서 말하면 사람의 몸이 장대하다(譬如人身長大) 가령 비유해서 말하자면 사람의 몸이 크다고 한 것은 말뿐인 큰 몸이고 이름뿐인 큰 몸이다. 설령 그런 몸이 있다고 하더라도 그것은 찰나적인 존재로 곧 사라져버릴 것이다. 그러니 이름뿐이라고 한 말. 몸이 장대하다는 말은 그 사람의 덕이 큰 것을 뜻한다고 풀이한 사람도 있다.

8) 곧 보살이라 이름하지 못하다(卽不名菩薩) '내가 한없이 많은 중생을 다 멸도한다'고 장담하는 보살이 있다고 한다면 그것은 보살이

라고 할 수 없다는 말이다. 그 이유는, 이런 생각을 지니고 있다는 자체가 상(相)에 집착하고 있는 것이므로 보살이 될 자격이 없기 때문이다.

9) **불토를 장엄케 하리라**(當莊嚴佛土) 아름답고 좋은 것으로 국토를 꾸미고 훌륭한 공덕을 쌓아 몸을 장식하며, 향과 꽃들을 부처님께 올리어 장식하는 것이 장엄(莊嚴)이다. 불토(佛土)는 부처님이 계시는 국토를 말하는 것으로, 청정국토(清淨國土)가 이것이다(제10 주해 3) 참조).

10) **무아법에 통달한 사람**(通達無我法者) 무아(無我)는 Anātman의 번역어로, 흔히 범부(凡夫)들은 우리의 몸과 마음이 상일주재(常一主宰)하도록 작용하는 영구불변의 주체를 아(我)라고 믿고 있다. 그러나 불교에서는 이런 '아'라는 것을 부정하여 '나'라는 실재를 인정하지 않는다. 우리의 몸과 마음은 오온(五蘊)이 가정적으로 화합하여 이루어진 것으로서 '나'라는 존재는 없는 것이라 하고 실아(實我)를 인정하지 않는데, 이것을 인무아(人無我)라고 한다. 또 흔히 범부들은 모든 법에 대해서 실아(實我)가 있고 실법(實法)이 있다고 생각을 하나, 실은 인연 화합으로 생긴 가법(假法)이므로 따로 법이라 할 것이 없다. 이것을 법무아(法無我)라 한다. 무아법(無我法)은 내가 없는 법이니 법 또한 없는 것이다. 따라서 만상은 법아(法我)가 있다고 하는 생각은 그릇된 생각이므로 모든 법은 전부 무아라 했다. 부처님은 무아법에 통달한 자가 참보살이라고 설하고 있다.

제18 일체동관분(一體同觀分)

수보리 어의운하 여래유육안부 여시 세존 여래유육안 수
원문 須菩提 於意云何 如來有肉眼不 如是 世尊 如來有肉眼 須
보리 어의운하 여래유천안부 여시 세존 여래유천안 수보리 어
菩提 於意云何 如來有天眼不 如是 世尊 如來有天眼 須菩提 於
의운하 여래유혜안부 여시 세존 여래유혜안 수보리 어의운하
意云何 如來有慧眼不 如是 世尊 如來有慧眼 須菩提 於意云何
여래유법안부 여시 세존 여래유법안 수보리 어의운하 여래유
如來有法眼不 如是 世尊 如來有法眼 須菩提 於意云何 如來有
불안부 여시 세존 여래유불안 수보리 어의운하 여항하중소유
佛眼不 如是 世尊 如來有佛眼 須菩提 於意云何 如恒河中所有
사 불설시사부 여시 세존 여래설시사 수보리 어의운하 여일항
沙 佛說是沙不 如是 世尊 如來說是沙 須菩提 於意云河 如一恒
하중소유사 유여시사등항하 시제항하 소유사수 불세계여시 영
河中所有沙 有如是沙等恒河 是諸恒河 所有沙數 佛世界如是 寧
위다부 심다 세존 불고수보리 이소국토중소유중생 약간종심
爲多不 甚多 世尊 佛告須菩提 爾所國土中所有衆生 若干種心
여래실지 하이고 여래설제심 개위비심 시명위심 소이자하 수
如來悉知 何以故 如來說諸心 皆爲非心 是名爲心 所以者何 須
보리 과거심불가득 현재심불가득 미래심불가득
菩提 過去心不可得 現在心不可得 未來心不可得

須菩提야 於意云何오 如來有肉眼不아 如是니이다 世尊하 如來

有肉眼이니이다 須菩提야 於意云何오 如來有天眼不아 如是니이다 世尊하 如來有天眼이니이다 須菩提야 於意云何오 如來有慧眼不아 如是니이다 世尊하 如來有慧眼이니이다 須菩提야 於意云何오 如來有法眼不아 如是니이다 世尊하 如來有法眼이니이다 須菩提야 於意云何오 如來有佛眼不아 如是니이다 世尊하 如來有佛眼이니이다 須菩提야 於意云何오 如恒河中所有沙를 佛說是沙不아 如是니이다 世尊하 如來說是沙니이다 須菩提야 於意云河오 如一恒河中所有沙하여 有如是沙等恒河 是諸恒河의 所有沙數로 佛世界如是라면 寧爲多不아 甚多니이다 世尊하 佛告須菩提하시되 爾所國土中所有衆生의 若干種心을 如來悉知하나니 何以故오 如來說諸心이 皆爲非心이요 是名爲心이니 所以者何오 須菩提야 過去心도 不可得이요 現在心도 不可得이며 未來心도 不可得이니라

"수보리야, 네 생각에는 어떠하냐? 여래에게 육안(肉眼)[1]이 있느냐?"

"그러하옵니다, 세존이시여. 여래께는 육안이 있사옵니다."

"수보리야, 네 생각에는 어떠하냐? 여래에게 천안(天眼)[2]이 있느냐?"

"그러하옵니다, 세존이시여. 여래께는 천안이 있사옵니다."

"수보리야, 네 생각에는 어떠하냐? 여래에게 혜안(慧眼)[3]이 있느냐?"

"그러하옵니다, 세존이시여. 여래께는 혜안이 있사옵니다."

"수보리야, 네 생각에는 어떠하냐? 여래에게 법안(法眼)[4]이 있느냐?"

"그러하옵니다, 세존이시여. 여래께는 법안이 있사옵니다."

"수보리야, 네 생각에는 어떠하냐? 여래에게 불안(佛眼)[5]이 있느냐?"

"그러하옵니다, 세존이시여. 여래께는 불안이 있사옵니다."

"수보리야, 네 생각에는 어떠하냐? 항하(恒河) 가운데 있는 모래알과 같이 여래가 이 모래알에 대해 말한 일이 있느냐?"

"그러하옵니다, 세존이시여. 여래께서는 이 모래알에 대해 말씀하신 일이 있사옵니다."

"수보리야, 그러면 네 생각에는 어떠하냐? 하나의 항하(恒河) 가운데 있는 모래알 같이 그 모래알의 수효만큼의 항하가 있어, 이 모든 항하에 있는 모래알만큼의 부처님의 세계가 있다면 많다고 하겠느냐, 그렇지 않다고 하겠느냐?"

"매우 많사옵니다, 세존이시여."

부처님께서 수보리에게 말씀하시었다.

"수보리야, 그렇게 많은 그 국토(부처님 세계) 가운데 있는 모든 중생들의 온갖 종류의 마음을 여래는 남김없이 다 알고 있느니라.[6] 왜 그런고 하면 여래는 모든 마음을 다 마음이 아니라고 말하고, 다만 이를 이름하여 마음이라 하기 때문[7]이니라. 무슨 연유인가 하면 수보리야, 과거의 마음도 파악할 수 없고 현재의 마음도 파악할 수 없으며, 미래의 마음도 파악할 수 없는 것이기 때문이니라."

주

1) **육안**(肉眼) 다음의 천안(天眼)·혜안(慧眼)·법안(法眼)·불안(佛眼)과 더불어 오안(五眼)의 하나이다. 육안은 중생의 육신에 갖추어진 눈을 말한다. 육안은 사물의 형태나 빛깔을 구별하고 어떤 한계 안에서만 볼 수 있으며, 가까운 것을 보면 먼 것을 못 보고, 앞을 보면 뒤를 못 보고, 밖을 보면 안을 못 보고, 밝은 데서는 볼 수 있으나 어두운 데서는 못 보며, 종이 한 장만 가리워도 내다보지 못하는 아주 부자유스러운 눈이다.

2) **천안**(天眼) 천취(天趣)에서 태어나거나 또는 이 세상에서 선정

(禪定)을 닦아 얻게 되는 눈으로서, 육안으로는 볼 수 없는 미세한 사물이나 먼 곳에 있는 것까지도 멀리 또 널리 볼 수 있는 눈이며, 중생들이 미래에 태어나고 죽는 모습까지도 미리 내다볼 수 있다. 천안을 얻는 데는 두 가지가 있다. 하나는 인간계에서 선정을 닦아 천안을 얻는 것인데 이것을 수득천안(修得天眼)이라 하고, 또 하나는 하늘〔색계천(色界天)〕에 태어남으로써 얻는 것인데 이것을 생득천안(生得天眼)이라고 한다.

3) **혜안**(慧眼) 우주 사물의 진리를 밝혀 보는 눈. 곧 만유의 모든 현상이 공(空)·무상(無相)·무작(無作)·무생(無生)·무멸(無滅)임을 깨달아 모든 집착을 버리고 차별적인 현상세계를 보지 않는 지혜의 눈이다. 이것은 성문(聲聞)과 연각(緣覺) 등 2승(二乘)의 지혜로 얻는 까닭에 중생을 제도하지는 못한다고 한다.

4) **법안**(法眼) 일체법(一切法)을 분명하게 비춰보는 눈이다. 보살은 이 눈으로 모든 법의 실상을 잘 알고 중생들을 제도한다고 한다.

5) **불안**(佛眼) 모든 법의 참모습을 밝혀 보는 부처님의 눈. 곧 우주 만유와 시방(十方)세계를 두루 자상하게 밝혀 볼 수 있는 눈이다.

6) **온갖 종류의 마음을 여래는 남김없이 다 알고 있다**(若干種心 如來悉知) 헤아릴 수도 없이 많은 항하의 모래알만큼이나 되는 국토의 숱한 중생들의 마음속을 여래는 속속들이 알고 있는 것이다. 육안·천안·혜안·법안·불안을 모두 가지고 있는 부처님은 우주만유와 시방세계를 두루 환히 보는 것이다. 여기에서 약간(若干)이란 말은 일정하지 않은 수를 뜻하고, 약간종(若干種)은 일정하지 않은 수의 종류, 즉 가지가지 종류로 해석된다.

7) **여래는 모든 마음을 다 마음이 아니라고 말하고, 다만 이를 이름하여 마음이라 하기 때문**(如來說諸心 皆爲非心 是名爲心) 마음이란 색(色)·성(聲)·향(香)·미(味)·촉(觸)·법(法)의 육진(六塵)의 작용이라고 말하고 있다. 그러나 그것도 다 허망한 것이다. 세존은, 과거의 마음은 포착할 수가 없고, 미래의 마음도 포착할 수가 없으며, 현재의 마음도 역시 포착할 수가 없으므로 모든 마음을 비심(諸心皆爲非心)이라 했으며, 다만 그것을 이름하여 마음이라 했을 뿐이라고 설하고 있다. 이 분절을 《금강경오가해》에서 육조대사는 다음과 같이 풀이하고 있다.

"모든 사람이 오안(五眼)을 모두 다 가지고 있는데 마음이 미(迷)

하여 가리웠기 때문에 볼 수 없을 따름이다. 부처님께서는 이 미한 마음을 제거하면 곧 오안이 두루 밝아지므로 바라밀을 닦아 행하도록 설하셨던 것이다. 미한 마음을 천 번 벗기는 것은 육안이요, 일체 중생이 다 불성(佛性)이 있음을 보고 가련하게 여기는 마음을 일으키는 것이 천안이며, 어리석은 마음을 내지 않는 것이 혜안이고, 법에 집착하는 마음을 없애는 것이 법안이며, 미세한 업장(業障)과 미혹까지 다 없어져서 밝게 두루 비치는 것을 불안이라 한다. 또 육신 가운데 법신이 있음을 볼 수 있는 것이 육안이고, 일체 중생이 반야성품(般若性品)을 가지고 있음을 보는 것이 천안이고, 반야바라밀(般若波羅蜜)이 능히 삼세(三世)의 일체법(一切法)에 뛰어났음을 보는 것이 혜안이고, 일체의 불법(佛法)이 스스로 다 구비했음을 보는 것이 법안이고, 모든 법의 진성을 밝게 비쳐 보아 주관과 객관이 영원히 제거됨을 보는 것이 불안이다. 여래께서는 설법하실 때 항상 항하(恒河)를 비유하여 말씀하신다. 이 항하 가운데 있는 모래알마다 한 세계에 비유하시어 이 불세계가 많으냐고 물으신 것인데, 수보리는 '심히 많습니다, 세존이시여' 하고 대답하였다. 이에 대해 부처님께서 이 많은 국토를 비유로 드신 것은, 그 가운데 있는 중생들의 낱낱의 마음씨를 말씀하고자 하신 것이다. 저 많은 국토 가운데 있는 중생들의 마음은 한없이 많겠지만 그것은 모두가 망령된 마음이다. 이 망령된 마음이 마음인 줄 아는 마음, 이것이 참된 마음이며 부처님 마음이고, 반야바라밀의 마음이고, 청정한 보리와 열반의 마음이다. 과거심을 얻을 수 없다는 것은 앞서의 생각의 망령된 마음은 이미 지나간 것이니 아무리 찾아봐도 있는 데가 없음을 말하고, 현재심을 얻을 수 없다고 한 것은 참된 마음은 그 모양이 없는 것이므로 볼 수가 없음을 말하며, 미래심을 얻을 수 없다는 것은 본래 얻을 것이 없음을 말한다."

제19 법계통화분(法界通化分)

원문
　　　　수보리　어의운하　약유인　만삼천대천세계칠보　이용보시
須菩提　於意云何　若有人　滿三千大千世界七寶　以用布施
시인　이시인연　득복다부　여시　세존　차인　이시인연　득복심다
是人　以是因緣　得福多不　如是　世尊　此人　以是因緣　得福甚多
수보리　약복덕유실　여래불설　득복덕다　이복덕무고　여래설　득
須菩提　若福德有實　如來不說　得福德多　以福德無故　如來說　得
복덕다
福德多

　須菩提야 於意云何오 若有人이 滿三千大千世界七寶로 以用布施하면 是人이 以是因緣으로 得福이 多不아 如是니이다 世尊하 此人이 以是因緣으로 得福이 甚多니이다 須菩提야 若福德이 有實인댄 如來不說 得福德多언마는 以福德이 無故로 如來說 得福德多니라

　"수보리야, 네 생각에는 어떠하냐? 만약에 어떤 사람이 삼천대천세계(三千大千世界)를 가득 채울 만한 칠보(七寶)로써 보시를 한다면[1], 이 사람은 이 인연으로 해서 얻는 복덕이 많지 않겠느냐?"
　"그러하옵니다, 세존이시여. 이 사람은 이 인연으로 해서 얻는 복덕이 매우 많다고 하겠사옵니다."

"수보리야, 만약 복덕이 진실로 있는 것이라면[2] 여래는 복덕을 얻음이 많다고 말하지 않았을 것이니라. 복덕이라는 것은 (본래부터) 없는 것이기 때문에 여래는 복덕을 많이 얻을 것이라고 말한 것이니라."

주

1) 삼천대천세계를 가득 채울 만한 칠보로써 보시를 한다면(滿三千大千世界七寶 以用布施) 세상에서 가장 값진 칠보(七寶)라는 유상(有相)의 물질로써 보시를 하는 것보다는 상에 얽매이지 않는 무상(無相)의 보시를 함으로써 얻는 복덕이 훨씬 많다는 말이다. 유상의 물질이란 상이 있는 것이므로 한계가 있어 언젠가는 멸하고 없어지는 것이다. 그러나 상이 없는 부처님의 가르치심은 무상이므로 없어지거나 멸하는 법도 없이 영원히 빛나는 것이다. 따라서 세상에서 가장 값진 보물보다도 더 가치가 있고 그 복덕 또한 막대하다는 말이다. 이 비유 구절은《금강경》의 도처에서 볼 수가 있다.

제 8 의법출생분(依法出生分) 滿三千大千世界七寶 以用布施 是人 所得福德 寧爲多不……

제11 무위복승분(無爲福勝分) 以七寶滿爾所恒河沙數 三千大千世界 以用布施……

제13 여법수지분(如法受持分) 以恒河沙等身命布施……

제15 지경공덕분(持經功德分) 初日分 以恒河沙等身布施……

제19 법계통화분(法界通化分) 滿三千大千世界七寶 以用布施……

제24 복지무비분(福智無比分) 若三千大千世界中 所有諸須彌山王 如是等七寶聚 有人持用布施……

제28 불수불탐분(不受不貪分) 以滿恒河沙等世界七寶 持用布施……

제32 응화비진분(應化非眞分) 以滿無量阿僧祇世界七寶 持用布施 若有……

2) 복덕이 진실로 있는 것이라면(福德有實) 복덕이란 것이 실제로 있는 것이라면 여래는 복덕이 많다는 말을 하지 않았을 것이지만, 실은 복덕이란 것은 없는 것이기 때문에 많다고 한 것이다. 복덕이라는 것이 실제로 있는 것이라면 그것이 아무리 많다 하더라도 그 수량에 한

도가 있을 것이고, 또 그 유상(有相)의 물질은 깨어지거나 없어지고 말 것이다. 그러니 애초부터 많다거나 적다거나로 비교해서 표현할 수 없는 것이 복덕이다. 그러나 복덕성(福德性)은 다르다. 그것은 무성(無性)이기 때문에 눈으로 볼 수도 없고 마음으로 헤아릴 수도 없으며, 무궁무진해서 참으로 한없이 크고 많은 것이라 그보다 더 많은 것이 있을 수 없으므로 많이 얻을 수 있는 것이라 했던 것이다. 육조대사는 《금강경오가해》에서 풀이하기를, "칠보로써 얻는 복덕은 불타의 과보인 보리를 성취할 수 없는 것이므로 없다고 한 것이며, 양적으로 삼천대천세계를 다 채울 수 있을 정도로 그 수가 많으므로 많다고 한 것이다. 그러나 그 양적인 것을 초월하고 보면 곧 많다는 말을 할 수가 없을 것이다."라고 말하고 있다.

제20 이색이상분(離色離相分)

수보리 어의운하 불가이구족색신견부 불야 세존 여래 불
원문 須菩提 於意云何 佛可以具足色身見不 不也 世尊 如來 不
응이구족색신견 하이고 여래설 구족색신 즉비구족색신 시명구
應以具足色身見 何以故 如來說 具足色身 卽非具足色身 是名具
족색신 수보리 어의운하 여래 가이구족제상견부 불야 세존 여
足色身 須菩提 於意云何 如來 可以具足諸相見不 不也 世尊 如
래 불응이구족제상견 하이고 여래설 제상구족 즉비구족 시명
來 不應以具足諸相見 何以故 如來說 諸相具足 卽非具足 是名
제상구족
諸相具足

須菩提야 於意云何오 佛을 可以具足色身으로 見不아 不也니이다 世尊하 如來 不應以具足色身으로 見이니이다 何以故오 如來說具足色身이 卽非具足色身이요 是名具足色身이니이다 須菩提야 於意云何오 如來를 可以具足諸相으로 見不아 不也니이다 世尊하 如來를 不應以具足諸相으로 見이니이다 何以故오 如來說 諸相具足이 卽非具足이요 是名諸相具足이니이다

"수보리야, 네 생각에는 어떠하냐? 부처를 색신(色身)을 다 갖추고 있는 것으로[1] 보느냐, 그렇지 않느냐?"

"아니옵니다, 세존이시여. 여래는 색신을 다 갖추고 있다고 보아서는 아니되옵니다. 왜냐하면 여래께서 '색신을 다 갖추고 있다고 하는 것은 그것이 곧 색신을 다 갖추고 있는 것이 아니다.'라고 설하셨기 때문이옵니다. 다만 이것을 색신을 다 갖추고 있다고 이름붙였을 따름이옵니다.[2)]"

"수보리야, 네 생각에 어떠하냐? 여래를 모든 상(32상)을 다 갖추고[3)] 있는 것으로 보느냐, 그렇지 않느냐?"

"아니옵니다, 세존이시여. 여래는 모든 상을 다 갖추고 있다고 보아서는 아니되옵니다. 왜 그런고 하오면 여래께서 '모든 상을 갖추고 있다 하는 것은 그것이 곧 모든 상을 갖추고 있는 것이 아니다.'라고 설하셨기 때문이옵니다. 다만 이것을 모든 상을 갖추고 있다고 이름붙였을 따름이옵니다."

주

1) **색신을 다 갖추고 있다**(具足色身) 색신(色身)이란 빛깔과 형상이 있는 신상(身相), 곧 육신을 말하는 것으로 형상도 빛깔도 없는 법신(法身)에 대한 말이다. 부처는 보통 사람과 다른 상을 갖추고 있는만큼 그 색신은 모든 것을 다 갖추고 있는 것이다. 모든 것을 다 갖추고 있다는 말은 한 점의 흠도 없는 완성을 의미하는 것이다.

세존은 수보리에게 '부처란 32상의 겉모양을 갖추고 있다고 해서 다른 중생들과 구별되는 것은 아니며, 곧 겉모양이 아닌 그의 마음속에 지니고 있는 진여(眞如)의 법신을 부처라고 하는 것이다.'라고 설한 것이다.

2) **색신을 다 갖추고 있다고 이름붙였을 따름이다**(是名具足色身) 색신이라는 것은 아무리 32상(相)을 다 갖추고 있다고 하더라도 언젠가는 사라져 버릴 허망한 것이니 부처의 법신과는 다르다. 그러므로 색신을 다 갖춘 것만으로는 부처일 수가 없다. 다만 말을 하자니 그렇게 표현하는 것뿐이다.

3) **모든 상을 갖추다**(具足諸相) 부처란 32상(相)을 다 갖추었다고 해

서 되는 것이 아니다. 부처가 갖춘 상은 신상이 아니고 법신, 즉 비상(非相)인 것이다.

갖추어진 색신이나 모든 상(相) 때문에 여래라 불리는 것은 아니다. 32상을 모두 갖추게 된 것은 그의 색상을 떠난 참된 진여(眞如)의 법신으로 자연히 겉모습에 나타난 데 지나지 않는 것이다.

제21 비설소설분(非說所說分)

수보리 여물위여래작시념 아당유소설법 막작시념 하이고
원문 須菩提 汝勿謂如來作是念 我當有所說法 莫作是念 何以故
약인언 여래유소설법 즉위방불 불능해아소설고 수보리 설법자
若人言 如來有所說法 卽爲謗佛 不能解我所說故 須菩提 說法者
무법가설 시명설법 이시 혜명수보리 백불언 세존 파유중생 어
無法可說 是名說法 爾時 慧命須菩提 白佛言 世尊 頗有衆生 於
미래세 문설시법 생신심부 불언 수보리 피비중생 비부중생 하
未來世 聞說是法 生信心不 佛言 須菩提 彼非衆生 非不衆生 何
이고 수보리 중생중생자 여래설비중생 시명중생
以故 須菩提 衆生衆生者 如來說非衆生 是名衆生

須菩提야 汝勿謂如來作是念하되 我當有所說法이리라고 莫作是念하라 何以故오 若人이 言하되 如來有所說法이라 하면 卽爲謗佛이니 不能解我所說故니라 須菩提야 說法者는 無法可說이 是名說法이니라 爾時에 慧命須菩提 白佛言하되 世尊하 頗有衆生이 於未來世에 聞說是法하고 生信心不이까 佛言하시되 須菩提야 彼非衆生이며 非不衆生이니 何以故오 須菩提야 衆生衆生者는 如來說非衆生이요 是名衆生이니라

"수보리야, 너는 여래가 생각하기를, '내(여래)가 마땅히 법을 설하는 바 있어야 한다.'고 생각해서는 안 된다. 무슨 까닭

이냐 하면 만약 어떤 사람이 말하기를, '여래에게는 법을 설하는 바 있다.'라고 말한다면, 그것은 곧 부처를 비방하는 것이 된다.[1)] 이것은 내가 설한 그 뜻을 잘 이해하지 못하는 때문이니라. 수보리야, 법을 설한다고는 하나 가히 설할 만한 법이 없는 것이며[2)], 다만 이것을 법을 설한다고 이름지었을 따름이니라."

그때에 혜명(慧命)[3)] 수보리가 부처님께 말씀드렸다.

"세존이시여, 많은 중생들이 다가오는 다음 세상[4)]에서 이러한 법을 설하심을 듣고 믿는 마음을 내겠사옵니까?"

부처님께서 말씀하시었다.

"수보리야, 그들은 중생이 아니며 중생 아님도 아니니라.[5)] 왜 그런고 하면 수보리야, 여래는 '중생, 중생하는 자는 중생이 아니다.'라고 설하였기 때문이니라. 다만 이것을 중생이라고 이름지었을 따름이니라."

주

1) **부처를 비방하는 것이 된다**(卽爲謗佛) '여래는 법을 설하는 자이다'라는 생각을 해서는 안 된다. 만약 그런 생각을 가지고 설법한 것이 있느니 없느니 한다면 그것은 부처의 참뜻을 모르는 것이 되며, 오히려 부처를 비방하고 모독하는 것이 될 것이라는 말이다. 본래 설하는 자도 없고 설할 법도 없으며, 그뿐만이 아니라 설이라는 것 자체도 없는 것인데, 설이 설 아니요 또 법이 법 아닐 것이다. 무슨 법이 있다고 내(여래)가 설하겠는가.

설이 없음이 곧 설이며(無說卽說), 법이 없음이 곧 법이니(無法卽法), 나(여래)의 뜻을 이해하지 못하는 것은 나를 비방하는 것이나 다름없다는 뜻.

2) **법을 설한다고는 하나 가히 설할 만한 법이 없다**(說法者 無法可說) 본래 법이라는 것은 아무것도 없는 공(空)인 것이며, 공인 이상 설할 만한 법이 있을 수 없는 것이다. 원래 공한 법이지만 굳이 이름붙이자

면 설법이지 별다른 것이 아닌 것이다. 그저 법을 설한다고 이름지었을 따름이다(是名說法).

3) **혜명**(慧命) 원어 Āyuṣmant. 장수(長壽)라는 형용사이지만 부를 때 이름 앞에 붙여서 경어로 쓴다. 장로(長老)·대덕(大德)·존자(尊者)·구수(具壽) 등으로 번역해서 쓰고 있다.

4) **다가오는 다음 세상**(未來世) 현세의 다음에 오는 세상, 곧 사후(死後)의 세상을 뜻하나, 장래라는 뜻으로 현세에서도 아직 일어나지 않은 때를 말하기도 한다.

5) **중생이 아니며 중생 아님도 아니다**(非衆生 非不衆生) 모든 사람은 누구나 불성(佛性)을 지니고 있다. 다만 깨닫지 못하고 색·성·향·미·촉·법의 육진(六塵)에 얽매여 미계(迷界)의 번뇌 속에서 헤매고 있을 따름이다. 중생과 부처가 본디 둘이 아니고 하나라는 것을 알고 깨달으면 중생도 부처가 되는 것이다. 그러니 중생이 중생 아닌 것이다. 아상·인상·중생상·수자상 같은 사상(四相)의 얽매임에서 벗어나면 곧 부처가 되는 것이니 중생, 중생 할 것도 없고, 중생과 부처를 구별할 것도 없으나 그저 그 이름을 중생이라 하고 있다는 말.

제22 무법가득분(無法可得分)

수보리 백불언 세존 불득아뇩다라삼먁삼보리 위무소득야
원문 須菩提 白佛言 世尊 佛得阿耨多羅三藐三菩提 爲無所得耶
불언 여시여시 수보리 아어아뇩다라삼먁삼보리 내지 무유소법
佛言 如是如是 須菩提 我於阿耨多羅三藐三菩提 乃至 無有少法
가득 시명아뇩다라삼먁삼보리
可得 是名阿耨多羅三藐三菩提

須菩提 白佛言하되 世尊하 佛이 得阿耨多羅三藐三菩提는 爲無所得耶아 佛言하시되 如是如是니라 須菩提야 我於阿耨多羅三藐三菩提에 乃至 無有少法可得이 是名阿耨多羅三藐三菩提니라

수보리가 부처님께 말씀드렸다.

"세존이시여, 부처님께서 아뇩다라삼먁삼보리를 얻으심은 얻은 바 없음이 되나이까?[1]"

부처님께서 말씀하시었다.

"그러하니라, 그러하니라. 수보리야, 내가 아뇩다라삼먁삼보리에 있어서 조그마한 법도 얻음이 없으며, 다만 그 이름이 곧 아뇩다라삼먁삼보리이니라."

주

1) **얻은 바 없음이 되나이까**(爲無所得耶) 아뇩다라삼먁삼보리(제2 주해 11)참조)는 모든 진리를 똑바로 훤히 깨달은 부처의 마음인 정각(正覺)을 말하는 것인데, "부처님께서는 아뇩다라삼먁삼보리를 얻으심도 얻은 바 없는 것이 되옵니까?" 하고 수보리가 부처님에게 여쭈어 본즉 세존은 다음과 같이 대답하시었다. "그렇다, 그러하고 말고. 나는 아뇩다라삼먁삼보리에서 소법(小法)조차도 얻은 바가 없다. 그것이 곧 아뇩다라삼먁삼보리라는 것이다."라고. 그러니 아뇩다라삼먁삼보리를 얻었다고 생각하여 거기에 얽매이고 집착해서는 안 된다. 얻는 바가 있거나 또는 얻는 바가 없거나 이것에 얽매이게 되고 또 집착하게 되면, 아뇩다라삼먁삼보리란 결코 얻어진 게 아니라는 뜻으로 대답했던 것이다. 무소득(無所得)은 유소득(有所得)과 반대의 뜻으로, 집착이 없거나 유소득이나 무소득에 치우치지 않고 둘 다 평등한 중도(中道)의 이치를 말한다.

제23 정심행선분(淨心行善分)

부차 수보리 시법평등 무유고하 시명아뇩다라삼먁삼보리
원문 復次 須菩提 是法平等 無有高下 是名阿耨多羅三藐三菩提
이무아 무인 무중생 무수자 수일체선법 즉득아뇩다라삼먁삼보
以無我 無人 無衆生 無壽者 修一切善法 卽得阿耨多羅三藐三菩
리 수보리 소언선법자 여래설즉비선법 시명선법
提 須菩提 所言善法者 如來說卽非善法 是名善法

復次 須菩提야 是法이 平等하여 無有高下하니 是名阿耨多羅三藐三菩提니라 以無我 無人 無衆生 無壽者로 修一切善法하면 卽得阿耨多羅三藐三菩提니라 須菩提야 所言善法者는 如來說卽非善法이요 是名善法이니라

"다시 또 수보리야, 이 법은 평등하여 높고 낮음이 있을 수 없나니[1)], 그 이름을 아뇩다라삼먁삼보리라 하느니라. 아(我)도 없고, 인(人)도 없고, 중생(衆生)도 없고, 수자(壽者)도 없는 마음가짐으로써 모든 선법(善法)[2)]을 닦으면 곧 아뇩다라삼먁삼보리를 얻을 것이니라.

수보리야, 말한 바 선법이란, 여래가 설하기를 '그것이 곧 선법이 아니다.'라고 하였기 때문이니라. 다만 그 이름을 선법이라고 하는 것이니라."

주

1) 이 법은 평등하여 높고 낮음이 있을 수 없다(是法平等 無有高下) 불교에서 평등이라 함은 높고 낮고 깊고 얕고 크고 작고 많고 적고 하는 차별이 없는 한결같이 법의 근본이 되는 원리, 만유의 본체를 말하는 것이다. 곧 아뇩다라삼먁삼보리는, 인간은 물론이고 축생(畜生)·아수라(阿修羅)에 이르기까지도 평등하고 무차별한 본질을 지니고 있는 것이다. 마음이 지극히 맑고 깨끗하며 얽매임이 없어야만 평등심을 얻을 수 있다. 부처와 중생이 다른 점이란, 부처는 사물에 집착하는 번뇌에서 해탈하고 있으며 다른 사물에 흔들리는 법이 없지만, 중생은 제 몸이나 마음에 알맞는 경계, 즉 순경(順境)을 벗어날 때에는 탐욕이라는 번뇌가 생기고, 제 몸과 마음에 고통을 주는 경계, 즉 위경(違境)일 때에는 진(瞋)의 번뇌가 생기는 것이다.

이런 순경이나 위경일 경우 높고 낮음이 없는 평등을 지키지 못하고 아상(我相)·인상(人相)·중생상(衆生相)·수자상(壽者相) 같은 사상(四相)이나, 색(色)·성(聲)·향(香)·미(味)·촉(觸)·법(法) 같은 육진(六塵)에 물들고 더럽혀지는 것이다. 이리하여 중생은 자기의 자성(自聲)이 불성(佛性)인 줄 알면서도 생각과 행동이 일치하지 못하는 것이다. 아뇩다라삼먁삼보리는 이런 육진과 사상에 얽매이고 집착하는 한 절대로 이룰 수 없는 것이다.

2) 선법(善法) 선법이란 수양생활에 있어서 자기를 이롭게 하는 법을 말하는 것으로, 악법(惡法)과 반대되는 말이다.

불교에서 말하는 선법에는 오계(五戒)와 십선(十善)이 있다. 오계는 신남신녀(信男信女)들이 지켜야 할 계율로 다음과 같다.

① 중생을 죽이지 말라. ② 남의 물건을 함부로 훔치지 말라. ③ 음란한 짓을 하지 말라. ④ 거짓말을 하지 말라. ⑤ 술을 마시지 말라.

십선(十善)은 몸(動作)·입(言語)·뜻(意念)으로 10악을 범하지 않는 것으로 다음과 같다.

① 살생을 않을 것. ② 도둑질하지 않을 것. ③ 사음(邪淫)하지 않을 것. ④ 함부로 말하지 않을 것. ⑤ 두 혀로 말하지 않을 것. ⑥ 욕하지 않을 것. ⑦ 꾸민 말을 하지 않을 것. ⑧ 탐욕하지 않을 것. ⑨ 성내지 않을 것. ⑩ 사견(邪見)을 갖지 않을 것.

이 오계나 십선들이 모두 선법이다. 이런 것들은 모두 착한 생활,

착한 행동을 하게 하는 것이고, 또 그날그날을 반성케 하여 일상생활에 실천한다면 그런대로 수행하는 데 큰 도움이 될 것이다. 여기에서 한 걸음 더 나아가 아뇩다라삼먁삼보리로 가는 삼학(三學)과 육도바라밀(六道波羅蜜)이 있는데, 삼학이란 불교를 배워 도를 깨달으려는 이가 반드시 닦아야 할 세 가지인 계학(戒學)·정학(定學)·혜학(慧學)이 그것이다. 계학과 정학을 거쳐야 비로소 혜학에 이르고, 혜학에서 미계(迷界)의 번뇌를 없이 할 수가 있는 것이다. 또 육도(六道)란 보시(布施)·지계(持戒)·인욕(忍辱)·정진(精進)·지혜(智慧)·선정(禪定)의 육바라밀(六波羅蜜)을 말한다. 불타는 선법이란 무아(無我)·무인(無人)·무중생(無衆生)·무수자(無壽者)의 사상에 얽매임과 집착이 없는 일체의 선법을 닦은 뒤에는 선법이 따로 있는 것이 아니고, 비선법(非善法)이 따로 있는 것이 아니라고 설하고 있다.

제24 복지무비분(福智無比分)

수보리 약삼천대천세계중 소유제수미산왕 여시등칠보취
원문 須菩提 若三千大千世界中 所有諸須彌山王 如是等七寶聚
유인지용보시 약인이차반야바라밀경 내지 사구게등 수지독송
有人持用布施 若人以此般若波羅蜜經 乃至 四句偈等 受持讀誦
위타인설 어전복덕 백분불급일 백천만억분 내지 산수비유 소
爲他人說 於前福德 百分不及一 百千萬億分 乃至 算數譬喩 所
불능급
不能及

須菩提야 若三千大千世界中에 所有諸須彌山王 如是等七寶聚를 有人이 持用布施라도 若人이 以此般若波羅蜜經으로 乃至 四句偈等을 受持讀誦하며 爲他人說하면 於前福德으로는 百分에 不及一하며 百千萬億分 乃至 算數譬喩로도 所不能及이니라

"수보리야, 만약에 삼천대천세계 가운데 있는 모든 수미산왕(須彌山王)만한 칠보의 무더기를 가지고 어떤 사람이 보시를 한다고 하자.

그리고 또 어떤 다른 사람이 이 반야바라밀경(般若波羅蜜經) 가운데 있는 사구게(四句偈)[1] 같은 것만이라도 받아 지녀 읽고 외워 남을 위해 설하여 준다고 하자. 그러면 앞의 복덕은

이 뒤의 것의 백분의 일에도 미치지 못할 것이며, 백천만억분의 일에도 미치지 못할 것이며, 어떠한 숫자의 비유로도 능히 미치지 못할 것이니라."

주

1) **사구게**(四句偈) 제8 주해 3)참조. 항하(恒河)의 모래알만큼이나 또는 수미산(須彌山)만한 칠보 더미로 보시하는 것보다는, 이 《금강경》 중에 있는 사구게 하나쯤이라도 받아 자기 것으로 만들어 지녀서 남을 위해 설해 주는 것이 더욱 값진 일이라는 이런 구절은 이 《금강경》의 도처에 나온다. 삼천대천세계에 가득 차고 수미산만한 칠보 더미를 가지고 보시를 했다면 얻는 복덕이 한량없고 끝이 없겠지만, 그러나 칠보는 세상에서도 희귀한 값진 보배요, 사구게는 값을 정할 수 없는 보배이다. 값진 칠보라는 물질로써 보시를 한다 해도 원래 물질이라는 것은 아무리 많다고 해도 다할 날이 있는 인(因)에 불과하고, 해탈하는 진리는 값을 정할 수 없는 것이지만 그중에서 사구게 같은 부처님의 말씀은 비록 그 경문이 짧고 얼마 되지 않더라도 그 값은 가이없고 한이 없어 아무리 써도 다함이 없는 것이므로 그대로 지니어 수행을 하면 곧 부처를 이룰 수 있는 것이다. 어찌 그 공덕을 숫자로 비유할 수가 있겠는가. 이것으로 만 명의 중생들에게 설해 준다면 그 가치는 삼천대천세계에 가득 차고, 수미산만한 칠보라도 비교가 되지 않는다는 말이다.

제25 화무소화분(化無所化分)

수보리 어의운하 여등 물위여래 작시념 아당도중생 수보
[원문] 須菩提 於意云何 汝等 勿謂如來 作是念 我當度衆生 須菩
리 막작시념 하이고 실무유중생 여래도자 약유중생 여래도자
提 莫作是念 何以故 實無有衆生 如來度者 若有衆生 如來度者
여래즉유아인중생수자 수보리 여래설유아자 즉비유아 이범부
如來卽有我人衆生壽者 須菩提 如來說有我者 卽非有我 而凡夫
지인 이위유아 수보리 범부자 여래설즉비범부 시명범부
之人 以爲有我 須菩提 凡夫者 如來說卽非凡夫 是名凡夫

須菩提야 於意云何오 汝等은 勿謂如來 作是念하되 我當度衆生이라 하라 須菩提야 莫作是念하라 何以故오 實無有衆生 如來度者하니 若有衆生 如來度者라면 如來卽有我人衆生壽者니라 須菩提야 如來說有我者는 卽非有我거늘 而凡夫之人이 以爲有我하니라 須菩提야 凡夫者도 如來說卽非凡夫요 是名凡夫니라

"수보리야, 네 생각에는 어떠하냐? 너희들은 여래가 생각하기를, '내가 마땅히 중생을 제도해야 할 것이다.[1]'라고 생각하지 말라.

수보리야, 이런 생각을 갖는 일이 없도록 하라. 무슨 연유인고 하면 실은 여래가 제도할 중생이 없기 때문이니라.[2]

만약 여래가 제도할 중생이 있다고 한다면, 여래에게는 곧 아상(我相)·인상(人相)·중생상(衆生相)·수자상(壽者相)의 사상(四相)이 있음이 되는 것이니라.

수보리야, 여래가 '아(我)'가 있다고 설한 것은 곧 '아'가 있음이 아니라[3], 범부(凡夫)[4]들이 그것을 '아'가 있다고 생각하는 것이니라.

수보리야, 범부라는 것도, 여래는 설하기를 곧 범부가 아니요 다만 그 이름이 범부라고 하는 것이니라."

주

1) 내가 마땅히 중생을 제도해야 할 것이다(我當度衆生) 제도(濟度)란 말은 미계(迷界)에 있어서 생과 사를 되풀이하는 중생들을 건져 생사가 없는 열반(涅槃)의 피안에 이르게 하는 것이다.

내 마땅히 중생을 제도하리라는 말은 세존만이 할 수 있는 것이다. 그러나 세존은 말씀하시기를 "너희들은 여래가 마땅히 중생을 제도한다라는 생각조차 해서는 안 되고 말해서도 안 된다."고 했다.

그것은 부처의 마음은 맑고 깨끗한 까닭에 의도적으로 남을 제도하는 것이 아니므로, 굳이 제도한다는 말을 써서는 안 되고 또 그런 생각조차 해서도 안 되는 것이다. 만약 여래의 마음속에서 중생을 제도해야겠다는 느낌조차 떠오른다면 그때는 여래가 아닌 것이다. 이런 생각이 떠오르는 것은 여래에게 아(我)·인(人)·중생(衆生)·수자(壽者)의 사상(四相)이 있기 때문이다. 여래는 중생을 제도하지 않는 것이 아니라 제도하되 무아(無我)·무인(無人)·무중생(無衆生)·무수자(無壽者)의 경지에서 하는 것이니, 굳이 제도란 표현이 필요없는 것이다.

2) 실은 여래가 제도할 중생이 없기 때문이다(實無有衆生 如來度者) 중생이 아니요 또한 중생 아님도 아닌 것이 중생인데, 중생과 부처의 차이란 깨닫고 깨닫지 못한 데 있는 것이다. 부처와 중생은 둘이 아니고 하나인데 제도하고 제도받고 할 아무것도 없지 않은가. 만일 여래가 제도할 중생이 있다고 마음속으로 생각하고 제도를 한다면 여래도 중생이나 다를 바 없다. 중생이 중생을 제도할 수는 없으며, 중생에 의

해 제도될 중생도 없는 것이다.

3) **여래가 아(我)가 있다고 설한 것은 곧 아가 있음이 아니다**(如來說有我者 卽非有我) 여래는 실로 무아(無我)·무인(無人)·무중생(無衆生)·무수자(無壽者)인 것이다. 그러나 여래는 아(我)·인(人)·중생(衆生)·수자(壽者)를 말씀하신다. 여기서 중생은 자칫 여래도 그러한 사상(四相)을 지니고 있는 것처럼 잘못 생각하기 쉽다. 여래가 말씀하신 '아(我)'는 '아'가 아니건만 중생에게는 그것이 '아'로 보일 뿐이다. 그래서 여래는 '아'가 있음이 아니라고 말씀하신 것이다.

4) **범부**(凡夫) 원어 발라 프리타크 쟈나(bāla-pṛthag-j̄anāh). 직역하면 '따로따로 태어나서 사는 사람'이라는 뜻이 된다고 한다. 범부(凡夫)란 어리석고 슬기가 모자라는 중생을 말하는 것으로 성자(聖者)의 반대말이다. 우자(愚者)로도 번역된다. 불교에서는 번뇌에 얽매여 생사를 초월하지 못한 채 미계(迷界)를 헤매고 있는 어리석은 일반 사람을 말한다. 즉 올바른 부처의 이치를 깨닫지 못한 자를 뜻하고, 그 깨우친 정도에 따라서 저하(底下)·범외(凡外)·범내(凡內)의 세 단계로 나눈다. 이 분절에서 말하는 범부(凡夫)에 대해 육조대사의 해석을 빌리면, '나(我)'와 '남(他)'이 있으면 곧 범부이고, '나'나 '남'이라는 생각을 내지 않으면 범부가 아니며, 마음에 생(生)과 멸(滅)이 있으면 범부이고 마음에 생과 멸이 없으면 범부가 아니며, 반야바라밀을 깨닫지 못했으면 범부이고 반야바라밀을 깨달았으면 범부가 아니며, 마음에 주관과 객관이 있으면 범부이고 주관과 객관을 갖지 않으면 범부가 아니라고 풀이하고 있다.

제26 법신비상분(法身非相分)

수보리 어의운하 가이삼십이상 관여래부 수보리언 여시
원문 須菩提 於意云何 可以三十二相 觀如來不 須菩提言 如是
여시 이삼십이상 관여래 불언 수보리 약이삼십이상 관여래자
如是 以三十二相 觀如來 佛言 須菩提 若以三十二相 觀如來者
전륜성왕 즉시여래 수보리 백불언 세존 여아해불소설의 불응
轉輪聖王 卽是如來 須菩提 白佛言 世尊 如我解佛所說義 不應
이삼십이상 관여래 이시 세존 이설게언
以三十二相 觀如來 爾時 世尊 而說偈言

약이색견아 이음성구아
若以色見我 以音聲求我
시인행사도 불능견여래
是人行邪道 不能見如來

須菩提야 於意云何오 可以三十二相으로 觀如來不아 須菩提言하되 如是如是니이다 以三十二相으로 觀如來니이다 佛이 言하시되 須菩提야 若以三十二相으로 觀如來者면 轉輪聖王도 卽是如來리라 須菩提 白佛言하되 世尊하 如我解佛所說義컨대 不應以三十二相으로 觀如來니이다 爾時에 世尊이 而說偈言하시되

若以色見我거나 以音聲求我하면
是人은 行邪道라 不能見如來니라

"수보리야, 네 생각에는 어떠하냐? 가히 32상(三十二相)으로써 여래라고 여겨볼 수 있겠느냐[1], 없겠느냐?"

수보리가 말씀드리었다.

"그러하옵니다, 그러하옵니다. 32상으로써 여래라고 여겨볼 수 있사옵니다."

부처님께서 말씀하시었다.

"수보리야, 만약에 32상으로써 여래라고 여겨본다면 전륜성왕(轉輪聖王)[2]도 곧 여래이겠구나."

수보리가 부처님께 말씀드리었다.

"세존이시여, 제가 부처님께서 말씀하신 뜻을 아는 바로서는 마땅히 32상으로써 여래라 여겨볼 수 없사옵니다."

그때 세존께서 게를 설하여[3] 말씀하시었다.

"만약 겉모양으로써 나를 보려 하거나 목소리로써 나를 찾는다면,

이 사람은 잘못된 길을 가는 것이니, 끝끝내 여래를 보지 못하리라."

주

1) **가히 32상으로써 여래라고 여겨볼 수 있겠느냐**(可以三十二相 觀如來) 이미 제13분절에서 "가히 32상으로써 여래를 볼 수 있겠느냐(可以三十二相 見如來)."라는 질문을 받은 수보리는, 그때는 "32상을 가지고서는 알아보지 못합니다(不可以三十二相 得見如來)."라고 대답했던 것이다. 그러나 이번에는 "32상으로써 여래라고 여겨볼 수 있습니다(可以三十二相 觀如來)."라고 대답하였다. 제13분절의 '견(見)'과 이번의 '관(觀)'의 글자 한 자 차이로 여래를 볼 수 있다고 대답하였다. 여기에서 수보리는 짐짓 헤매고 있는 중생의 입장에 서서 부처님의 다음 말씀이 나오게 유도해서 한 말일 것이다. 부처님은 "32상만으로 여래를 본다는 것은 설사 아무리 밝히 살펴본다 할지라도 불가능하다."고 말씀하시었다. "만일 32상으로써 여래를 볼 수 있는 것이라면 전륜왕

(轉輪王)도 32상을 갖추고 있으니 여래일 것이다."라고 말씀하시고, 여래란 상(相)으로 이루어지는 것이 아니라, 아뇩다라삼먁삼보리를 얻음으로써 비로소 여래가 되는 것이라고 했다.

2) 전륜성왕(轉輪聖王) 원어 차크라 바르티 라자(Cakra-varti-rāja). 직역하면 '수레(輸)를 굴리는 임금'이란 뜻이므로 전륜왕(轉輪王)이라 의역한 것이다. 전륜왕은 하늘을 날아다닐 수 있기 때문에 비행황제(飛行皇帝)라고도 한다. 몸에는 부처님과 같은 32상을 갖추고 있고, 그가 즉위하는 때에 하늘로부터 윤보(輪寶 ; Cakra)를 감득(感得)하여 그것을 굴리면서 온 천하를 위엄으로 정복한다고 전하는 전설적인 대망의 왕이다(제5 주해 1), 제13 주해 5)참조). 윤보는 일종의 무기인데 금·은·동·철의 네 가지가 있다. 금륜왕(金輪王)은 수미(須彌) 4주(四洲)를 다스리고 은륜왕(銀輪王)은 동·서·남의 3주를, 동륜왕(銅輪王)은 동·남의 2주를, 철륜왕(鐵輪王)은 남섬부주(南贍浮洲)의 1주를 다스린다고 전한다. 전세에서 큰 복을 닦는 탓으로 전륜성왕이 되고 32상을 갖추고 있으나, 아직 아뇩다라삼먁삼보리를 이룩하지 못하고 있으므로 32상이 다만 색상(모양)에 그치는 것이라서 이를 여래라 할 수 없는 것이다.

3) 게를 설하여(說偈) 게(偈)는 제8 주해 3)참조. 이 분절에서 부처님이 설한 게는 《금강경》에 나오는 사구게(四句偈) 중에서 명구(名句)로 꼽는 것이다. 지금까지 설한 논리가 이 구절에 전부 집약되어 있는, 자주 반복되는 이런 논리의 표현이 《금강경》을 선종(禪宗)의 소의(所依)경전으로 삼게 한 이유가 된 것 같다고 말하는 학자도 있다.

제27 무단무멸분(無斷無滅分)

수보리 여약작시념 여래불이구족상고 득아뇩다라삼먁삼
원문 須菩提 汝若作是念 如來不以具足相故 得阿耨多羅三藐三
보리 수보리 막작시념 여래불이구족상고 득아뇩다라삼먁삼보
菩提 須菩提 莫作是念 如來不以具足相故 得阿耨多羅三藐三菩
리 수보리 여약작시념 발아뇩다라삼먁삼보리심자 설제법단멸
提 須菩提 汝若作是念 發阿耨多羅三藐三菩提心者 說諸法斷滅
막작시념 하이고 발아뇩다라삼먁삼보리심자 어법불설단멸상
莫作是念 何以故 發阿耨多羅三藐三菩提心者 於法不說斷滅相

須菩提야 汝若作是念하되 如來不以具足相故로 得阿耨多羅三藐三菩提면 須菩提야 莫作是念하라 如來不以具足相故로 得阿耨多羅三藐三菩提니라 須菩提야 汝若作是念하되 發阿耨多羅三藐三菩提心者는 說諸法斷滅이라면 莫作是念하라 何以故오 發阿耨多羅三藐三菩提心者는 於法에 不說斷滅相이니라

"수보리야, 네가 만약 생각하기를, '여래는 32상을 갖추고 있는 까닭에 아뇩다라삼먁삼보리를 얻은 것은 아니다.[1]'라고 한다면, 수보리야, 너는 이런 생각을 하지 말라. 여래는 32상을 갖추지 않음으로써 아뇩다라삼먁삼보리를 얻은 것이니라.

수보리야, 네가 만일 생각하기를, '아뇩다라삼먁삼보리의 마

음을 낸 자에게는 모든 법이 끊어지거나 없어지는 것이라고 설하셨다.'라고 한다면, 너는 이런 생각을 하지 말라.[2] 그것은 무슨 연유인가 하면 아뇩다라삼먁삼보리의 마음을 낸 자는 법이 끊어지거나 없어지는 상(相)이 있다고는 말하지 않았기 때문이니라."

주

1) **여래는 32상을 갖추고 있는 까닭에 아뇩다라삼먁삼보리를 얻은 것은 아니다**(如來不以具足相故 得阿耨多羅三藐三菩提) 여래는 32상만으로는 여래라 할 수 없다고 한 바가 있다(제26). 중생은 이것으로 32상과 여래는 아무 상관이 없는 것으로 알까 봐 그것을 경계하여 하신 말씀이다. 여기에서 32상과 여래와의 사이에는 상관이 없는 것이 아님을 두 번이나 말했던 것이다. 여래가 32상을 갖추게 된 것은 결코 우연이 아님을 말한 것이 이 분절의 요지가 된다. 여래는 아뇩다라삼먁삼보리를 얻음에 있어서 32상과는 관계가 없는 것이지만, 또한 관계가 없는 것도 아님을 말한 것이다. 그러나 32상을 아뇩다라삼먁삼보리를 얻는 데 관련시켜서는 안 될 뿐 아니라 아뇩다라삼먁삼보리를 얻는 데 32상을 부인하는 그 자체마저도 없애 버리라는 것이다.

2) **모든 법이 끊어지거나 없어지는 것이라고 설하셨다라고 한다면, 너는 이런 생각을 하지 말라**(說諸法斷滅 莫作是念) 단멸(斷滅)은 끊어지고 없어지는 것을 말한다. 사람이 죽으면 몸은 흙으로 돌아가 없어지고 마음도 불이나 바람으로 돌아가서 없어져 버린다고 하는 생각이 단멸상(斷滅相)이다. 여기에 설제법단멸(說諸法斷滅)이란 말은 '모든 법은 단멸한다고 설한다.'는 뜻이다. 그러나 여기에서는 그런 생각을 하지 말라고 했다. 세존은 중생들에게 생(生)의 무상(無常)함을 설해 왔다. 무상이란 상주불멸(常住不滅), 즉 상주(常住)하는 모양이 없음을 말한 것이다. 중생은 항상 유(有)에 집착하여 헤매고 있으므로 항상 무상을 설함으로써 유에 대한 집착에서 벗어나도록 했으나, 여기에서는 그 반대로 무에 사로잡혀 집착할 것을 경계하여 결코 단멸상을 말해서는 안 된다고 가르친 것이다.

제28 불수불탐분(不受不貪分)

수보리 약보살 이만항하사등세계칠보 지용보시 약부유인
원문 須菩提 若菩薩 以滿恒河沙等世界七寶 持用布施 若復有人
지일체법무아 득성어인 차보살 승전보살 소득공덕 하이고 수
知一切法無我 得成於忍 此菩薩 勝前菩薩 所得功德 何以故 須
보리 이제보살 불수복덕고 수보리백불언 세존 운하보살 불수
菩提 以諸菩薩 不受福德故 須菩提白佛言 世尊 云何菩薩 不受
복덕 수보리 보살 소작복덕 불응탐착 시고 설불수복덕
福德 須菩提 菩薩 所作福德 不應貪著 是故 說不受福德

須菩提야 若菩薩이 以滿恒河沙等世界七寶로 持用布施라도 若復有人이 知一切法無我하여 得成於忍하면 此菩薩이 勝前菩薩의 所得功德이니 何以故오 須菩提야 以諸菩薩이 不受福德故니라 須菩提 白佛言하되 世尊하 云何菩薩이 不受福德이니이까 須菩提야 菩薩의 所作福德은 不應貪著이니 是故로 說不受福德이니라

"수보리야, 만약에 어떤 보살이 항하의 모래알과 같은 세계에 가득 찰 많은 칠보로써 보시를 한다 하자. 만약에 여기 또 다른 누군가가 있어 일체법이 무아(無我)임을 알고[1] 인(忍)[2]을 얻어 성취했다고 하면, 이 보살은 앞서 말한 보살이 얻는 공덕보다 훨씬 나으리라. 이것은 무슨 까닭이야 하면 수보리

야, 모든 보살은 복덕을 받지 않기 때문이니라."

수보리가 부처님께 말씀드렸다.

"세존이시여, 보살은 어찌하여 복덕을 받지 않는다고 하시옵니까?"

"수보리야, 보살은 지은 복덕을 탐내거나 집착해서는 안 된다.[3] 그런 까닭에 복덕을 받지 않는다고 말한 것이니라."

주

1) **일체법이 무아임을 알고**(知一切法無我) 일체법(一切法)이란 일체 만물이 갖는 진리와 같은 것이다(제17 주해 6)참조). 그러나 이 일체법을 인정하는 사람이라면 무아를 알아야만 한다. 일체법에서 무아임을 알았으면 인(忍)을 얻을 수 있는 것이다. 인이란 요약해서 말하면 자기의 마음에 거슬리는 진심을 내지 않는 것을 뜻하는 것이지만, 여기에서는 진리에 안주하여 마음을 움직이지 않는 것을 가리킨다. 다시 말하면 일체의 법을 인정하면 자연히 무아임을 알게 되며, 따라서 인을 얻어 행(行)을 성취시킬 수가 있다는 뜻이다.

2) **인**(忍) 원어 크산티(Kṣānti)의 의역. 인내(忍耐), 즉 참는 것 이외에 인가결정(忍可決定)의 뜻으로도 쓰인다. 즉 인정하여 확실하게 안다는 뜻이다. 다시 말하면 자기의 뜻에 맞지 않는 환경이나 어떤 사건에 대해 성내거나 불쾌한 마음을 내지 않고 참고 견디는 것, 또는 도리에 마음을 순응시켜서 편안한 마음으로 머무르므로 외부에서 오는 어떠한 조건에 의해서도 동요하지 않는 마음을 말할 때도 있고, 또 확실히 인정하여 확정한다는 인가(認可)의 뜻으로 풀이되기도 한다. 인에는 2인(二忍)·3인·4인·5인·6인·10인·14인 등의 여러 가지가 있다. 2인은 중생인(衆生忍)이라고도 하며 일체 중생에게 성내지 않고 원망하지 않고 보복하지 않고 참는 것이다. 2인이란 말은 생인(生忍)과 법인(法忍)의 두 가지를 뜻하는 것이다. 생인은 남이 나를 욕하고 때리고 해롭게 해도 성내지 않고 잘 참는 것이며, 법인은 추위·더위·굶주림·생로병사(生老病死) 등에 대해 번민이나 원망을 하지 않고 잘 참고, 희로애락 등 정신적인 번뇌를 잘 참아내는 것이다. 3인은 인욕바라밀의 3종인 내원해인(耐怨害忍)·안수고인(安受苦忍)·체

찰법인(諦察法忍)을 말하고, 4인은 무생법인(無生法忍)·무멸인(無滅忍)·인연인(因緣忍)·무주인(無住忍)의 네 가지를 말한다. 무생법인은 일체의 법은 모두 다 자성(自性)이 공적(空寂)해서 본래는 나타나지 않는 것이라는 점을 깨우쳐서, 보살의 계율을 깨뜨리지 않고 참아가는 것이다. 무멸인은 일체의 법은 본래 생기는 법도 없고 또한 멸하는 법도 없는 것이라는 진리를 몸소 인정하면서 계율을 지키는 것이다. 인연인은 일체의 법은 모두 다 인연으로 인해서 생기는 것이며 자체가 변화하지 않는 것이란 없다는 진리를 깨닫는 것이다. 보살이 이 법을 몸소 인정하게 되면 금계(禁戒)의 죄를 능히 초월한다. 무주인은 모든 법에 집착하지 않는 것이다. 5인은 복인(伏忍)·신인(信忍)·순인(順忍)·무생인(無生忍)·적멸인(寂滅忍)의 다섯 가지를 말한다.

3) **탐내거나 집착해서는 안 된다**(不應貪著) 탐착(貪著)은 만족할 줄 모르고 더욱 사물에 집착하는 것이며, 불응탐착(不應貪著)은 마땅히 탐착해서는 안 된다는 것이다. 세존은 수보리에게 복덕을 받지 않는 것이 보살이라고 했다. 원래 보살의 경지에 이르면 그가 짓는 바의 공덕이 크다 하는 생각도 있을 수 없고, 또 거기에 따른 복덕을 많이 받아야 하겠다든가 꼭 받아야 되겠다고 하는 집착이 있을 수가 없으며, 일체의 중생을 제도해야 한다는 것, 그런 생각조차도 없을 것이다. 그래서 보살은 복덕이란 있을 수 없다고 했으니, 하물며 복덕에 탐착하겠는가. 복덕을 많든 적든 받아야겠다는 생각이 없기 때문에 복덕을 받지 않는 사람을 보살이라고 했다.

제29 위의적정분(威儀寂靜分)

수보리 약유인언 여래 약래약거약좌약와 시인 불해아소
원문 須菩提 若有人言 如來 若來若去若坐若臥 是人 不解我所
설의 하이고 여래자 무소종래 역무소거 고명여래
說義 何以故 如來者 無所從來 亦無所去 故名如來

須菩提야 若有人言하되 如來 若來若去若坐若臥라 하면 是人은 不解我所說義니라 何以故오 如來者는 無所從來며 亦無所去이니 故로 名如來이니라

"수보리야, 만약에 어떤 사람이 말하기를, 여래가 온다거나, 간다거나, 앉는다거나, 눕는다거나[1] 한다고 하면 이 사람은 내가 말한 뜻을 알지 못하는 것[2]이니라. 무슨 까닭이냐 하면 여래라 함은 어디로부터 오는 것도 아니며, 또한 어디로 가는 것도 아니기[3] 때문에 이름하여 여래라 하는 것이니라."

주

1) **여래가 온다거나, 간다거나, 앉는다거나, 눕는다거나**(如來 若來若去若坐若臥) 여기서는 부처님의 행주좌와(行住坐臥)를 말하는 것인데, 행(行)은 오고 가고 다니는 것, 주(住)는 머무르는 것, 좌(坐)는 앉는 것, 와(臥)는 누워서 다리를 뻗는 것인데, 이것을 부처님의 사위의

(四威儀)라고 한다. 이 구절은 겉모습에 나타난 사위의의 동작을 가지고 진정한 여래로 속단하여서는 안 된다는 뜻이다. 즉 색신(色身)인 세존의 육체를 가지고서 여래의 법신과 혼동해서는 안 된다는 말이다. 여래는 가고, 오고, 앉고, 눕는 것, 즉 그 상(相)이 있는 것이 아니고 또한 그것이 여래를 떠나서 있지도 아니함을 알아야 할 것이라는 말이다.

2) 내가 말한 뜻을 알지 못하는 것(不解我所說義) 부처는 일상생활에서의 동작인 행주좌와(行住坐臥)는 반드시 제계(制戒)에 꼭 들어맞게 처신을 했던 것이다. 그러나 여래의 법신은 상(相)이 아니며, 또 상 아님도 아니어서, 가는 일도 없고 오는 일도 없기 때문이라고 가르쳤다. 그렇다고 행주좌와만을 보고 나를 여래로 보는 것은 내가 설한 바의 뜻을 이해하지 못한 데서 오는 것이라고 세존은 지적했다.

이런 뜻의 가르침은 이 《금강경》의 도처에서 볼 수 있다.

제 5 不可以身相 得見如來

제13 不可以三十二相 得見如來

제20 如來 不應以具足色身見

3) 여래라 함은 어디로부터 오는 것도 아니며 또한 어디로 가는 것도 아니다(如來者 無所從來 亦無所去) 여래의 법신(法身)은 상이 아니며(非相), 또 상 아님도 아니어서(非非相) 가는 일도 없고 오는 일도 없으며, 동(動)과 정(靜)이 둘이 아니고 하나라는 말이다. 이것을 거울과 거울 속에 비치는 상으로 비유해 보면, 거울이란 그 거울에 비치는 상에 따라서 그때그때 변하는 것이다. 그러나 거울 그 자체에는 아무런 변함이 없는 것이다. 여래도 이와 같아서 그 법신은 상이 아니며 상이 아님도 아니므로, 가는 일도 없고 오는 일도 없고 아무 변함이 없는 것이다.

우리의 마음에 따라서 부처님의 법신은 볼 수도 있고 또 보지 못할 수도 있는 것이다. 마음에 얽매임이 없고 집착도 없으면 마음이 고요하고 맑아져서 부처님의 변함없는 법신을 볼 수 있지만, 우리의 마음이 흔들리고 흐리면 그 법신을 볼 수가 없고 색신이나 육신이나 그 움직임이 눈에 비치는 것이다. 법신의 여래는 그 가는 곳도, 오는 곳도 없이 그 자리에 있는 것이다. 그래서 여래라고 말하는 것이다.

제30 일합상리분(一合相理分)

수보리 약선남자선여인 이삼천대천세계 쇄위미진 어의운
원문 須菩提 若善男子善女人 以三千大千世界 碎爲微塵 於意云
하 시미진중 영위다부 심다 세존 하이고 약시미진중 실유자
何 是微塵衆 寧爲多不 甚多 世尊 何以故 若是微塵衆 實有者
불즉불설시미진중 소이자하 불설미진중 즉비미진중 시명미진
佛卽不說是微塵衆 所以者何 佛說微塵衆 卽非微塵衆 是名微塵
중 세존 여래소설삼천대천세계 즉비세계 시명세계 하이고 약
衆 世尊 如來所說三千大千世界 卽非世界 是名世界 何以故 若
세계실유자 즉시일합상 여래설 일합상 즉비일합상 시명일합상
世界實有者 卽是一合相 如來說 一合相 卽非一合相 是名一合相
수보리 일합상자 즉시불가설 단범부지인 탐착기사
須菩提 一合相者 卽是不可說 但凡夫之人 貪著其事

須菩提야 若善男子善女人이 以三千大千世界를 碎爲微塵하면 於意云何오 是微塵衆이 寧爲多不아 甚多니이다 世尊하 何以故오 若是微塵衆이 實有者인댄 佛이 卽不說是微塵衆이리니 所以者何오 佛說微塵衆은 卽非微塵衆이요 是名微塵衆이니이다 世尊하 如來所說三千大千世界도 卽非世界요 是名世界니이다 何以故오 若世界實有者인댄 卽是一合相이니 如來說 一合相은 卽非一合相이요 是名一合相이니이다 須菩提야 一合相者는 卽是不可說이어늘 但凡夫之人이 貪著其事이니라

"수보리야, 만약에 선남선녀가 있어서 삼천대천세계(三千大千世界)를 부수어 티끌을 만든다면, 네 생각에는 어떠하냐? 그 티끌들이 많다고 하겠느냐, 적다고 하겠느냐?"

수보리가 말씀드렸다.

"매우 많사옵니다, 세존이시여. 왜 그런고 하오면 만약에 그 티끌들이 정말로 있는 것이라면, 부처님께서는 그것을 곧 티끌이라고 말씀하시지 않았을 것이옵니다. 무슨 까닭이냐 하오면 여래께서는 '티끌들이란 그것이 곧 티끌들이 아니라 그 이름이 티끌들'이라고[1] 말씀하셨기 때문이옵니다.

세존이시여, 여래께서 말씀하신 삼천대천세계는 곧 그것이 세계가 아니요, 그 이름이 세계일 뿐이옵니다. 왜 그런고 하오면 만약에 세계가 있는 것이라면 이는 곧 일합상(一合相)[2]인 것이오니, 여래께서는 '일합상은 그것이 곧 일합상이 아니라 그 이름을 일합상이라 한다.'고 설하셨기 때문이옵니다."

"수보리야, 일합상이라는 것은 가히 말로써는 설하지 못할 것이어늘, 다만 범부들이 그 일에 탐내고 집착하게 되는 것이니라."

주

1) **그것이 곧 티끌들이 아니라 그 이름이 티끌들이다**(卽非微塵衆 是名微塵衆) 부처님께서 말씀하시기를, 티끌이라고 해서 티끌이 아니라 하셨다. 즉 티끌이 모여서 세계를 만들고, 세계를 부수어 버리면 티끌들이 되는 것이니 곧 티끌이 아니며, 또한 세계 역시 세계라 할 수가 없다. 그 이름이 티끌이요, 그 이름이 세계일 뿐이다. 그러니 티끌이 티끌일 수 없고, 세계가 세계일 수 없는 것이다.

여기 티끌들이 뭉쳐서 된 것이 세계라고 한다면, 그것은 탐심(貪心)과 진심(瞋心)과 치심(癡心)인 삼독(三毒)이 뭉치어 된 세계일 것이다. 중생들이 부처님의 가르침을 잘 지키어 수행하고 깨닫는다면, 삼독은 곧 티끌이 되어 없어져버린다는 말이다.

2) 일합상(一合相) 원어 Piṇḍa-grāha. 모든 것을 한 개의 전체라 보고 그것이 실체(實體)인 양 집착하는 것을 말하는 것이다. 즉 여러 인연으로 말미암아 티끌들이 모여서 물질계를 형성하거나 또는 오온(五蘊)이 한때 가화합(假和合)하여 사람이 되는 것 따위를 말하는 것인데, 여기에서는 세계를 말한다.

오온이란 원어 Pañca-skandha의 의역으로, 오음(五陰), 오중(五衆), 오취(五聚)라고도 한다. 온(蘊)은 모아 쌓은 것, 곧 화합하여 모인 것인데, 나고 죽고 변화하는 것을 종류별로 모아 다섯 가지로 구분한 것을 오온이라고 한다.

① 색온(色蘊) : 스스로 변화하고 또 다른 것을 장애하는 물체.

② 수온(受蘊) : 고락(苦樂)과 불고불락(不苦不樂)을 느끼는 마음의 작용.

③ 상온(想蘊) : 외계의 사물을 마음속에 받아들이고, 그것을 상상해 보는 마음의 작용.

④ 행온(行蘊) : 인연으로 생겨나서 시간적으로 변천한다는 작용.

⑤ 식온(識蘊) : 의식하고 분별하는 작용.

제31 지견불생분(知見不生分)

수보리 약인언 불설 아견 인견 중생견 수자견 수보리 어
원문 須菩提 若人言 佛說 我見 人見 衆生見 壽者見 須菩提 於
의운하 시인 해아소설의부 불야 세존 시인 불해여래소설의 하
意云何 是人 解我所說義不 不也 世尊 是人 不解如來所說義 何
이고 세존 설아견 인견 중생견 수자견 즉비아견 인견 중생견
以故 世尊 說我見 人見 衆生見 壽者見 卽非我見 人見 衆生見
수자견 시명아견 인견 중생견 수자견 수보리 발아뇩다라삼먁
壽者見 是名我見 人見 衆生見 壽者見 須菩提 發阿耨多羅三藐
삼보리심자 어일체법 응여시지 여시견 여시신해 불생법상 수
三菩提心者 於一切法 應如是知 如是見 如是信解 不生法相 須
보리 소언법상자 여래설즉비법상 시명법상
菩提 所言法相者 如來說卽非法相 是名法相

須菩提야 若人이 言하되 佛說 我見 人見 衆生見 壽者見이라면 須菩提야 於意云何오 是人이 解我所說義不아 不也니이다 世尊하 是人이 不解如來所說義이니 何以故오 世尊이 說我見 人見 衆生見 壽者見은 卽非我見 人見 衆生見 壽者見이요 是名我見 人見 衆生見 壽者見이니이다 須菩提야 發阿耨多羅三藐三菩提心者는 於一切法에 應如是知하며 如是見하며 如是信解하여 不生法相이니라 須菩提야 所言法相者는 如來說 卽非法相이요 是名法相이니라

"수보리야, 만약에 어떤 사람이 말하기를 '여래께서는 아견(我見)과 인견(人見)과 중생견(衆生見)과 수자견(壽者見)을 말씀하시었다.'라고 한다면, 수보리야, 네 생각에는 어떠하냐? 이 사람은 내가 설한 그 뜻을 안다고 하겠느냐, 아니라고 하겠느냐?"

"아니옵니다, 세존이시여. 그 사람은 여래께서 설하신 뜻을 알지 못한 것이옵니다. 왜 그런고 하오면 여래께서는 '아견·인견·중생견·수자견은, 곧 아견·인견·중생견·수자견이 아니다.'라고 설하셨기 때문입니다. '다만 그 이름이 아견·인견·중생견·수자견'이라고 하신 것이옵니다."

"수보리야, 아뇩다라삼먁삼보리의 마음을 일으킨 사람은 일체법에 대하여 응당 이와 같이 알아야 하며, 이와 같이 보아야 하며, 이와 같이 믿고 알아서 법상(法相)을 내지 말아야 할 것이니라.[1] 수보리야, 법상이라는 것을 여래는 그것이 곧 법상이 아니라고 설한 것이니라. 다만 그 이름을 법상이라고 부르는 것이니라."

주

1) **법상을 내지 말아야 할 것이다**(不生法相) 법상(法相)이라는 것은 우주 만유의 본체보다도 현상을 세밀하게 분류·설명하는 것이다.

여기에서 말하는 불생법상(不生法相)이란 뜻은, 아뇩다라삼먁삼보리의 마음을 낸 사람은 일체법(一切法)에 있어서 마땅히 세존이 설하시는 아견·인견·중생견·수자견의 가르침을 크게 파악하여 이를 바르게 알며, 믿고 이해하고 법상에 대한 그릇된 고집을 버려야 한다는 뜻이다. 즉 아견·인견을 버려야 하며, 중생상에서 벗어나야 하며, 수자상에 사로잡혀서는 안 된다는 것을 말한 것이다.

제32 응화비진분(應化非眞分)

수보리 약유인 (이)만무량아승기세계칠보 지용보시 약유
원문 須菩提 若有人 (以)滿無量阿僧祇世界七寶 持用布施 若有
선남자선여인 발보살심자 지어차경 내지사구게등 수지독송 위
善男子善女人 發菩薩心者 持於此經 乃至四句偈等 受持讀誦 爲
인연설 기복승피 운하위인연설 불취어상 여여부동 하이고
人演說 其福勝彼 云何爲人演說 不取於相 如如不動 何以故

일체유위법 여몽환포영
一切有爲法 如夢幻泡影
여로역여전 응작여시관
如露亦如電 應作如是觀

불설시경이 장로수보리 급제비구비구니 우바새 우바이 일체
佛說是經已 長老須菩提 及諸比丘比丘尼 優婆塞 優婆夷 一切
세간천인아수라 문불소설 개대환희 신수봉행
世間天人阿修羅 聞佛所說 皆大歡喜 信受奉行

금강반야바라밀경 진언(金剛般若波羅蜜經眞言)

나모바가 발제 발라양바라이다예 암 이리저이실리 수로다
那謨婆迦 跋帝 鉢喇壤波羅弭多曳 唵 伊利底伊室利 輸盧馱
비사야 비사야 사바하
毘舍耶 毘舍耶 娑婆訶

須菩提야 若有人이 (以)滿無量阿僧祇世界七寶로 持用布施라도 若有善男子善女人이 發菩薩心者하여 持於此經하되 乃至四句偈等을 受持讀誦하며 爲人演說하면 其福이 勝彼하리니 云何爲人演說고 不取於相하여 如如不動일지니 何以故오

一切有爲法이 如夢幻泡影하며

如露亦如電하니 應作如是觀하라

佛說是經已하시니 長老須菩提와 及諸比丘 比丘尼와 優婆塞 優婆夷와 一切世間 天人 阿修羅가 聞佛所說하고 皆大歡喜하여 信受奉行하니라

"수보리야, 만약에 어떤 사람이 무량아승기(無量阿僧祇) 세계를 가득 채울 칠보(七寶)를 가져다가 보시를 했다 하자. 또 만약 다른 어떤 선남선녀로서 보살심(菩薩心)[1]을 내는 자가 있어, 이 경의 사구게(四句偈) 같은 것만이라도 받아 지녀 읽고 외워 남을 위하여 설해 준다면 그 복덕이 저 복덕보다 훨씬 나을 것이니라. 그러면 어떻게 남을 위하여 연설할 것인가? 상을 취하지 않는다면 한결같아서 움직이지 않느니라.[2] 이것은 어찌된 까닭인가?

일체의 유위법(有爲法)[3]은 꿈이요, 허깨비요, 물거품이요, 그림자 같은 것.

이슬 같고 또 번개와도 같아 마땅히 이와 같이 볼지니라.[4]"

부처님께서 이 경을 설하시기를 끝마치시었다. 장로 수보리를 비롯하여 모든 비구(比丘)와 비구니(比丘尼)들과 우바새(優婆塞)[5], 우바이(優婆夷)[6], 그리고 모든 세간에 있는 천인(天人)[7]과 아수라(阿修羅)들이 부처님의 설하시는 말씀을 듣고 모두 다 크게 기뻐하고 매우 즐거워하며, 이를 믿어 받아들

이고 받들어 행하였다.

진언(眞言)[8]

나모바가 발제 발라양바라이다예 암 이리저이실리 수로다 비사야 비사야 사바하.

주

1) **보살심**(菩薩心) 보리심(菩提心)과 같은 말. 보살의 마음을 말한다. 보살은 '중생을 모두 다 제도하리라, 번뇌를 모두 다 끊으리라, 법문은 모두 다 배우리라, 불도는 모두 다 깨달으리라.'라는 내용을 가진 사홍서원(四弘誓願)을 갖는다. 이리하여 보살은 위로는 보리를 구하고 아래로는 일체 중생을 교화하려는 마음인데, 지장보살(地藏菩薩)과 같이 중생의 제도를 위하여 영영 성불하지 않는 이도 있다. 보살심은 바로 이러한 가이없는 대자대비의 마음을 말하는 것이다.

2) **상을 취하지 않는다면 한결같아서 움직이지 않느니라**(不取於相 如如不動) 부처님은 이 경을 지니되 남을 위해 설함에 있어서의 마음가짐의 근본 자세를 말한 것이다. 이 말의 뜻은 깨끗하고 공평한 마음으로 일체의 중생을 평등하게 자비로써 대하되 한결같이 하여 흔들림이 없어야 하고, 아무데도 얽매임이 없이 해야 한다는 뜻이다. 《금강경오가해》에서 육조대사는 이렇게 풀이하고 있다.

"다만 공정하고 여일(如一)한 마음으로 얻었다는 생각을 갖지 않으며, 낫고 못하고 하는 생각이 없으며, 바라는 마음도 없고 생멸(生滅)하는 마음이 없는 것을 여여(如如)하여 움직임이 없다고 한다."

3) **유위법**(有爲法) 어떤 인연으로 생겨서 생멸변화(生滅變化)하는 물심의 현상, 곧 물질적·정신적 모든 현상에는 반드시 나고(生), 머물고(住), 달라지고(變), 없어지고(滅) 하는 것이어서 덧없고 허망한 것이다.

4) **꿈이요, 허깨비요, 물거품이요, 그림자 같은 것. 이슬 같고 또 번개와도 같아 마땅히 이와 같이 볼지니라**(如夢幻泡影 如露亦如電 應作如是觀) 이 게구(偈句)를 산스크리트경에서는 그림자(影) 대신에 구름(雲)이 들어가고, 또 이외에 별(星)·눈(目)·등불(燈火)이 들어가서 9개의

비유로 되어 있다. 이 게는 《금강경》 중에 있는 사구게(四句偈) 중에서 가장 뛰어난 명구로 꼽고 있다. 지금까지의 논리가 이 구절에 모두 집약되어 있다고 보고 있는 것이다.

5) **우바새**(優婆塞) 원어 우바사카(Upāsaka)의 음역으로 우바색가(優婆索迦), 우바사가(優婆娑迦)라고 음역하고 있다. 우바색이라고 읽기도 한다. 또 근선남(近善男)·근숙남(近宿男)·청신사(淸信士)라 의역한다. 출가하지 않고 집에 있으면서 부처님을 믿는 남자를 말한다. 원래는 삼귀계(三歸戒)를 받고 오계를 지키며 선사(善士)를 섬기는 사람을 우바새라 했다. 삼귀계는 불문에 처음 귀의(歸依)할 때 하는 의식으로 불(佛)·법(法)·승(僧)에 귀의함을 말한다. 또 오계는 불가에 귀의한 재가(在家) 남녀가 받는 5가지 계율을 말한다.

① 살생을 하지 말라. ② 도둑질을 하지 말라. ③ 음란한 짓을 하지 말라. ④ 거짓말을 하지 말라. ⑤ 술을 마시지 말라.

우바새는 이 오계를 받아야 한다.

6) **우바이**(優婆夷) 원어 우바시카(Upāsikā)의 음역. 우바사(優婆斯)라고도 음역하기도 한다. 근선녀(近善女)·근사녀(近事女)·청신녀(淸信女)라고 번역하고 있다. 출가하지 않고 집에 있으면서 불교를 믿는 여자를 말한다. 우바새와 같이 삼귀계를 받고 또 오계를 받아야 한다.

7) **천인**(天人) 원어 Apsara의 음역. 비천(飛天)·낙천(樂天)이라고도 하는데, 천상(天上)의 유정(有情)들을 가리킨다. 허공을 날아다니며 음악을 연주하고, 하늘에 꽃을 뿌리기도 하며 항상 즐거운 경계에 있지만, 그 복이 다하여 죽으려 할 때는 5가지의 괴로움이 생긴다고 한다. 이것을 천인(天人) 오쇠(五衰)라고 한다. 즉 첫째 화관(花冠)이 저절로 시들고, 둘째 옷에 때가 끼고, 셋째 겨드랑이에 땀이 나고, 넷째 제 처지가 즐겁지 않고, 다섯째 왕녀가 배반한다는 등의 5가지이다.

8) **진언**(眞言) 원어 Mantra의 번역어. 밀주(密呪)·다라니(陀羅尼)라 번역하기도 한다. 여기에서는 그저 주문(呪文)으로 풀이해도 좋을 것이다.

제 2 편
산스크리트경

1

evam mayā śrutam ekasmin samaye. Bhagavāñ Śrāvastyāṃ viharati sma Jetavane' nāthapiṇḍadasya-ārāme mahatā bhikṣu-saṃghena sārddham ardhatrayod-aśabhir bhikṣuśataiḥ sambahulaiś ca bodhisattvair mahāsattvaiḥ atha khalu Bhagavān pūrvāhṇa-kāla-samaye nivāsya pātracīvaram ādāya Śrāvastīṃ mahā-nagarīṃ piṇḍāya prāvikṣat. atha khalu Bhagavan Śrāvastīṃ mahā-nagarīṃ piṇḍāya caritvā kṛta-bhakta-kṛtyaḥ paścād-bhakta-piṇḍapāta-pratikrānth pātra-cīvaraṃ pratiśāmya pādau prakṣalya nyaṣīdat prajñapta eva-āsane paryaṅkam ābhujya ṛjuṃ kāyaṃ praṇidhāya, pratimukhīṃ smṛtim upasthāpya. athá khalu sambahulā bhikṣavo yena Bhagavāṃs tenopasaṃkraman upasaṃkramya Bhagavataḥ pādau śirobhir abhivandya Bhagavantaṃ triṣpradakṣiṇīkṛtyaikante nyaṣīdan.

내가 들은 바에 의하면, 어느 때 스승[1]은 1250명이나 되는 많은 구도자[2] (수행승)와 훌륭한 사람[3]들과 함께 슈라바스티 시(市)[4]의 제타숲[5]의 '고독한 사람들에게 음식을 주는 장자(長者)[6]'의 동산에 체재하고 계시었다.

스승은 아침나절에 하의를 입으시고, 바리때와 상의를 손에 쥐시고 음식물을 빌기 위해 슈라바스티의 대시가(大市街)를 걸으시었다. 스승은 탁발(托鉢)로부터 돌아오시어 식사를 마치시었다.

식사가 끝나자 행걸(行乞)에서의 바리때와 상의를 정리하시고 발을 씻고 마련된 자리에 가부좌(跏趺坐)하시고, 몸을 바르게 하여 정신을 집중하고 앉으시었다. 그때에 많은 수행승들이 스승이 계시는 자리로 다가갔다.

가까이 다가가서 스승의 두 발에 머리를 대고 스승의 주위를 바른쪽으로 세 번 돌고서[7] 그 옆에 앉았다.

주

1) **스승** 원어 바가반(Bhagavāñ)의 번역어. 인도에서는 제자가 스승을 부를 때 이와 같은 호칭을 쓴다. 구마라습은 그 한역경에서 스승을 불(佛)이라고 표현하고 있다.

2) **구도자** 원어 보디사트바(Bodhisattva)의 번역어. 한역에서는 보살(菩薩)이라고 음역하고, 또 대사(大士)·개사(開士) 등으로 번역하고 있다(구마라습 한역 제2 주해 7)참조).

3) **훌륭한 사람** 원어 마하사티바(Mahāsattva)의 번역어. 한역에서는 마하살(摩訶薩)이라고 음역하고 있다. 대중생(大衆生)·대유정(大有情) 등으로도 번역하고 있다(구라마습 한역 제3 주해 1)참조).

4) **슈라바스티시** 원어 Śrāvastī. 사위성(舍衛城)으로 한역하고 있다. 고대 인도 중부에 있던 코살라(Kōsala)라는 나라의 수도이며, 현재 인도 곤다(Gondā) 주의 사하헷 마하헷(Sāhet-Māhet)이다(구마라습 한역 제1 주해 2)참조).

5) **제타숲** 원어 Jētavana. 기수급고독원(祇樹給孤獨園)과 같다(구마라습 한역 제1 주해 3)참조).

6) **장자**(長者) 수다타(Sudatta) 장자를 지칭한다. 수달다(須達多)·소달다(蘇達多)·수달(須達)이라고도 음역하며, 선시(善施)·선수(善授)·선온(善溫) 등이라 번역한다. 수다타 장자는 세존이 계실 당시에 불교를 위해서나 불우한 사람들을 위해 많은 물질적인 선을 베풀었던 갑부이다. 수다타 장자가 세존에게 바칠 정사(精舍)의 대지를 구하다가 제트리(Jetṛ) 태자의 숲을 후보지로 지목한 그는 금화를 땅에다 깔고, 이 땅을 구입하여 세존을 위해 정사를 지은 것이 기원정사(祇園精舍)이다.

7) 바른쪽으로 세 번 돌고서 고대 인도에서는 귀인(貴人)에게 존경의 뜻을 표할 때, 오른쪽 옆구리를 귀인 쪽으로 돌리고 그 주위를 세 번 돌았다. 이것을 우요 삼잡(右繞三匝)이라고 한다. 불교의 승려들은 이 예절을 지키고, 탑을 돌 때나 본존부처님에게도 오른쪽으로 도는 행사가 있다(구마라습 한역 제15 주해 10)참조).

2

tena khalu punaḥ samayena-āyuṣmān Subhūtis tasyām eva parṣadi samnipatito'bhūt saṃniṣaṇṇaḥ. atha khalvāyuṣmān Subhūtir utthāya-āsanād, ekāṃsam uttarāsaṅgaṃ kṛtvā, dakṣiṇaṃ jānu-maṇḍalaṃ pṛthivyāṃ pratiṣṭhāpya, yena Bhagavāṃs tena-añjaliṃ praṇamya Bhagavantam etad avocat:

āścaryaṃ Bhagavan parama-āścaryaṃ Sugata, yāvad eva Tathāgatena-arhatā samyaksambuddhena bodhisattvā mahāsattvā anuparigṛhītāḥ. paramena-anugraheṇa. āścaryaṃ Bhagavan yāvad eva Tathāgatena-arhatā samyaksambuddhena bodhisattvā mahāsattvāḥ parīnditāḥ paramayā parīndanayā. tat kathaṃ Bhagavan bodhisattvayāna-samprasthitena kulaputreṇa vā kuladuhitrā vā sthātavyaṃ kathaṃ pratipattavyaṃ kathaṃ cittaṃ pragrahītavyam?

evam ukte Bhagavān āyuṣmantaṃ Subhūtim etad avocat: sādhu sādhu Subhūte, evam etad yathā vadasi. anuparigṛhītās Tathāgatena bodhisattvā mahāsattvāḥ paramena anugrahena, parīnditās Tathāgatena bodhisattvā mahāsattvāḥ paramayā parīndanayā. tena hi Subhūte śṛṇu sādhu ca suṣṭhu ca manasikuru, bhāṣiṣye' haṃ te yathā bodhisattva-yāna-samprasthitena sthātavyaṃ yathā pratipattavyaṃ yathā cittaṃ pragrahītavyam.

evaṃ Bhagavann ity āyuṣmān Subhūtir Bhagavataḥ pratyaśrauṣīt.

바로 그 때에 수보리 장로(須菩提長老)도 같이 그 곁에 와서 앉았다.

그런데 수보리 장로는 자리에서 일어나 상의를 한쪽 어깨에 걸치고[1] 바른쪽 무릎을 땅에다 대고[2] 스승이 계시는 쪽을 향하여 합장(合掌)하고 다음과 같이 말했다.

"스승이시여, 거룩하십니다. 복된 분이시여[3], 참으로 거룩한 일이옵니다. 여래(如來), 존경해야 할 분, 올바르게 깨달은 분[4]에 의해서 구도자와 훌륭한 사람들이 '최상의 은혜'로 감싸여 있다는 것은, 스승이시여, 거룩하신 일이옵니다. 여래, 존경해야 할 분, 올바르게 깨달으신 분에 의해서 구도자와 훌륭한 사람들이 '최상의 위촉(委囑)[5]'을 받는다는 것은 거룩한 일이옵니다. 그런데 스승이시여, 구도자의 길로 향하는[6] 훌륭한 젊은이와 훌륭한 딸[7]들은 어떻게 생활하고 어떻게 행동하고 어떻게 마음을 가지면 좋을 것이옵니까?"

이와 같이 물었을 때, 스승께서는 수보리 장로를 향하여 이렇게 대답하시었다.

"그렇다, 그렇다. 수보리야, 네가 말하는 그대로이다. 여래는 구도자와 훌륭한 사람들을 최상의 은혜로 감싸고 있다. 여래는 구도자와 훌륭한 사람들에게 최상의 위촉을 주고 있다. 그러므로 수보리야, 잘 듣는 것이 좋다. 잘 생각하는 것이 좋다. 구도자의 길로 향하는 자는 어떻게 생활하고, 어떻게 행동하고, 어떻게 마음을 가질 것인가를 나는 그대에게 이야기해 주리라."

수보리 장로는 스승을 향해 대답하였다

"그렇게 해주시기를 바라옵니다, 스승이시여."

주

1) 상의를 한쪽 어깨에 걸치고 고대 인도의 예법으로 자진해서 시중을 들겠다는 의사표시로서, 웃옷의 한쪽 소매를 벗어 왼쪽 어깨에 걸치고 오른쪽 어깨를 드러내는 것이다. 현재에도 불교 승려들 사이에 행해지고 있다(구마라습 한역 제2 주해 3)참조).

2) 바른쪽 무릎을 땅에다 대고 고대 인도의 예법으로 바른쪽 무릎을 땅에 대는 것으로 존경의 뜻을 표시하는 방법이다(구마라습 한역 제2 주해 4)참조).

3) 복된 분이시여 원어는 수가타(Sugata)이다. 한역으로 선서(善逝)라고 되어 있다.

4) 여래, 존경해야 할 분, 올바르게 깨달은 분 원어 타트하가타(Tathāgata), 아르하트(arhat), 삼약삼붓다(samyaksambuddh)의 의역. 여래(如來), 응공(應供), 정등각자(正等覺者)라고 한역하고 있다. 부처님의 호칭(여래 10호)의 하나이다(구마라습 한역 제2 주해 6)참조).

5) 위촉(委囑) 원어 paramā parīndanā의 번역어. 부처님은 설법을 마친 후에 청중 중에서 한 사람을 가려내어 그 법의 유통을 촉탁하는 것이 상례였다(구마라습 한역 제2 주해 9)참조).

6) 구도자의 길로 향하다 원문 bodhisattva-yānasampra-sthita. 직역하면 '보살의 수레를 타고 나아가는 자'란 말이다. 즉 수행승의 수도(修道)의 방법을 말하는 것이다.

7) 훌륭한 젊은이와 훌륭한 딸 원어 쿨라푸트라(kulaputra vā), 쿨라두히트라(kuladuhitrā vā). 양가(良家)의 아들, 양가의 딸을 뜻한다. 선남자(善男子)·선여인(善女人)이라고 한역하고 있고 줄여서 선남선녀(善男善女)라고 한다(구마라습 한역 제2 주해 10) 참조).

3

Bhagavān etad avocat : iha Subhūte bodhisattva-yānasamprasthitena evaṃ cittam utpādayitavyam : yāvantaḥ Subhūte sattvāḥ sattvadhātau sattva-samgraheṇa saṃgṛhītā aṇḍa-jā vā jarāyu-jā vā saṃsveda-jā vaupāpādukā vā, rūpiṇo vā-arūpino vā, saṃjñino vā-asaṃjñino vā naiva saṃjñino na-asaṃjñino vā, yāvan kaścit sattvadhātu-prajñapyamānaḥ prajñapyate te ca mayā sarve' nupadhiśeṣe nirvāṇa-dhātau parinirvāpayitavyāḥ. evam aparimāṇan api sattvān parinirvāpya na kaścit sattvaḥ parinirvāpito bhavati tat kasya hetoh? sacet Subhūte bodhisattvasya sattva-saṃjñā pravarteta na sa bodhisattva iti vaktavyaḥ. tat kasya hetoḥ? na sa Subhūte bodhisattvo vaktavyo yasya-ātma-saṃjñā pravarteta, sattva-saṃjñā vā jīva-saṃjñā vā pudgala-saṃjñā vā pravarteta.

스승은 이와 같이 말씀을 시작하시었다.

"수보리야, 여기에 구도자의 길로 향하는 자는 다음과 같은 마음을 일으키지 않으면 안 된다.

수보리야, 대개 살아 있는 모든 것, 알에서 태어나는 것(卵生)[1], 모태에서 태어나는 것(胎生)[2], 습기에서 태어나는 것(濕生)[3], 타(他)로부터 태어나지 않고 스스로 태어나는 것(化生)[4], 형태가 있는 것, 형태가 없는 것, 표상작용(表象作用)이 있는 것, 표상작용이 없는 것, 표상작용이 있는 것도 아니고 없는 것도 아닌 것, 그밖에 살아 있는 것의 부류로서 생각될 수 있는 한에 있어 생각된 모든 살아 있고 살고자 하는 것까지도, 그러한 일체의 것들을 괴로움이 없는 영원한 평안[5)]이라는 경지에 인도해 들이지 않으면 안 된다.

그러나 이와 같이 무수한 살고자 하고 '살아 있는 것'들을 영원한 평안으로 이끌어들인다 하여도, 실은 누구 하나도 영원한 평안 속에 인도되어 들어온 것은 아니다.

그것은 왜 그런고 하면 수보리야, 만약에 구도자가 살아 있다고 하는 생각을 일으킨다면 이미 그는 구도자라고는 말할 수가 없기 때문이다. 왜 그런고 하면 수보리야, 누구든지 '자아(自我)라고 하는 생각'을 일으키거나 '살아 있다고 하는 생각'[6)]이나 '개체(個體)[7)]라고 하는 생각' 등을 일으킨다거나 하는 자는 이미 구도자라고는 말할 수 없기 때문이다."

주

1) **알에서 태어나는 것**(卵生) 생물이 태어나는 형태를 네 가지로 분류해서 사생(四生 ; Catasro-yonayaḥ)이라 한다. 즉 난생(卵生)·태생(胎生)·습생(濕生)·화생(化生)이 그것이다. 알에서 태어나는 것은 Aṇḍaja라 하여 난생이라 한역한다. 물고기·새·뱀 등의 종류가 이에 속한다.

2) **모태에서 태어나는 것**(胎生) 사람이나 소, 개 같은 포유동물처럼 어미의 뱃속에서 사지와 몸뚱이를 갖추고서 태어나는 것. 태생이라 한역한다.

3) **습기에서 태어나는 것**(濕生) 모기·개구리·지렁이 등과 같이 습한 곳에서 태어나는 생물들을 말한다. Saṃsvedajā를 습생이라 한역한다.

4) **타로부터 태어나지 않고 스스로 태어나는 것**(化生) 원어 우파파두카(Upapāduka). 화생이라 한역하며, 다음 두 가지의 뜻으로 해석하고 있다.

① 자체가 없으며, 의탁한 데 없이 홀연히 생기는 생물을 말한다. 하늘·지옥에 나거나 처음 생길 때 또는 천지개벽시에 생긴 존재를

말한다.

②극락에 왕생하는 데는 태생과 화생이 있는데, 부처님의 지혜를 믿는 사람은 구품의 행업에 따라서 아미타불의 정토에 있는 7보 연화 속에서 나 지혜·광명·몸이 모두 보살과 같이 되는 것을 말한다. 과학적으로는 맞지 않는 논리지만 불교에서는 이런 것도 있다고 믿고 있다.

5) **괴로움이 없는 영원한 평안** 원어 아누파디세사 니르바나(Anupadhiśeṣa-nirvāṇa). 무여열반(無餘涅槃), 무여의열반(無餘依涅槃)이라 한역하고 있다. 해탈의 경지에 이르러 미혹(迷惑)과 번뇌가 전혀 없는 상태로, 죽어서 영원한 진리에로 돌아가는 것을 말한다(구마라습 한역 제3 주해 9)참조).

6) **살아 있다고 하는 생각** 원어 사트바 삼즈나(sattva-saṃjña). 실체로서 생물이 살아 있다고 하는 생각을 말한다. 그밖에도 자아(自我;ātman), 개체(個體;jīva), 개인(個人;pudgala) 등을 실체시(實體視)하는 것은 구도자로서는 걸맞지 않다고 강조하고 있다.

7) **개체**(個體) 원어는 지바(jiva). 원래는 '생명'을 의미하지만 인도의 일반 사상에서는 '개체'의 뜻으로 쓰고 있다. 여기에서도 이런 뜻이 있다고 봐야 한다.

4

api tu khalu punaḥ Subhūte na bodhisattvena vastu-pratiṣṭhitena dānaṃ dātavyam, na kvacit pratiṣṭhitena dānaṃ dātavyam, na rūpa-pratiṣṭhitena dānaṃ dātavyam, na śabda-gandha-rasa-spraṣaṭvya-dharmeṣu pratiṣṭhitena dānaṃ dātavyam. evaṃ hi Subhūte bodhisattvena mahāsattvena dānaṃ dātavyaṃ yathā na nimitta-saṃjñāyām api pratitiṣṭhet. tat kasya hetoḥ? yaḥ Subhūte' pratiṣṭhito dānaṃ, dadāti, tasya Subhūte puḥya sakndhasya na sukaraṃ pramāṣam udgrahītum. tat kiṃ manyase Subhūte sukaraṃ pūrvasyāṃ diśy ākāśasya pramāṇam udgrahītum?

SUBHŪTIR āha : no hīdaṃ Bhagavān.

BHAGAVĀN āha : evam dakṣiṇa-paścima-uttara-āsvadha-ūrdhvaṃ digvidikṣu samantād daśasu dikṣu sukaram ākāśasya pramāṇam udgrahītum?

SUBHŪTIR āha : no hīdaṃ Bhagavan.

BHAGAVĀN āha : evam eva Subhūte yo bodhisattvo pratiṣṭhito dānaṃ dadāti, tasya Subhūte puṇya-skandhasya na sukaraṃ pramāṇam udgrahītum. evaṃ hi Subhūte bodhisattva-yāna-samprasṭhitena dānaṃ dātavyaṃ yathā na nimitta-saṃjñāyam api pratitiṣṭhet.

"그런데 수보리야, 구도자는 물건에 집착을 가지고 보시(布

施)를 해서는 안 된다.

무엇엔가 집착하면서 보시를 해서는 안 된다.

형태에 집착하고 보시를 해서는 안 된다.

소리나 향기나 맛이나 느낌이나 생각의 대상[1)]에 집착하여 보시를 해서는 안 된다.

이와 같이 수보리야, 구도자와 훌륭한 사람들은 발자취를 남기고 싶다는 생각[2)]에 집착하지 않도록 하여 보시를 하지 않으면 안 된다.

왜냐하면 수보리야, 만약에 구도자가 집착하는 일이 없이 보시를 하면, 그 공덕은 거듭 쌓여서 쉽게는 헤아릴 수 없을 정도가 되기 때문이다.

수보리야, 너는 어떻게 생각하느냐? 동쪽 허공의 양(量)을 쉽게 헤아릴 수가 있겠느냐?"

수보리가 대답하였다.

"스승이시여, 헤아릴 수가 없사옵니다."

스승은 물으시었다.

"이와 같이 남(南)과 서(西)와 북(北)과 하(下)와 상(上)의 방향 등 시방(十方)의 허공의 양(量)도 쉽게 헤아릴 수 있겠느냐?"

수보리는 대답하였다.

"스승이시여, 헤아릴 수 없사옵니다."

스승은 말씀하시었다.

"수보리야, 이것과 같은 이치이다. 만약에 구도자가 집착하는 일 없이 보시를 하면, 그 공덕의 쌓임은 쉽게 헤아릴 수가 없느니라. 실로 수보리야, 구도자의 길을 행하는 자는 이와 같이 발자취를 남기고 싶다는 생각에 집착하지 않고 보시를 하지 않으면 안 되는 것이다."

주

1) **소리나 향기나 맛이나 느낌이나 생각의 대상** 성(聲)·향(香)·미(味)·촉(觸)·법(法)이라 구마라습은 한역하고 있고, 여기에 색(色)을 더하여 이들은 우리의 몸 속으로 들어가서 본래의 깨끗한 마음을 더럽히고 진성(眞性)을 덮어 흐리게 하는 6개의 요소라 하여 육진(六塵)이라 한다. 색은 모양과 색깔이 있는 물질 전반을 말하고, 생각의 대상이라는 법은 여기에서는 곱다, 밉다, 옳다, 그르다 하는 따위의 정신적인 작용을 말하는 것이다(구마라습 한역 제4 주해 2)참조).

2) **발자취를 남기고 싶다는 생각** 니미타 삼즈나(nimitta-saṃjñā)의 번역어. 니미타란 사물의 표상(表相)을 말하는 것이다. 구체적으로는 첫째 내가 누구에게, 둘째 무엇을, 셋째 해주었다고 하는 세 가지 생각을 떠나서 아무 보답이나, 해주었다는 자부심이나, 혹은 어떤 바람 등을 떠나서 깨끗하고 순수한 빈 마음으로 보시를 하라는 뜻이다. 이것을 불교에서는 삼륜공적(三輪空寂) 또는 삼륜청정(三輪淸淨)이라고 한다.

삼륜(三輪)이란 베푸는 사람(施者), 받는 사람(受者), 주는 물건(施物)을 말한다. 공적(空寂)이란 마음을 비웠다는 말이고, 청정(淸淨)은 맑고 깨끗하다는 말이다(구마라습 한역 제4 주해 1), 3)참조).

5

tat kiṃ manyase Subhūte lakṣaṇa-sampadā Tathāgato draṣṭavyaḥ?

Subhūtir āha : no hīdaṃ Bhgavān, na lakṣaṇasampadā Tathāgato draṣṭavyaḥ. tat kasya hetoḥ? yā sā Bhagavan lakṣaṇa-sampat Tathāgatena bhāṣitā saiva-alakṣaṇa-sampat. Evam ukte Bhagavān āyuṣmantaṃ Subhūtim etad avocat : yāvat Subhūte lakṣaṇasampat tāvan mṛṣā, yāvad alakṣaṇasampat tāvan na mṛṣeti hi lakṣaṇa-alakṣaṇatas Tathāgato drāṣṭavyaḥ.

"수보리야, 너는 어떻게 생각하느냐? 여래는 특징[1)]을 갖춘 자라고 볼 수 있겠느냐?"

수보리가 대답하였다.

"스승이시여, 그렇게는 볼 수가 없사옵니다. 여래께서는 특징을 갖춘 자라고 보아서는 아니 되옵니다. 왜 그런고 하오면 스승이시여, '특징을 갖추고 있다고 하는 것은 특징을 갖추고 있지 않다는 것이다.'라고 여래께서는 말씀하셨기 때문이옵니다."

이와 같이 대답을 드렸을 때, 스승은 수보리 장로에게 이렇게 말씀하시었다.

"수보리야, 특징을 갖추고 있다고 하는 말은 거짓이며, 특징을 갖추고 있지 않다고 말한다면 이것은 거짓이 아니다. 그러니 특징이 있다고 하는 것과 특징이 없다고 하는 그 양쪽에서 여래를 보지 않으면 안 되는 것이다."

주

1) **특징** 원어 lakṣaṇāni. 상(相)이라고 한역한다. 부처가 갖추고 있는 보통 사람과 다른 32가지의 훌륭한 상(相), 즉 32상(三十二相)을 말한다(구마라습 한역 제13 주해 5)참조).

6

Evam ukte āyuṣmān Subhūtir Bhagavantam etad avocat : asti Bhagavan kecit sattvā bhaviṣyanty anāgate'dhvani paścime kāle paścime samaye paścimāyaṃ pañcaśatyāṃ saddharma-vipralopa-kāle vartamāne, ya imeṣv evaṃrūpeṣu sūtrānta-padeṣu bhāṣyamāṇeṣu bhūta-saṃjñām utpādayiṣyanti?

Bhagavān āha : mā Subhūte tvam evaṃ vocah. asti kecit sattva bhaviṣyanty anāgate' dhvani paścime kāle paścime samaye paścimāyāṃ pañca-śatyāṃ sad-dharmavipralope vartamāne, ya imeṣv evaṃrūpeṣu sūtrānta-padeṣu bhāṣya-māṇeṣu bhūta-saṃjñām utpādayiṣyanti. api tu khalu punaḥ Subhūte bhaviṣyanty anāgate' dh vani bodhisattva mahāsatt-vāḥ paścime kāle paścime samaye paścimāyāṃ pañca-śatyāṃ saddharma-vipralope vartamāne guṇavantaḥ śīlavantaḥ pra-jñavantaś ca bhaviṣyanti, ya imeṣv evaṃrūpeṣu sūtrānta-padeṣu bhāṣyamāṇeṣu bhūtasaṃjñam utpādayiṣyanti. na khalu punas te Subhūte bodhisattvā mahāsattvā eka-buddha-paryu-pāsitā bhavisyanti, na-eka-buddha-avaropita-kuśala-mūlā bhaviṣyanti, api tu khalu punaḥ Subhūte aneka-buddha-śata-sahasra-paryupāsitā anekā-buddha-śatasahasra-avaropita-kuśala-mūlās te bodhisattvā mahāsattvā bhaviṣyanti, ya imeṣv evaṃrūpeṣu sūtrāntapadeṣu bhāṣyamāṇeṣv ekacitta-prasādam api pratilapsyante. jñātās te Subhūte Tathāgatena buddha-jñānena, dṛṣṭās te Subhūte Tathāgatena buddhacakṣuṣā, buddhās te Subhūte Tathāgatena. sarve te Subhūte' prameyam asamkhyeyaṃ puṇyaskandhaṃ prasaviṣyanti pratigrahīṣyanti. tat kasya hetoḥ? na hi Subhūte teṣāṃ bodhisattvānāṃ mahāsattvānām ātma-saṃjñā pravartate na sattva-saṃjñā na jīva-saṃjñā na pudgala-saṃjñā pravartate. na-api teṣām Subhūte bodhisattvānāṃ mahāsattvānāṃ dharma-saṃjñā pravartate, evaṃ na-adharma-saṃjñā. na-api teṣāṃ Subhūte saṃjñā na-asaṃjñā pravar. tatetat kasya hetoḥ? sacet Subhūte teṣāṃ bodhisattvānāṃ mahāsattvānāṃ dharma-saṃjñā pravarteta, sa eva teṣā mātma-grāho bhavet, sattva-grāho jīva-grāhaḥ pudgala-grāho bhavet. saced a-dharma-samjñā pravarteta, sa eva teṣāmātma-grāho bhavet, sattva-grāho jīva-grāhaḥ pudgala-grāha iti. tat kasya hetoḥ? na khalu punaḥ Subhūte bodhisattvena mahāsattvena dharma udgrahītavyo naadharmaḥ. tasmād iyaṃ Tathāgatena sandhā ya vāg bhāṣitā : kolopamaṃ dharma-paryāyam ājānadbhir dharmā eva prahātavyāḥ prāg eva-adharmā iti.

스승께서 이와 같이 말씀하셨을 때, 수보리 장로는 스승을 향하여 이렇게 물었다.

"스승이시여, 지금으로부터 후세가 되어서 제2의 500년[1]이 되었을 때, 정법(正法)이 멸망할 즈음에 이르러서는 이와 같은 경전(經典)의 말씀이 설해지더라도, 그것을 진실이라고 생각하는 사람들이 누가 있을 것이옵니까?"

스승은 답하시었다.

"수보리야, 너는 그런 식으로 말해서는 안 된다. 장차 후세가 되어 제2의 500년에 정법이 멸망할 즈음에 이와 같은 경전의 말씀이 설해졌을 때, 그것을 진실이라고 생각하는 사람이 누군가 있을 것은 분명하다.

수보리야, 또 장차 후세가 되어 제2의 500년에 정법이 망할 즈음에 덕이 높고 계율을 지키며 지혜 깊은 구도자와 훌륭한 사람들은 이와 같은 경전의 말씀이 설해질 때, 그것을 진실이라고 생각할 것이 틀림없다.

수보리야, 또 그들 구도자와 훌륭한 사람들은 한 사람의 깨달은 사람(부처님)께 다가가서 귀의(歸依)[2]한다든지, 한 사람의 깨달은 사람 밑에서 선근(善根)[3]을 심는다든지 했을 뿐만이 아니고, 몇십만이라는 많은 눈뜬 사람들(모든 부처들)에게 다가가서 귀의했고, 몇십만이라고 하는 많은 깨달은 사람(부처님들) 밑에서 선근을 심은 일이 있는 사람들로서, 이와 같은 경전의 말씀이 설해질 때 한결같이 청정한 믿음을 얻을 것이 틀림없는 것이니라.

수보리야, 여래는 깨달은 사람의 지혜로 그들을 알고 있다.

수보리야, 여래는 깨달은 사람의 눈으로 그들을 보고 있다.

수보리야, 여래는 깨달은 사람의 마음으로 그들을 기억하고 있다.

수보리야, 그들 모두는 측량할 수 없고, 셀 수 없는 공덕을 쌓아 자기의 것으로 하게 될 것이 틀림이 없다. 그것은 무슨 까닭이냐 하면 수보리야, 참으로 이들 구도자와 훌륭한 사람들에게는 자아라는 생각이 일어나지 않으며, 생존한다는 생각도, 개체라는 생각도, 개인이라는 생각도 일어나지 않게 되기 때문이다.

또 수보리야, 이들 구도자와 훌륭한 사람들에게는 '물건이라는 생각'[4]도 일어나지 않으며, 또한 마찬가지로 '물건이 아니라는 생각'도 일어나지 않기 때문이다.

또 수보리야, 그들에게는 생각한다는 것도 생각하지 않는다는 것도 일어나지 않기 때문이다. 그것은 왜 그런고 하면 수보리야, 만약에 그들 구도자와 훌륭한 사람들에게 '물건이라는 생각'이 일어난다면, 그들에게는 그 자아에 대한 집착이 일어날 것이며, 살아 있는 것들에 대한 집착, 개체에 대한 집착, 개인에 대한 집착이 있는 것이기 때문이다.

만약에 '물건이 아니라는 생각'이 일어난다면, 그들에게는 그 자아에 대한 집착이 있을 것이며, 살아있는 것들에 대한 집착, 개체에 대한 집착, 개인에 대한 집착이 일어나게 되기 때문이다. 그것은 왜 그러할까? 실은 또한 수보리야, 구도자와 훌륭한 사람들은 법(法)[5]을 들어도 안 되고, 법이 아닌 것을 들어도 안 되기 때문이다. 그러므로 여래는 그런 뜻에서 다음과 같은 말을 설했느니라. '뗏목으로 한 비유[6]의 법문을 아는 사람은 법마저 버리지 않으면 안 된다. 하물며 법이 아닌 것은 말할 것도 없다.'라고."

주

1) **제2의 500년** 원어 paścimāyāṃ pañca-satyāṃ. 부처의 예언 중에 자신이 돌아간 뒤의 일들을 500년씩을 잘라서 1기로 하여 불교의 성쇠상태를 말한 것 중에 두 번째 500년을 지칭한다. 즉 제2의 500년대에는 부처의 가르침이나 수행을 충실하게 닦는 사람이 많아 증(證)과 법(法)이 성행하는 선정견고(禪定堅固)한 시대라고 하였다. 그러나 교(敎)나 수행은 있으나 증(證)이 없는 시기로 정법(正法)과 유사한 상법(像法)이 행해져서 법멸(法滅)의 시대가 온다고 했다. 따라서 제2의 500년대에는 불교가 어지러워지고, 변동이 일어난다고 생각했다(구마라습 한역 제6 주해 2)참조).

2) **귀의**(歸依) 신앙에 몸을 맡기고 부처님을 믿어 거기에 기대는 것. 귀의에는 부처님에게 몸을 맡기고 기대는 귀의불(歸依佛), 부처님

의 가르침에 몸을 맡기고 기대는 귀의법(歸依法), 부처님 다음가는 고덕한 승(僧)에게 몸을 맡기고 기대는 귀의승(歸依僧)의 삼귀의(三歸依)가 있다.

3) **선근**(善根) 좋은 과보(果報)를 받을 수 있는 좋은 인(因), 즉 그 뿌리(根). 불교에서는 행업(行業)에 좋은 뿌리를 심으면 반드시 선과(善果)를 얻고, 악인(惡因)으로는 악과(惡果)를 얻는다는 인과응보(因果應報)의 윤리관을 내세운다. 선과를 얻기 위해서는 선과의 근본이 되는 선근(善根)을 심어야 한다(구마라습 한역 제6 주해 4)참조).

4) **물건이라는 생각** 원어 다르마 삼즈나(dharma-saṃjñā). 대개 법상(法相)이라 번역하고 있다. 모든 법의 모양을 말하고, 만유(萬有)의 그 모양과 자태를 법상이라 하는데, 그 본바탕은 한가지이나 그 겉으로 나타나 있는 모양은 각각 다르다고 하는 말.

5) **법**(法) 원어 다르마(dharma)의 한역으로 달마(達磨)라 음역. 불교에서 말하는 법은 이법(理法), 경전(經典), 석존의 설법(說法) 등 여러 가지 뜻이 있으나 특히 이법을 의미할 때가 많다. 여기에서는 실체가 없는 물건이라는 뜻으로 해석해도 좋을 것 같다(구마라습 한역 제6 주해 5)참조).

6) **뗏목으로 한 비유**(筏喩) 생사고락(生死苦樂)과 윤회의 괴로운 차안(此岸)에서 청정무구(淸淨無垢)한 피안(彼岸)으로 가기 위해서는 괴로운 바다를 건너야 하기 때문에 베풀고(布施), 계를 지키고(持戒), 참고(忍辱), 노력하고(精進), 마음을 조용히 가라앉히고(禪定), 슬기를 개발하는(智慧) 많은 수행을 한다. 이런 것들은 모두 고해라는 바다를 건너는 데 필요한 뗏목과 같은 것이다. 피안에 도달한 후에는 뗏목이 필요없는 것처럼 만유에 집착하지 않게 한다는 뜻에서 이 뗏목의 비유는 불경 도처에 쓰이고 있다(구마라습 한역 제6 주해 6)참조).

7

punar aparaṃ Bhagavān āyuṣmantaṃ Subhūtim etad avocat : tat kiṃ manyase Subhūte, asti as kaśćid dharmo yas Tathāgatena-anuttarā samyaksambodhir ity abhisambuddhaḥ, kaśćid vā dharmas Tathāgatena deśitaḥ?

evam ukta āyuṣmān Subhūtir Bhagavantam etad avocat: yathā-aham Bhagavan Bhagavato bhāṣitasya-artham ājānāmi, na-asti sa kaśćid dharmo yas Tathāgate-na-anuttarā samyaksambodhir ity abhisambuddhaḥ, na-asti dharmo yas Tathāgatena deśitaḥ, tat kasyahetoḥ? yo'sau Tathāgatena dharmo' bhisambuddho deśito vā, agrāhyaḥ so'nabhilapyaḥ, na sa dharmo na na-adharmḥ. tat kasya hetoḥ? asaṃskṛta-prabhāvitā hy ārya-pudgalāḥ.

다시 또 스승께서는 수보리 장로에게 이렇게 물으시었다.

"수보리야, 너는 어떻게 생각하느냐? 여래가 이 위없이 올바른 깨달음이라고 하여 현재 깨닫고 있는 법이 무엇이 있겠는가? 또 여래에 의해서 가르쳐진 법이 무엇이 있겠는가?"

이렇게 물으시었을 때, 수보리 장로는 스승에게 이와 같이 대답하였다.

"스승이시여, 제가 스승께서 가르치신 말씀의 뜻을 이해한 바로서는, 여래께서는 이 위없이 올바른 깨달음을 얻으신 분이시지만 현재 깨닫고 계시는 법이라고 하는 것은 아무것도 없사옵니다.

또 여래께서 가르쳐 보여주셨다는 법도 없사옵니다.

그것은 왜 그런고 하오면 여래께서 현재 깨달으시고 가르쳐 주신 법이라는 것은 인식할 수도 없으며 입으로 설명할 수도 없기 때문입니다.

그것은 법도 아니고 법 아닌 것도 아니옵니다. 그것은 왜 그런가 하오면 성자(聖者)[1]들은 절대 그 자체에 의해서 나타나 있기 때문[2]이옵니다."

주

1) **성자**(聖者) 여기에서는 제불(諸佛)과 올바르게 깨달은 사람들을 말하는 것이다. 불교에서는 악에서 벗어나 진리를 깨닫고 미혹을 끊어 범부(凡夫)의 성품을 버린 사람을 가리킨다. 성자에게는 십성(十聖)이 있다(구마라습 한역 제7 주해 1)참조).

2) **절대 그 자체에 의해서 나타나 있기 때문** 원어 asaṃskṛta-prabhāvitā hy ārya-pudgalāḥ. 성자는 만들어진 것이 아니고 또 특징지워지는 것도 아니다. 단순한 현상적인 존재로부터 무한정한 절대자의 지위에까지 높여져 그 자체로서 자라고 있기 때문이다.

8

Bhagavān āha : tat kiṃ. manyase Subhūte yaḥ kaścit kulaputro vā kuladuhitā vemaṃ trisāhasramahāsāhasraṃ lokadhātuṃ sapta-ratnaparipūrṇaṃ kṛtvā Tathāgatebhyo' rhadbhyaḥ samyaksambuddhebhyo dānaṃ dadyāt, api nu sa kulaputro va kuladuhitā vā tato nidānaṃ bahutaraṃ puṇya-skandham prasunuyāt? Subhūtir āha : bahu Bhagavan bahu Sugata sa kulaputro vā kuladuhitā vā tato nidānaṃ puṇya-skand-haṃ prasunuyāt. tat kasya hetoḥ? yo' sau Bhagavan puṇya-skandhas Tathāgatena bhāṣitaḥ a-skandhaḥ sa Tathāgatena bhāṣitaḥ. tasmāt Tathāgato bhāṣate : puṇya-skandhaḥ puṇya-skandha iti.

Bhagavān āha : yaś ca khalu punaḥ Subhūte kulaputro vā kuladuhitā vemaṃ trisāhasramahāsāhasraṃ lokadhātuṃ sapta-ratna-paripūrṇaṃ kṛtvā Tathāgatebhyo' rhadbhyaḥ samyaksambuddhebhyo dānaṃ dadyāt, yaś ceto dharma paryāyād antaśaś catuṣpādikāṃ apigāthām udgṛhya parebhyo vistareṇa deśayet samprakāśayed, ayam eva tato indānaṃ bahutaraṃ puṇya-skandhaṃ prasunuyād aprameyam asaṃkhyeyam. tat kasya hetoḥ? ato nirjātā hi Subhūte Tathāgatānam arahtāṃ samyaksambuddhānām anuttarāsmyaksambodhir, ato nirjātāś ca Buddhā Bhagavantaḥ. tat kasya hetoḥ? buddhadharmā buddhadharmā iti Subhūte' buddhadhar māś caiva te Tathāgatena bhāṣitāḥ tenocyante buddhadharmā iti.

스승은 물으시었다.

"수보리야, 너는 어떻게 생각하느냐? 훌륭한 젊은이나 혹은 훌륭한 딸들이 이 끝없이 넓은 우주[1)]를 칠보로 채우고, 여래, 존경해야 할 사람, 올바르게 깨달은 사람에게 보시를 했다고 하면, 그 훌륭한 젊은이나 훌륭한 딸들이 그 일로 인해서 많은 공덕을 쌓은 것이 되겠느냐?"

수보리는 대답하였다.

"스승이시여, 복된 분이시여, 그 훌륭한 젊은이나 훌륭한 딸들은 그것으로 인해 많고 많은 공덕을 쌓은 것이 되옵니다. 그것은 왜 그런고 하오면 스승이시여, 여래께서 말씀하시기를 '공덕을 쌓는다고 하는 것은 공덕을 쌓지 않는다고 하는 것이니라.' 하셨기 때문입니다. 그러므로 여래께서는 '공덕을 쌓는다, 공덕을 쌓는다.'라고 설하신 것이옵니다."

스승은 말씀하시었다.

"또 실로 수보리야, 훌륭한 젊은이들이나 훌륭한 딸들이 있어서 이 끝없이 넓은 우주를 칠보로 가득 채우고, 여래, 존경해야 할 사람, 올바르게 깨달은 사람에게 보시를 한다 하더라도, 이 법문에서 사행시(四行詩) 하나라도 뽑아내어 다른 사람들을 위하여 자상하게 설명해 가르쳐 주는 자가 있다면, 이쪽이 이 일 때문에 더욱 많은, 측량할 수도 없고 셀 수도 없는 공덕을 쌓는 것이 되느니라. 그것은 왜 그러냐 하면 수보리야, 실로 여래와 존경해야 할 사람과 올바르게 깨달은 사람들의 이 위없는 올바른 깨달음도 이로부터 생겨났고, 또한 깨달은 사람인 세존(世尊)도 이로부터 태어났기 때문이니라. 그 까닭이 무엇이냐 하면 수보리야, '깨달은 사람들의 이법(理法)[2)],

깨달은 사람들의 이법이라는 것은 깨달은 사람의 이법이 아니다.'라고 여래는 설하고 있기 때문이니라. 그렇기 때문에 바로 여래의 이법이라고 말하는 것이니라."

주

1) **끝없이 넓은 우주** 원어 Trisāhasramahāsāhasro-lokadhātu. 삼천대천세계(三千大千世界)라 한역하고 있다. 불교 천문학에서는 천세계(千世界)가 모인 것을 소천세계(小千世界)라 하고, 이 소천세계가 천 개가 모인 것을 중천세계(中千世界)라 하고, 이 중천세계가 천 개가 모인 것을 대천세계(大千世界)라 한다. 이렇게 소천·중천·대천의 세 번의 천(千)이 거듭된 세계를 삼천대천세계라 하고 있다. 이렇게 천의 3승(三乘)의 세계이니 곧 10억(億)의 세계가 된다. 한없이 무수한 세계를 말하는 것이기 때문에 무한히 넓은 우주 또는 끝없이 넓은 우주라고 생각하면 된다(구마라습 한역 제8 주해 1)참조).

2) **이법**(理法) 불교의 원리와 거기에 따르는 법칙.

9

a) tat kiṃ manyase Subhūte, api nu srota āpannasyaivaṃ bhavati : mayā srota āpatti-phalaṃ prāptam iti? SUBHŪTIR āha : no hīdaṃ Bhagavan, na srota āpannasyaivaṃ bhavati : mayā srota āpatti-phalaṃ prāptam iti. tat kasya hetoḥ? na hi sa Bhagavan kaṃcid dharmam āpannaḥ. tenocyate srota āpanna iti. na rūpam āpanno na śabdān na gandhān na rasān na spraṣṭavyān na dharmān āpannaḥ. tenncyate srota āpanna iti. saced Bhagavan srota āpannasyaivaṃ bhaven : mayā srota āpatti-phalam prāptaṃ iti, sa eva tasya-ātma-grāho bhavet sattva-grāho jīva-grāhaḥ pudgala-grāho bhaved iti.

세존께서 말씀하시었다.

"수보리야, 너는 어떻게 생각하느냐? 영원한 평안에의 흐름을 탄 자[1)]가 '나는 영원한 평안에의 흐름을 탄 자라는 성과(成果)에 달하고 있다.'고 하는 생각을 일으킬 것이라고 생각하느냐?"

수보리가 대답하였다.

"스승이시여, 그러한 일은 없사옵니다. 영원한 평안에의 흐름을 탄 자가 '나는 영원한 평안에의 흐름을 탄 자의 성과에 도달해 있다.'는 생각을 일으킬 까닭이 없사옵니다. 왜냐하면 스승이시여, 실로 그는 아무것도 얻은 것이 아니기 때문이옵니다. 그러한 까닭에 '영원한 평안에의 흐름을 탄 자'라고 말하는 것이옵니다. 그는 형태를 얻은 것도 아니고, 소리나 향기나 맛이나 느낌의 대상이나 마음의 대상을 얻은 것도 아니옵니다. 그렇기 때문에 '영원한 평안에의 흐름을 탄 자'라고 말하는 것이옵니다. 스승이시여, 만약 영원한 평안에의 흐름을 탄 자가 '나는 영원한 평안에의 흐름을 탄 자라는 성과에 도달했다.'라고 한다면 그에게는 자아에 대한 집착이 있는 것이 되며, 살아 있는 것에 대한 집착, 개체에 대한 집착, 개인에 대한 집착이 있는 것이 될 것이옵니다."

b) Bhagavān āha : tat kiṃ manyase Subhūte, api nu sa kṛdāgāmina evaṃ bhavati : mayā sakṛdāgāmi-phalaṃ prāptam iti?

Subhūtir āha : no hīdaṃ Bhagavan, na sakṛdāgāmina evaṃ bhavati : mayā sakṛdāgāmi-phalaṃ prāptam iti. tat kasya hetoḥ? na hi sa kaśćid dharmo yaḥ sakṛdāgāmitvam āpannaḥ. tenocyate sakṛdāgāmi-iti.

스승은 물으시었다.

"수보리야, 너는 어떻게 생각하느냐? 다시 한 번 태어나서 깨달은 자[2)]가 '나는 다시 한 번 태어나서 깨달은 자의 성과에 도달했다.'라고 하는 생각을 일으킬 것인가?"

수보리는 대답하였다.

"스승이시여, 그런 일은 없사옵니다. 다시 한 번 태어나서 깨달은 자가 '나는 다시 한 번 태어나서 깨달은 자라는 성과에 도달했다.'라고 하는 생각을 일으킬 까닭이 없사옵니다. 그것은 왜 그런고 하오면 다시 한 번 태어나서 깨달은 자가 되었다고 하더라도, 그러한 것이 있을 리는 없기 때문이옵니다. 그렇기 때문에 '다시 한 번 태어나서 깨달은 자'라고 말하는 것이옵니다."

c) Bhagavān āha : tat kiṃ manyase Subhūte, api nv anāgāmina evaṃ bhavati : mayā-anāgāmi-phalaṃ prāptam iti?

Subhūtir āha : no hīdaṃ Bhagavan, na-anāgāmina evaṃbhavati : mayā-anāgāmi-phalaṃ prāptam iti. tat kasya hetoḥ? na hi sa Bhagavan kaścid dharmo yo' nāgāmitvam āpannaḥ. tenocyate' nāgami-iti.

스승은 물으시었다.

"수보리야, 너는 어떻게 생각하느냐? 이제는 결코 다시 태어나지 않을 자[3)]가 '나는 이제는 다시 태어나서 오지 않을 자라는 성과에 도달했다.'라는 생각을 일으킬 것인가?"

수보리는 대답하였다.

"스승이시여, 그러한 일은 없사옵니다. 이제는 다시 태어나 결코 오지 않을 자가 '나는 이제는 결코 다시 태어나 돌아오지 않을 자라는 성과에 도달했다.'라고 하는 생각을 일으킬 까닭이 없사옵니다. 그것은 왜 그런고 하오면 스승이시여, 실로 '이제는 결코 다시 태어나 돌아오지 않을 자가 있다.'고 하더라도, 그러한 것이 있을 리는 없기 때문이옵니다. 그렇기 때문에 '이제는 결코 다시 태어나서 돌아오지 않을 자'라고 말하는 것이옵니다."

d) Bhagavān āha : tat kiṃ manyase Subhūte, api nv arhata evaṃ bhavati : mayā-arhattvaṃ prāptam iti? Subhūtir aha : no hīdaṃ Bhagavan, na-arhata evaṃ bhavati : mayā-arhattvaṃ prāptam iti. tat kasya hetoḥ? na hi sa Bhagavan kaścid dharmo yo' rhan nāma. tenocyate' rhann iti. saced Bhagavann arhata evaṃ bhaven : mayā arhattvaṃ prāptam iti, sa eva tasya-ātma-grāho bhavet sattvagrāho jīva-grāhaḥ pudgala-grāho bhavet.

스승은 물으시었다.

"수보리야, 너는 어떻게 생각하느냐? 존경받을 만한 사람[4]이 '나는 존경받을 만한 사람이 되었다.'라는 생각을 일으킬 것인가?"

수보리는 대답하였다.

"스승이시여, 그러한 일은 없사옵니다. 존경받을 만한 사람이 '나는 존경받을 만한 사람이 되었다.'라는 생각을 일으킬 까닭이 없사옵니다. 그것은 왜 그런고 하오면 스승이시여, 실로 존경받을 만하다고 말할 만한 것은 아무것도 없기 때문이옵니다. 그렇기 때문에 '존경받을 만한 사람'이라고 말하는 것이옵니다. 스승이시여, 만약에 존경받을 만한 사람이 '나는 존경받을 만한 사람이 되었다.'라는 생각을 일으켰다고 하면, 그에게는 자아에 대한 집착이 있는 것이 되며, 살아 있는 것들에 대한 집착, 개체에 대한 집착, 개인에 대한 집착이 있다고 할 수 있을 것이기 때문이옵니다."

e) tat kasya hetoḥ? aham asmi Bhagavaṃs Tathāgatena-arhatā samyaksambuddhena-araṇā-vihāriṇām agryo nirdiṣṭaḥ. aham asmi Bhagavann arhan vītarāgaḥ. na ca me Bhagavann evaṃ bhavati : arhann asmy ahaṃ vītarāga iti. sacen mama Bhagavann evaṃ bhaven : mayā-arhattvaṃ prāptam iti, namām̥ Tathāgato vyākriṣyad : araṇā-vihāriṇām agryaḥ Subhūtiḥ kulaputro na kvacid viharati, tenocyate' raṇā-vihāry araṇā-vihāri-iti.

"그것은 왜냐하면 스승이시여, 여래와 존경해야 할 사람과 올바르게 깨달은 사람은 저를 두고 '다툼이 없는 경지를 즐기는 제1인자'[5]라고 말씀하셨기 때문이옵니다. 스승이시여, 저는 존경받을 만한 사람이며, 욕망을 떠나 있사옵니다. 그러나 스승이시여, 저는 '나는 존경받을 만한 사람이라거나 욕망을 떠나 있다.'라는 생각을 일으키지 않사옵니다. 스승이시여, 만약에 제가 '나는 존경받을 만한 상태에 도달해 있다.'라는 생각을 일으키고 있다면, 여래께서는 저를 두고 '훌륭한 젊은이인 수보리는 다툼을 떠난 경지를 즐기는 제1인자이며, 아무것에도 집착하지 않으므로 다툼을 떠난 자이다.'라고 단언하시지는 않았을 것이옵니다."

주

1) **영원한 평안에의 흐름을 탄 자** 예류과(預流果)의 범명(梵名)으로, 무루도(無漏道)에 처음 참례하여 들어간 지위인 수다원(須陀洹)을 말한다(구마라습 한역 제9 주해 1)참조).

2) **다시 한 번 태어나서 깨달은 자** 일래과(一來果)의 범명으로, 욕계의 사혹(思惑)을 끊지 못했기 때문에 이제 한 번 욕계에 태어나는 지위인 수다함(須陀含) 또는 사다함(斯陀含)을 말한다(구마라습 한역 제9 주해 4)참조).

3) **이제는 결코 다시 태어나지 않을 자** 욕계에서 죽어 색계(色界)와 무색계(無色界)에 태어나서 욕계에는 두 번 다시 태어나지 않는 아나함(阿那含)을 말한다(구마라습 한역 제9 주해 5)참조).

4) **존경받을 만한 사람** 소승(小乘)의 교법으로 수행하는 성문(聲聞) 사과(四果)의 제일 윗자리인 아라한(阿羅漢)을 말한다(구마라습 한역

제9 주해 7)참조).

5) **다툼이 없는 경지를 즐기는 제1인자** 원어 araṇā-vihāriṇām agryaḥ. 무쟁삼매(無諍三昧)라고 한역되고 있다. 무쟁은 공리(空理)에 철저히 안주(安住)하여 다른 것과 싸움이나 다툼이 없다는 말이다. 싸움이 없다는 것을 마음속에 갈등이 없는 것, 즉 미혹(迷惑)이 없는 것이다. 삼매는 산란한 마음을 한곳에 모아 흩어지게 하지 않고, 또 마음을 바르게 하여 하나의 대상에 마음을 집중시키는 일사불란의 경지를 말한다.

10

a) BHAGAVĀN āha : tat kiṃ manyase Subhūte, asti sa kaścid dharmo yas Tathāgatena Dīpaṅkarasya Tathāgatasya-arhataḥ samyaksambuddhasya-antikād udgṛhītaḥ?

SUBHŪTIR āha : no hidaṃ Bhagavan, na-asti sa kaścid dharmo yas Tathāgatena Dīpaṅkarasya Tathāgatatasya-arhataḥ samyaksambuddhasya-antikād udgṛhītaḥ?

스승은 물으시었다.

"수보리야, 너는 어떻게 생각하느냐? 여래가 존경받아야 할 분, 올바르게 깨달은 분인 디판카라(Dīpaṅkara)[1)]의 처소에서 얻어진 것이 무엇인가 있다고 생각하는가?"

수보리가 대답하였다.

"스승이시여, 그렇지 않사옵니다. 여래는 존경받을 만한 분, 올바르게 깨달은 분인 디판카라의 처소에서 얻은 것이라고는 아무것도 없사옵니다."

b) BHAGAVĀN āha : yaḥ kaścit Subhūte bodhisattva evaṃ vaded : ahaṃ kṣetra-vyūhān niṣpādayiṣyāmi-iti, sa vitathaṃ vadet. tat kasya hetoḥ? kṣetra-vyūhāḥ kṣetra-vyūhā iti Subhūte, vyūhās te Tathāgatena bhāṣitāḥ. tenocyante kṣetra-vyūhā iti.

스승은 말씀하시었다.

"수보리야, 만약에 어떤 구도자가 '나는 국토의 건설[2)]을 이룩하리라.'라고 말했다면, 그는 잘못된 말을 한 것이 되는 것이다. 그것은 왜냐하면 수보리야, 여래는 '국토의 건설이라는 것은 건설이 아닌 것이다.'라고 설하셨기 때문이다. 그렇기 때문에 바로 '국토의 건설'이라고 불리는 것이다."

c) tasmāt tarhi Subhūte bodhisattvena mahāsattvenaivam apratiṣṭhitaṃ cittam utpādayitavyaṃ yan na kvacit-pratiṣṭhitaṃ cittam utpādayitavyam, na rūpapratiṣṭhitaṃ cittam utpādayitavyaṃ na śabda-gandharasa spraṣṭavya-dharma-pratiṣṭhitaṃ cittam utpādayitavyam. tad yathāpi nāma Subhūte puruṣo bhaved upeta-kāyo mahākāyo yat tasyaivaṃrūpa ātma-bhāvaḥ syāt tad yathāpi nāma Sumeruḥ parvata-rājā, tat kiṃ manyase Subhūte api nu mahān sa ātma-bhāvo bhavet?

Subhūtir āha : mahān sa Bhagavan mahān Sugata sa ātma-bhāvo bhavet. tat kasya hetoḥ? ātma-bhāva ātma-bhāva iti Bhagavann a-bhāvaḥ sa Tathāgatena bhāṣitaḥ. tenocyata ātma-bhāva iti. na hi Bhagavan sa bhāvo na-abhāvaḥ. tenocyata ātma-bhāva iti.

"그러므로 수보리야, 구도자와 훌륭한 사람들은 집착하지 않는 마음을 일으켜야만 한다. 무엇인가에 집착된 마음을 일으켜서는 안 된다. 형태에 집착된 마음을 일으켜서는 안 된다. 소리나, 향기나, 맛이나, 느낌이나, 마음의 대상에 집착된 마음을 일으켜서는 안 된다. 수보리야, 가령 여기에 어떤 사람이 있다고 하자. 그 몸은 정제(整齊)되고 크며[3)], 산의 왕인 수미산(須彌山)과 같다고 한다면 수보리야, 너는 어떻게 생각하겠느냐? 그의 몸은 크다고 생각하겠느냐?"

수보리는 대답하였다.

"스승이시여, 그것은 크다 하겠사옵니다. 복되신 분이시여, 그 몸은 크다 뿐이옵니까. 왜냐하면 스승이시여, 여래께서는 '몸, 몸 하고 말하지만 그러한 것은 없다.'고 말씀하셨기 때문이옵니다. 그렇기 때문에 바로 몸이라고 말하는 것이옵니다. 스승이시여, 그것은 유(有)도 아니고 또한 무(無)도 아닌 것이옵니다. 그렇기 때문에 바로 '몸'이라 불리는 것이옵니다."

주

1) **디판카라**(Dīpaṅkara) 원어는 디판카라 타트하가타(Dīpaṅkara-Tathāgata)인데 생략해서 디판카라라 하고 연등불(燃燈佛) 또는 정광불(錠光佛)이라 의역하고 있다. 석존 이전에 나타났다고 전하는 24명의 과거세(過去世)의 부처님의 한 분으로, 석존이 전생에 이 부처에게서 후일 성자(聖者)가 되리라는 수기(授記)를 받았다고 한다(구마라습 한역 제10 주해 1)참조).

2) **국토의 건설** 원어는 크세트라 브유하(kṣetra-vyūha). 브유하는 배치(配置), 배열(配列), 장식(裝飾)의 뜻이고, 구마라습의 번역에서는 장엄불토(莊嚴佛土)라고 하고 있다. 여기에서는 불국토(佛國土)가 알맞을 것 같다(구마라습 한역 제10 주해 3)참조).

3) **그 몸은 정제되고 크다** 원문은 우페타 카요 마하카야(upeta-kāyo mahākāyo)이다. 원문을 직역하면 '몸을 갖추고 있고 큰 몸이 있는'이 된다. 우페타 카요란 '그 몸은 잘 갖추어져 있고'라는 뜻일 것이며, 신체의 뛰어난 상이 있음을 의미하고 있는 것이라 보아야 한다. 그런 의미로 해서 세존의 특징인 32상(相)이 갖추어진 것을 말하는 것이라고 보아야 할 것 같다.

11

Bhagavān āha : tat kiṃ manyase Subhūte yāvatyo Gaṅgāyāṃ mahānadyāṃ vālukās tāvatya eva Gaṅga-nadyo bhaveyuḥ, tāsu yā valukā api nu tā bahavyo bhaveyuḥ?

Subhūtir āha : tā eva tāvad Bhagavan bahavyo Gaṅgā-nadyo bhaveyuḥ, prāg eva yās tāsu Gaṅgā-nadīṣu vālukāḥ.

Bhagavān āha : ārocayāmi te Subhūte prativedayāmi te yāvatyas tāsu Gaṅgā-nadīṣu vālukā bhaveyus, tāvato lokadhātūn kaścid eva strī vā puruṣo vā saptaratna paripūrṇaṃ kṛtvā Tathāgatebhyo' rhadbhyah samyakambuddhebhyo dānam dadyāt, tat kiṃ manyase Subhūte, api nu sā strī vā puruṣo vā tato nidānaṃ bahu puṇyaskandhaṃ prasunyāt?

Subhūtir āha : bahu Bhagavan bahu Sugata strī vā puruṣo vā tato nidānaṃ puṇya-skandhaṃ prasunuyād aprameyam asaṃkhyeyam.

Bhagavān āha : yaś ca khalu punaḥ Subhūte stri vā puruṣo vā tāvato loka-dhātūn sapta-ratna-paripūrṇaṃ kṛtvā Tathāgatebhyo' rhadbhyaḥ samyaksambuddhebhyo dānaṃ dadyāt, yaś ca kulaputro vā kuladuhitā veto dharma-paryāyād antaśaś catuṣpādikām api gāthām udgṛhya parebhyo deśayet samprakāśayed, ayam eva tato nidānaṃ bahutaraṃ puṇyaskandhaṃ prasunuyād aprameyam asaṃkhyeyam.

스승은 물으시었다.

"수보리야, 너는 어떻게 생각하느냐? 갠지스[1] 큰 강의 모래알만큼이나 갠지스강이 있다고 하자. 그 많은 강들에 있는 모래알은 얼마나 많겠느냐?"

수보리는 대답하였다.

"스승이시여, 매우 많사옵니다. 그렇게 많은 갠지스강의 수만 하더라도 굉장한 수이온데, 하물며 그렇게 많은 갠지스강의 그 모든 모래알 수에 이르러서는 더 이상 말할 여지가 없사옵니다."

스승은 말씀하시었다.

"나는 너에게 말하리라. 수보리야, 네가 충분히 이해하도록 설명하리라. 그 많은 갠지스강에 있는 모래알만큼이나 되는 세계를, 어떤 여자이거나 어떤 남자이거나 간에 일곱 가지의 보물(七寶)로 가득 채우고, 여래, 존경받을 만한 분, 올바르게 깨달으신 분에게 보시를 했다고 하자. 수보리야, 너는 어떻게 생각하느냐? 그 여자나 남자가 그 일로 인해 많은 공덕을 쌓은 것이 되겠느냐?"

수보리가 대답하였다.

"스승이시여, 행복한 분이시여, 그 여자나 혹은 남자가 그 일로 인하여 많고 많은, 측량할 수도 없고 셀 수도 없는 공덕을 쌓은 것이 되옵니다."

스승은 말씀하시었다.

"실로 수보리야, 어떤 여자나 혹은 남자가 그렇게 많은 세계를 일곱 가지의 보물로 채워서 여래, 존경받을 만한 분, 올바르게 깨달은 분에게 보시를 한다 할지라도, 만약 훌륭한 젊은이나 혹은 훌륭한 딸이 이 법문(法文)[2] 안에서 사행시(四行詩) 하나만이라도 꺼내어서 남을 위해 보여주고, 설해 들려준다면, 이쪽이 이 일을 위하여 더한층 많은 측량할 수도 없고 셀 수도 없는 공덕을 쌓은 것이 되느니라."

주

1) **갠지스** 구마라습 한역에서는 항하(恒河)로 번역되고 있다(구마라습 한역 제11 주해 1)참조).

2) **법문**(法文) 아얌 다르마파리야야(ayaṃ dharma-paryāyaḥ)의 번역. 법문은 세존법(世尊法), 경전(經典), 경(經)이라고 각기 번역하고 있으나 법문은 단지 경전이라는 뜻이 되는 것이다.

12

api tu khalu punaḥ Subhūte yasmin pṛthivī-pradeśa ito dharma-paryāyād antaśaś catuṣpādikām api gāthām udgṛhya bhāṣyeta vā samprakāśyeta vā, sa pṛthivīpradeśaś caityabhūto bhavet sa-deva-mānuṣa-asurasya lokasya : kaḥ punar vādo ya imaṃ dharma-paryāyaṃ sakala-samāptaṃ dhārayiṣyanti vācayiṣyanti paryavāpsyanti parebhyaś ca vistareṇa samprakāśayiṣyanti, parameṇa te Subhūte āścaryeṇa samanvāgatā bhaviṣyanti. tasmiṃś ca Subhūte pṛthivi-pradeśe śāstā viharaty anyatara-anyataro vā vijña-guru-sthānīyaḥ.

"그런데 또 수보리야, 어떠한 지방에서든지 이 법문(法文)에서 사행시 하나라도 들어 얘기하거나 설해 들려준다거나 하면, 그 지방은 신들과 인간과 아수라(阿修羅)[1]들을 포함한 세계 속에서 부처님의 탑묘(塔墓)와도 같은 곳이 될 것이다. 하물며 이 법문을 남김없이 기억하고, 읽고, 연구하고, 남을 위하여 자상하게 설해 들려주는 자가 있다고 하면 수보리야, 그들은 '최고의 기서(奇瑞)를 갖춘 자'가 될 것임에 분명하지 않겠느냐.

수보리야, 그러한 지방에는 스승으로 우러러 받들어지는 자가 살며, 또 갖가지의 총명한 스승의 지위에 있는 자[2]가 살게 되는 것이다."

주

1) **아수라**(阿修羅) 원어는 Asura. 인도에서 가장 오래된 신(神)의 하나인데, 특히 뛰어난 성령(性靈)이란 뜻으로 쓰이다가 중기 이후에는 성을 잘 내고 덕이 모자라며 싸우기를 좋아해서 천(天)·인(人)이 모두 못 되었다고 한다. 불교에서는 일종의 악신(惡神)이라고 생각되어왔다(구마라습 한역 제12 주해 3)참조).

2) **총명한 스승의 지위에 있는 자** 원문 비즈냐 구루 스타니야(vijña-guru-sthānīyaḥ)의 번역어. 한역에서는 '부처님'이나 혹은 '존중받는 제자(爲有佛 若尊重弟子)'로 되어 있다.

13

a) evam ukta āyuṣmān SUBHŪTIR Bhagavantam etad avovat: ko nāma-ayaṃ Bhagavan dharma-paryāyāḥ, kathaṃ cainaṃ dhārayāmi?

evam ukte BHAGAVĀN āyuṣmantaṃ Subhūtim etad avocat: prajñāpāramitā nāma-ayaṃ Subhūte dharma-paryāyaḥ, evaṃ cainaṃ dhāraya. tat kasya hetoḥ? yaiva Subhūte prajñāpāramitā Tathāgatena bhāṣitā saiva-a-pāramitā Tathāgatena bhāṣitā. tenocyate prajñāpāramiteti.

이와 같이 말씀하셨을 때, 수보리 장로는 스승을 향하여 다음과 같이 물었다.

"스승이시여, 이 법문의 이름은 무엇이라고 해야 하겠사옵니까? 또 이것을 어떻게 기억했으면 좋겠사옵니까?"

이와 같이 물었을 때 스승은 수보리 장로를 향하여 다음과 같이 대답하시었다.

"수보리야, 이 법문은 '지혜의 완성'이라고 불린다. 이와 같이 기억해둠이 좋다. 그것은 왜냐하면 수보리야, '지혜의 완성은 지혜의 완성이 아니다.'라고 여래에 의해서 설해지고 있기 때문이다. 그러니 '지혜의 완성'이라고 불리는 것이다."

b) tat kiṃ manyase Subhūte api nv asti sa kaścid dharmo yas Tathāgatena bhāṣitaḥ?

SUBHŪTIR āha : no hīdaṃ Bhagavan, na-asti sa kaścid dharmo yas Tathāgatena bhāsitaḥ.

"수보리야, 너는 어떻게 생각하느냐? 여래에 의해서 설해진 법이라는 것이 무엇인가 있다고 생각하느냐?"

수보리는 대답하였다.

"스승이시여, 그러한 것은 없사옵니다. 여래에 의해서 설해진 법이라는 것은 아무것도 없사옵니다."

c) BHAGAVĀN āha : tat kiṃ manyase Subhūte yāvat trisāhasramāhāsāhasre-loka-dhātau pṛthivī-rajaḥ kaccit tad bahu bhavet?

SUBHŪTIR āha : bahu Bhagavan bahu Sugata pṛthivīrajo bhavet. tat kasya hetoḥ? yat tad Bhagavan pṛthivīrajas Tathāgatena bhāṣitam a-rajas tad Bhagavaṃs Tathāgatena bhāṣitam. tenocyate pṛthivī-raja iti. yo'py asau loka-dhātus Tathāgatena bhāṣito, dhātuḥ sa Tathāgatena bhāṣitaḥ. tenocyate lokadhātur iti.

스승은 물으시었다.

"수보리야, 너는 어떻게 생각하느냐? 이 한없이 넓은 우주의 대지[1]의 티끌을 많다 할 것인가?"

수보리는 대답하였다.

"스승이시여, 그것은 많고도 많사옵니다. 행복한 분이시여, 그것은 많고도 많사옵니다. 왜냐하면 스승이시여, '대지의 티끌은 대지의 티끌이 아니다.'라고 여래께서는 말씀하셨기 때문이옵니다. 그렇기 때문에 대지의 티끌이라고 불리는 것이옵니다. 또 '이 세계는 세계가 아니다.'라고 여래께서는 설하셨기 때문입니다. 그렇기 때문에 '세계'라고 불리는 것이옵니다."

d) Bhagavān āha : tat kiṃ manyase Subhūte dvātriṃśan mahāpuruṣa-lakṣaṇais Tathāgato rhan samyaksambuddho draṣṭavyaḥ?

Subhūtir āha : no hīdam Bhagavan, na dvātrihṃśan-mahāpuruṣa-lakṣaṇais Tathāgato'rhan saṃyaksambuddho draṣṭavyaḥ. tat kasya hetoḥ? yāni hi tāni Bhagavan dvātriṃśan-mahāpuruṣa-lakśaṇāni Tathāgatena bhāṣitāny, a-lakṣaṇāni tāni Bhagavaṃs Tathāgatena bhāṣitāni. tenocyante dvātriṃśan-mahāpuruṣa-lakṣaṇāni-iti.

스승은 물으시었다.

"수보리야, 너는 어떻게 생각하느냐? 여래, 존경할 만한 분, 올바르게 깨달은 분은 위대한 인물이 갖추고 있는 32가지의 특징으로 구별될 수 있을 것 같으냐?"

수보리는 대답하였다.

"스승이시여, 그렇지 않사옵니다. 여래, 존경할 만한 분, 올바르게 깨달은 분은 위대한 인물에 갖추어지는 32가지 특징에 의해 구별되는 것은 아니옵니다. 그것은 왜냐하면 참으로 스승이시여, '위대한 인물에 갖추어지는 32가지의 특징은 특징이 아니다.'라고 여래께서는 설하셨기 때문입니다. 그렇기 때문에 '위대한 인물에 갖추어진 32가지의 특징'이라고 불리는 것이옵니다."

e) Bhagavān āha : yaś ca khalu punaḥ Subhūte stri vā

puruṣo vā dine dine Gaṅgā-nadī-vālukā-samān ātmabhāvān parityajet, evaṃ parityajan Gaṅgā-nadī-vālukā-samān kalpāṃs tān ātmabhāvān parityajet, yaś ceto dharma-paryāyād antaśaś catuṣpādikām api gāthām udgṛhya parebhyo deśayet samprakāśayed, ayam eva tato nidānaṃ bahutaraṃ puṇya-skandhaṃ prasunuyād aprameyam asaṃkhyeyam.

스승은 말씀하시었다.

"그런데 또 참으로 수보리야, 어떤 여자 또는 남자가 매일 갠지스강의 모래알 수만큼의 횟수로 몸을 바쳤는데, 이와 같이 바치기를 계속하여 갠지스강의 모래알 수만큼의 무한한 시간 동안 그 몸을 계속해서 바쳤다고 하더라도, 이 법문 안에서 사행시 하나라도 꺼내어 남을 위해 가르치고 설하여 들려주는 자가 있다고 한다면, 이쪽이 이 일 때문에 더한층 많은, 측량할 수 없고 셀 수도 없는 공덕을 쌓는 일이 되는 것이다."

주

1) **한없이 넓은 우주의 대지** 원어는 trisāhasramāhāsāhasre-lokadhātau. 한역에서는 삼천대천세계(三千大千世界)라고 되어 있다(구마라습 한역 제8 주해 1)참조).

14

a) atha khalvāyuṣmān SUBHŪTIR dharma-vegena-aśrūṇi prāmuñcat, so'śrūṇi pramṛjya Bhagavantam etad avocat : āścaryaṃ Bhagavan parama-āścaryaṃ Sugata, yāvad ayaṃ dharma-paryāyas Tathāgatena bhāṣito, gra-yānas-aṃprasthi-tānāṃ sattvānām arthāya śreṣṭha-yāna-saṃpra-sthitānāṃ arthāya, yato me Bhagavañ jñānam utpannam. na mayā Bhagavañ jātv evaṃrūpo dharma-paryāyaḥ śruta-pūrvaḥ. paramena te Bhagavann āścaryeṇa samanvāgatā bodhisattvā bhaviṣyanti ya iha sūtre bhāṣyamāṇe śrutvā bhūta-saṃjñām utpādayiṣyanti. tat kasya hetoḥ? yā caiṣā Bhagavan bhūta-samjñā saiva-abhūta-saṃjñā. tasmāt Tathāgato bhāṣate bhūta-saṃjñā bhūta-saṃjñeti.

그때에 수보리 장로는 법에 감동하여 눈물을 흘렸다. 그는 눈물을 닦고 나서 스승을 향하여 이와 같이 말하였다.

"스승이시여, 훌륭하시옵니다. 행복하신 분이시여, 아주 훌륭한 일이옵니다. '이 위없는 도(道)를 향하는 사람들'을 위하여, '가장 훌륭한 도를 향하는 사람들'을 위하여 이 법문을 여래께서는 설해 주셨다고 하는 것은 참으로 훌륭한 일이옵니다. 그리고 스승이시여, 그것에 의해서 저희들에게는 지혜가 생겼습니다. 스승이시여, 저는 이와 같은 종류의 법문을 아직까지 들은 일이 없사옵니다. 스승이시여, 이 경이 설해지는 것을 듣고, 진실이라고 하는 생각을 일으키는 구도자는 이 위없는 훌륭한 성질을 갖춘 사람들일 것이옵니다. 그것은 왜냐하면 스승이시여, 진실이라는 생각은 진실이 아니라고 하는 생각이기 때문이옵니다. 그렇기 때문에 여래는 '진실이라고 하는 생각, 진실이라고 하는 생각'이라고 설하신 것이옵니다."

b) na mama Bhagavan duṣkaraṃ yad aham imaṃ dharma-paryāyaṃ bhāṣyamāṇam avakalpayāmy adhimucye. ye pi te Bhagavan sattvā bhaviṣyanty anāgate' dhvani paścime kāle paśime samaye paścimāyāṃ pañca-śatyāṃ sad-dharma-vipralope vartamāne, ya imaṃ Bhagavan dharma-paryāyam udgrahīṣyanti dhārayiṣyanti vācayiṣyanti paryavāpṣyanti parebhyaś ca vistareṇa samprakāśayiṣyanti, te parama-āścaryeṇa samanvāgatā bhaviṣyanti.

"그러하오나 스승이시여, 이 법문이 설해졌을 때에 제가 그것을 받아들여 이해한다고 하는 것은 그다지 어려운 일은 아닌 것이옵니다. 그러하오나 스승이시여, 이제부터 앞으로 후세의 제2의 500년대에 이르러 올바른 가르침이 망할 즈음에 어떤 사람들이 법문을 들어서 기억하고, 외우고, 연구하고, 다른 사람들을 위해서 자상하게 설할 것인데, 그 사람들은 가장 훌륭한 성질을 갖춘 사람들이 될 것이옵니다."

c) api tu khalu punar Bhagavan na teṣām ātmasaṃjñā pravartiṣyate, na sattva-saṃjñā na jīva-saṃjñā na pudgala-saṃjñā pravartiṣyate, na-api teṣāṃ kācit saṃjñāna-a-saṃjñā pravartate. tat kasya hetoḥ? yāsa Bhagavann ātma saṃjñā saiva-a-saṃjñā, yā sattva-saṃjñā jīva-saṃjñā pudgala-saṃjñā saiva-a-saṃjñā. tat kasya hetoḥ? sarva-saṃjñā-apagatā hi Buddhā Bhagavantaḥ.

"그러하오나 스승이시여, 참으로 이러한 사람들에게는 '자기'라고 하는 생각이 일어나지 않으며, 살아있는 것들이라는 생각도, 개체라는 생각도, 개인이라는 생각도 일어나지 않을 것이옵니다. 또한 그러한 사람들에게는 '생각한다는 일'도 '생각하지 않는다는 일'도 일어나지 않을 것이옵니다. 그것은 왜냐하면 스승이시여, '자기'라고 하는 생각은 '생각하지 않는다는 것' 이외에 아무것도 아니며, 살아 있는 것들이라는 생각도, 개체라고 하는 생각도, 개인이라고 하는 생각도 '생각하지 않는다는 것'과 다를 바가 없기 때문이옵니다. 그것은 왜냐하면 부처님이신 세존(世尊)은 일체의 생각을 멀리 떠나 있기 때문이옵니다."

d) evam ukte Bhagavān āyuṣmantam Subhūtim etad avocat : evam etat Subhūte evam etat. parama-āścarya-samanvāgatās te sattvā bhaviṣyanti ya iha Subhūte sūtre bhāṣyamāṇe nottrasiṣyanti na samtrasiṣyanti na saṃtrāsam āpatsyante. tat kasya hetoḥ? paramāparamiteyaṃ Subhūte Tathāgatena bhāṣitā yaduta-a-pāramitā. yāṃ ca Subhūte Tathāgataḥ parama-pāramitāṃ bhāṣate, tām aparimāṇā-api Buddhā Bhagavanto bhāṣante, tenocyate parama-pāramiteti.

이와 같이 말했을 때, 스승은 수보리 장로에게 말씀하시었다.
"그러하니라. 수보리야, 그러하니라. 이 경(經)이 설해질 때에 놀라지 않고, 두려워하지 않고, 공포에 떨지 않는 사람들은 위없이 훌륭한 성질을 갖춘 사람들인 것이다. 그것은 왜냐하면 수보리야, 여래가 설한 이 '최상의 완성'은, 실은 완성이 아니기 때문이다. 또한 수보리야, 여래가 '최상의 완성'이라고 설한 그것은 헤아릴 수 없이 많은 깨달으신 분과 세존이 또한 설하고 있기 때문이다. 그렇기 때문에 '최상의 완성자'라고 말하는 것이다."

e) api tu khalu punaḥ Subhūte yā Tathāgatasya kṣāntipāramitā saiva-a-pāramitā. tat kasya hetoḥ? yadā me Subhūte Kalinga rājā-anga-pratyanga-māṃsāny acchaitsit, tasmin samaya ātma-saṃjñā vā sattva-saṃjña vā jīva-saṃjñā vā pudgala-saṃjñā vā na-api me kācit saṃjñā vā-a-saṃjñā vā babhūva. tat kasya hetoḥ? sacen me Subhūte tasmin samaya ātma-samjñā-abhaviṣyad vyāpāda-saṃjñā-api me tasmin samaye bhaviṣyat. sacet sattva-saṃjñā jīva-saṃjñā pudgala-saṃjñā-abhaviṣayd, vyāpāda-saṃjñā-api me tasmin samaye' bhavisyat. tat kasya hetoḥ? abhijānāmy ahaṃ Subhūte'tīte' dhvani pañca-jāti-śatāni yad ahaṃ Kṣāntivādi ṛṣir abhūvam. tat-ra-api me na-ātma-saṃjñā babhūva, na sattva-samjñā na jīva-saṃjñā na pudgala-samjñā babhūva. tasmāt tarhi Subhūte bodhisattvena mahāsattvena sarva-saṃjñā-viva-rjayitvā-anuttarāyāṃ samyaksambodhau cittam utpāday-itavyam. na rupa -pratiṣṭhitaṃ cittam utpāday-itavyam, na śabda-gandha-asa-spraṣṭavya-dharma-pratiṣṭhitaṃ cittam utpāday-itavyam, na dharma-pratiṣṭhitaṃ cittam utpāday-itavyam, na dharma-pratiṣṭhitaṃ cittam utpāday-itavyam, na kvacit-pratiṣṭhitam cittam utpāday-itavyam. tat kasya hetoḥ? yat partiṣṭhitaṃ tad eva-apratiṣṭhitam. tasmād eva Tathāgato bhāṣate : apratiṣṭhitena bodhisattvena dānaṃ dātavyam. na rupaśabdagandha-rasa-spraṣṭavya-dharma-pratiṣṭhitena dānaṃ dātavyam.

"그런데 수보리야, 실로 여래에게 있어서의 인내의 완성은 실은 완성이 아닌 것이다. 그것은 왜냐하면 수보리야, 일찍이 어떤 악왕(惡王)[1]이 나의 몸과 손발에서 살점을 도려낸 그때에도 나에게는 자아라는 생각도, 살아 있는 것이라는 생각도, 개체라는 생각도, 개인이라는 생각도 없었으며, 게다가 생각한다는 것도 생각하지 않는다는 것도 없었던 것이기 때문이다. 그것은 왜냐하면 수보리야, 만약 그때 나에게 '자아'라는 생각이 있었다고 한다면 그때에 또한 내게는 '원망하는 마음'이 있었을 것이 분명하며, 만약에 살아 있는 것이라는 생각이나, 개체라고 하는 생각이나, 개인이라고 하는 생각이 있었다고 한다면 그때에 또한 나에게는 '원망하는 생각'이 있었을 것이 분명하기 때문이다. 그것은 왜냐하면 수보리야, 나는 분명히 기억하고 있다. 과거세(過去世)에 500생애 동안 내가 '인내를 설하는 자'라는 이름의 선인(仙人)[2]이었다는 것을. 그때에 나에게는 자아라고 하는 생각이 없었으며, 살아있는 것이라는 생각도 없었고, 또 개체라는 생각도 없었고, 개인이라는 생각도 없었기 때문이다.

그렇기 때문에 수보리야, 구도자와 훌륭한 사람들은 일체의 생각을 버리고, 이 위없이 올바른 깨달음의 마음을 일으켜야만 한다. 형태에 집착하는 마음을 일으켜서는 안 된다. 소리나, 향기나, 느낌이나, 마음의 대상에 집착하는 마음을 일으켜서는 안 된다. 법(法)에 집착하는 마음을 일으켜서는 안 된다.

법 아닌 것에 집착하는 마음을 일으켜서는 안 된다. 어떠한 것에도 집착하는 마음을 일으켜서는 안 된다. 그것은 왜냐하면 '집착하고 있다'는 것은 집착하고 있지 않다는 것이 되기 때문이다. 그렇기 때문에 여래는 '구도자는 집착하는 마음이 없이 보시를 행하지 않으면 안 된다. 형태나, 소리나, 향기나, 느낌이나, 마음의 대상에 집착하지 않고 보시를 행하지 않으면 안 된다.'고 설했던 것이다."

f) api tu khalu punaḥ Subhūte bodhisattvenaiva-ṃrūpo dāna-parityāgaḥ kartavyaḥ sarva-sattvānām arthāya. tat kasya hetoḥ? yā caiṣā Subhūte sattvā-saṃjñā saiva-a-saṃjñā. ya evaṃte sarva-sattvās Tathāgatena bhāsitās ta eva-a-sattvāḥ. tat kasya hetoḥ? bhūta-vādī Subhūte Tathāgataḥ satyavādī tathāvādy ananyathāvādī Tathāgataḥ. na vitatha-vādi Tathāgataḥ.

"그런데 또 수보리야, 실로 구도자의 모든 살아 있는 것들을 위하여 보시를 행하지 않으면 안 된다. 그것은 왜냐하면 수보리야, 이 '살아 있는 것'이라는 생각은 '생각이 아닌 것' 이외에 다른 아무것도 아니기 때문이다. 이와 같이 여래가 모든 '살아 있는 것'이라고 설한 것들은 실은 살아 있는 것이 아니다. 그것은 왜냐하면 수보리야, 여래는 진실을 말하는 자이며, 진리를 말하는 자이며, 있는 그대로 말하는 자이며, 틀림없이 말하는 자이기 때문이다. 여래는 거짓을 말하는 자가 아닌 것이다."

g) api tu khalu punaḥ Subhūte yas Tathāgatena dharmo 'bhisambuddho deśito nidhyāto, na tatra satyaṃ na mṛṣā. tadyathā-api nāma Subhūte puruṣo 'ndhakāra-praviṣṭo na kiṃcid api paśyet, evaṃ vastupatito bodhisattvo draṣṭavyo yo vastu-patito dānaṃ parityajati. tadyathā-api nāma Subhūte cakṣuṣmān puruṣaḥ prabhātāyāṃ rātrau sūrye' bhyudgate nānāvidhāni rūpāṇi paśyet, evama-vastu-patito bodhisattvo draṣṭavyo yo'vastu-patito dānaṃ parityajati.

"그런데 또 수보리야, 실로 여래가 깨닫고, 보여주고, 생각을 한 법 가운데에는 진리도 없고 허망(虛妄)도 없다. 수보리야, 이것을 비유로 들어 말하면, 설사 눈이 있다 하더라도 어둠속에 들어가 있는 사람이 아무것도 보지 못함과 같다. 여러 가지 일 가운데 떨어진 구도자[3]들도 그와 같이 보아야 할 것이다. 여러 가지 것들 가운데 떨어져 있는 상태에서 보시를 베푸는 것이다. 수보리야, 또 이것을 비유를 들어 말한다면, 눈이 있는 사람이 밤이 새고 해가 떠올랐을 때에 갖가지 무늬를 볼 수 있는 것과 같다. 사물 가운데 떨어져 있지 않는 구도자도 그와 같이 보아야 할 것이다. 그들은 사물 가운데 떨어지지 않고 보시를 베푸는 것이다."

h) api tu khalu punaḥ Subhūte ye kulaputrā vā kuladuhitaro vemaṃ dharmaparyāyam udgrahīṣyanti dhārayiṣyanti vācayiṣyanti paryavāpsyanti parebhyaś ca vistareṇa samprakāśayiṣyanti, jñātās te Subhūte Tathāgatena buddha-jñānena, dṛṣṭās te Subhūte Tathāgatena buddha-cakṣuṣā, buddhās te Tathāgatena. sarve te Subhūte sattvā aprameyam asamkhyeyaṃ puṇya-skandaṃ prasaviṣyantī pratigrahīṣyanti.

"그런데 수보리야, 참으로 훌륭한 젊은이들과 훌륭한 딸들이 이 법문을 들어 기억하고 외우고 이해하고 다른 사람들을 위해 자상하게 설하여 들려준다고 하자. 수보리야, 여래는 깨달은 사람의 지혜로 이러한 사람들을 알고 있다. 수보리야, 여래는 이와 같은 사람들을 익히 알고 있다. 수보리야, 이러한 모든 사람들은 측량할 수 없고 셀 수도 없는 복덕을 쌓아 자기 것으로 하게 될 것이 분명한 것이다."

주

1) **악왕**(惡王) 범어 kali의 의역인 듯하다. 가리왕(歌利王)으로 한역되고 있다. 세존이 전생에 인욕선인(忍辱仙人)이 되어 산중에서 인욕수행을 하고 있을 때, 세존을 자기의 시녀들을 유혹한 자라고 매도하고 몸을 찌르고 뼈를 마디마디 자르고 사지를 찢은 왕이라는 뜻으로 악생무도왕(惡生無道王)으로 의역되어 악왕(惡王)으로 생략된 것 같다(구마라습 한역 제14 주해 7)참조).

2) **인내를 설하는 자라는 이름의 선인**(仙人) 원어 Kṣāntivādin. 인욕선인이라 한역되고 있다.

3) **여러 가지 일 가운데 떨어진 구도자** 원어는 vastu-patita로 '사로잡히다'라는 뜻이 있다. 즉 사물에 마음이 사로잡혀 사물에 집착하는 상태를 말한다.

15

a) yaś ca khalu punaḥ Subhūte strī vā puruṣo vāpurva-āhna-kāla-samaye Gaṅgā-nadī-vālukā-samān ātmabhāvan parityajet, evaṃ madhya-āhṇa-kāla-samaye Gaṅgā-nadī-vālukā-samān ātmabhāvān parityajet, sāya-āhṇa kāla-samaye Gaṇgā-nadī-vālukā-samān ātmabhāvān parityajet, anena paryāyeṇa bahūni kalpa-koti-niyuta-śata-sahasrāṇy ātmabhāvān parityajet : yas cemaṃ dharmaparyāyam śrutvā na pratikṣipet, ayam eva tato nidānaṃ bahutaraṃ puṇyaskandhaṃ prasunuyād aprameyaṃ asamkhyeyam. kaḥ punar vādo yo likhitvodgṛhṇīyād dhārayed vācayet paryavāpnuyāt parebhyaś ca vistareṇa samprakāśayet.

"또 수보리야, 여자 혹은 남자가 있어 오전중에 갠지스강의 모래알 수만큼의 횟수로 몸을 바치고, 또 마찬가지로 낮에도 갠지스강의 모래알 수만큼의 횟수로 몸을 바치고, 저녁에도 갠지스강의 모래알 수만큼의 횟수로 몸을 바치고, 이런 방법으로 무한히 긴 기간[1)] 동안 몸을 바친다고 해도, 이 법문을 듣고 비방한다든지 하지 않는다면 이쪽이 이 때문에 더욱 많은, 측량할 수 없고 셀 수도 없는 복덕을 쌓는 것이 될 것이니, 하물며 베껴쓰는 것으로부터 배우고 기억하고 외우고 이해하고 남에게 자상하게 설하여 들려주는 자가 있다면 말할 필요가 있겠는가."

b) api tu khalu punaḥ Subhūte' cintyo' tulyo' yam dharma-paryāyaḥ. ayaṃ ca Subhūte dharma-paryāyās Tathāgatena bhāṣito' gra-yāna-samprasthitānāṃ sattvānām arthāya śreṣṭha-yāna-samprasthitānām sattvānām arthāya, ya imaṃ dharma-paryāyam udgrahīṣyanti dhārayiṣyanti vācayiṣyanti paryavāpsyanti parebhyaś ca vistareṇa samprakāśayiṣyanti. jñātās te Subhūte Tathāgatena buddha-jñānena, dṛṣṭās te Subhūte Tathāgatena buddhacakṣuṣā, buddhās to Tathāgatena. sarve te Subhūte sattvā aprameyeṇa puṇya-skandhena samanvāgatā bhaviṣyanti, acintyena-atulyena-amāpyena-aparimāṇena puṇya-skand-hena samanvāgatā bhaviṣyanti. sarve te Subhūte sattvāḥ samāṃśena bodhiṃ dhārayiṣyanti. tat kasya hetoḥ? na hi śakyaṃ Subhūte' yaṃ dharma-paryāyo hina-adhimuktikaiḥ sattvaiḥ śrotuṃ na-ātma-dṛṣṭikair na sattva-dṛṣṭikair na jīva-dṛṣṭikair na pudgala-dṛṣṭikaih. na-abodhisattva-pratijñaiḥ sattvaiḥ śakyam ayaṃ dharma-paryāyaḥ śrotuṃ vodgrhītuṃ vā dhārayituṃ vā vācayituṃ vā. paryavāptuṃ vā. nedaṃ sthānaṃ vidyate.

"그런데 또 수보리야, 실로 이 법문은 불가사의하여 비교할 수가 없다. 수보리야, 여래는 이 법문을 위없는 도를 향하는 사람들을 위하여, 또 가장 훌륭한 도를 향하는 사람들을 위하여 설하셨다. 어떤 사람은 이 법문을 손에 잡아 기억하고 외우고 이해하고, 다른 사람들에게 자상하게 설하여 들려주게 될 것이다. 수보리야, 여래는 깨달은 사람의 지혜에 의하여 이러한 사람들을 알고 있다. 수보리야, 여래는 깨달은 사람의 눈으로 이러한 사람들을 보고 있다. 수보리야, 여래는 이러한 사람들을 깨닫고 있다. 이 모든 사람들은 측량할 수 없는 복덕을 쌓은 것이 될 것이다. 불가사의하고 비교할 것이 없고 한이 없는 무량한 복덕을 쌓은 것이 될 것이다.

수보리야, 이러한 모든 사람들은 스스로 깨달음에 참여하게 될 것이다. 그것은 왜냐하면 이 법문은 신해(信解)가 뒤떨어진 사람들은 들을 수가 없기 때문이다. 자기 자신에 대한 집착의 견해가 있는 사람, 살아 있는 것에 대해 집착하는 견해가 있는 사람, 개체에 대해 집착하는 견해가 있는 사람, 개인에 대해 집착하는 견해가 있는 사람들은 들을 수가 없기 때문이다. 구도자의 맹세를 세우지 않는 사람들은 이 법문을 듣는다든지 혹은 손에 잡아 받든다든지, 혹은 기억한다든지, 혹은 외운다든지, 혹은 이해한다든지 할 수 없는 것이다. 그러한 이치는 있을 수 없는 것이다."

c) api tu khalu punaḥ Subhūte yatra pṛthivīpradeśa idaṃ sūtraṃ prakāśayiṣyate, pūjanīyaḥ sa pṛthivīpradeśo bhaviṣyati sadeva-mānuṣa-asursya lokasya, vandanīyaḥ pradakṣiṇīyaś ca sa pṛthivīpradeśo bhaviṣyati, caitya-bhūtaḥ sa pṛthivīpradeśo bhaviṣyati.

"그러나 수보리야, 참으로 어떠한 지방에서든지 이 경전이 설해지는 지방에서는 천상(天上)의 신들과 인간과 아수라들을 포함한 온 세계가 공양하게 될 것이니라. 그 지방은 오른쪽으로부터 돌면서 예배드리는 지방이 될 것이며, 그 지방은 탑묘(塔墓)와도 같은 곳으로 될 것이니라."

주

1) **무한히 긴 기간** 한역경에는 무량백천만억겁(無量百千萬億劫)이라고 번역되고 있다. 겁(劫)은 kalpa의 번역어로서 겁파(劫波, 劫跛, 劫簸), 또는 갈랍파(羯臘波)라 음역한다. 한없이 긴 세월 동안을 말하는 것이며, 1겁은 천지가 한 번 개벽하는 동안이라고도 하고, 또 인간세계의 4억 3200만 년이라고도 한다. 즉 상상도 할 수 없는 긴 시간을 말한다(구라마습 한역 제15주해 4)참조).

16

a) api tu ye te Subhūte kulaputrā vā kuladuhitaro vemān evaṃrūpān sutrāntān udgrahiṣyanti dhārayiṣyanti vācayiṣyanti paryavāpsyanti yoniśaś ca manasikariṣyanti parebhyāś ca vistareṇa samprakāśayiṣyanti, te paribhūta bhaviṣyanti, suparibhūtāś ca bhaviṣyanti. tat kasya hetoḥ? yāni ca teṣāṃ Subhūte sattvānāṃ paurva janmikāny aśubhāni karmāṇi kṛtāny apāya-saṃvartanīyāni, dṛṣṭa eva dharme tayā paribhūtatatayā tāni paurvajanmikāny aśubhāni karmāṇi kṣapayiṣyanti, buddha bodhiṃ ca-anu prāpsyanti.

"그러나 수보리야, 훌륭한 젊은이들이나 훌륭한 딸들이 이와 같은 경전을 받들고, 기억하고, 외우고, 이해하고, 충분히 생각하고, 또 다른 사람들에게 자상히 설해 들려주었다 하더라도, 그러나 이러한 사람들이 수모를 당하거나 또는 매우 심하게 모욕을 당하는 일이 있을는지도 모른다. 그것은 왜냐하면 이러한 사람들은 전생(前生)에서의 죄의 과보(果報)로 인도될 만한[1] 많은 더러운 행위를 하고 있지만, 이 현세(現世)의 생존 동안에 욕을 당하는 것으로써 전생의 부정한 행위에 보상을 한 것이 되며, 깨달은 사람의 '깨달음'을 얻게 되는 것이기 때문이다."

b) tat kasya hetoḥ? abijānāmy ahaṃ Subhūte 'tītedhvany

asaṃkhyeyeyaiḥ kalpair asaṃkhyeyatarair Dīpaṅkarasya Tathāgatasya-arhataḥ samyaksambuddhasya pa reṇa para-tareṇa catur-aśīti-buddha-koṭi-niyuta-satasah asrāṇy abhūvan ye mayā ārāgitā ārāgyā na virāgitāḥ. yac ca mayā Subhūte te Buddhā Bhagavanta ārāgita ārāgyā na virāgitā, yac ca paścime kāle paścime samaye paścimāyāṃ pañcaśatyāṃ sad-dharma-vipralopa-kāle vartamāna imān evaṃrūpān sūtrāntān udgrahiṣyanti dhāriṣyanti vācayiṣyanti paryavāpsyanti parebhyaś ca vistareṇa samprakāśayiṣyanti, asya khalu punaḥ Subhūte puṇyaskandhasya-antikād asau paurvakaḥ puṇyaskandhaḥ śatatamīm api kalāṃ nopaiti, sahasratamiṃ api śatasahasratamīm api, koṭitamīm api koṭi-śatatamīm api koti-śatasahasratamīm api koti-niyuta-śatasahasratamīm api, samkhyām api kalām api gaṇanām apy upamām apy upaniṣadam api yāvad aupamyam api na kṣamate.

"그것은 왜냐하면 수보리야, 나는 분명히 기억하고 있다. 헤아릴 수 없는 무한한 옛날[2] 디판카라(燃燈佛)라는 여래, 존경할 만한 분, 올바르게 깨달은 분이 계셨고, 그보다 훨씬 이전에 셀 수 없는 수[3]의 깨달은 분들이 계셨다. 나는 이러한 분들을 섬기고 또 이러한 분들을 기쁘게 해드리기를 되풀이하면서 그치는 일이 없었다.

수보리야, 나는 이러한 깨달은 분들과, 세존(世尊)을 섬기고 기쁘게 해드리는 일을 되풀이하여 멈춘 적이 없었지만, 후세에 이르러 제2의 500년대에 올바른 가르침이 망할 즈음에 이와 같은 경전들을 손에 들고 기억하고 외우고 이해하고 다른 사람들에게 자상하게 설하여 들려주는 사람이 있다고 한다면,

수보리야, 또한 실로 이쪽의 복덕을 쌓는 방법에 비하면, 앞의 복덕을 쌓는 방법은 그 백분의 일에도 미치지 못하며, 천분의 일에도, 백천분의 일에도, 억분의 일에도, 백억분의 일에도, 백천억분의 일에도, 백천억조분의 일에도 미치지 못하는 것이다. 수량으로도, 구분(區分)으로도, 계산으로도, 비유로도, 유비(類比)로도, 상사(相似)로도 미칠 수가 없는 것이다."

c) sacet punaḥ Subhūte teṣām kulaputrāṇāṃ kuladuhitriṇāṃ vā-aham puṇyaskandhaṃ bhāṣeyam, yāvat te kulaputrā vā kuladuhitaro vā tasmin samaye puṇyaskandhaṃ prasaviṣyanti pratigrahīṣyanti, unmādaṃ sattvā anuprāpunyuś cittavikṣepaṃ vā gaccheyuḥ-api tu khalu punaḥ Subhūte' cintyo' yaṃ dharmaparyāyas Tathāgatena bhāṣitaḥ, asya-acintya eva vipākaḥ pratikāṅkṣitavyaḥ.

"또 수보리야, 만약에 내가 이러한 훌륭한 젊은이들이나 훌륭한 딸들이 쌓는 복덕에 대해 설명한다고 할 경우, 그 때에 이러한 훌륭한 젊은이나 훌륭한 딸들이 얼마만큼의 복덕을 쌓고 몸에 배도록 할 수 있는가를 듣게 되면, 사람들은 기분이 이상해지거나 마음이 산란해질 정도가 될 것이다. 그리고 또 수보리야, 실로 이 법문은 불가사의하다고 여래는 설했지만, 그 보(報) 또한 불가사의하다고 기대해 마땅한 것이다."

주

1) **죄의 과보(果報)로 인도될 만한** 원문은 apāya-saṃvartanīyā이다. 한역으로는 흔히 초악취(超惡趣)라 번역하고 있다. 악업(惡業)의 결과로 장차 태어나게 될 곳을 뜻하고 그 죄과에 따라서 지옥·아귀(餓鬼)·축생인 삼악도(三惡道)에 태어나거나, 아수라(阿修羅)를 더해

사악도(四惡道), 또는 인간과 천상(天上)을 더해서 오악도(五惡道)에 태어나기도 한다. 과보(果報)는 인과응보(因果應報)를 생략한 말이다(구마라습 한역 제16 주해 9)참조).

2) **헤아릴 수 없는 무한한 옛날** 한역에는 아승기겁(阿僧祇劫)으로 되어 있다. 아승기는 수로써 표현할 수 없는 무한히 많은 수를 말한다(구마라습 한역 제16 주해 4)참조).

3) **셀 수 없는 수** 원문은 catur-aśīti-buddha-koṭi-niyuta-sata-sah asrāṇy이다. 직역하면 '84의 백천억조 배의'가 된다. 불교에서는 아주 많은 수를 나타낼 때에는 높은 단위의 수에 84를 붙인다. 한역에서는 팔백사천만억 나유타(那由他)로 되어 있다. 나유타는 원어 niyuta 또는 nayuta의 음역으로, 1나유타는 천만억을 가리키는 수라고도 한다(구마라습 한역 제16 주해 5)참조).

17

a) atha khalv āyuṣmān Subhūtir Bhagavantam etad avocat : kathaṃ Bhagavan bodhisattva-yāna-samprasthitena sthātavyam, kathaṃ pratipattavyam, kathaṃ cittaṃ pragrahitavyam?

Bhagavān āha : iha Subhūte bodhisattva-yāna-samprasthitenaivaṃ cittam utpādayitavyaṃ : sarve sattvā mayā-anupadhiśeṣe nirvaṇadhātau parinirvāpayitavyāḥ. evaṃ ca sattvān parinirvāpya, na kaści tsattvah parinirvāpito bhavati. tat kasya hetoḥ? sacet Subhūte bodhisattvasya sattva-saṃjñā pravarteta, na sa bodhisattva iti vaktavyaḥ. jīva-saṃjñā vā, yāvat pudgalasaṃjñā vā pravarteta, na sa bodhisattva iti vaktavyah. tat kasya hetoḥ? na-asti Subhūte sa kaścid dharmo yo bodhisattva-yāna-samprasthito nāma.

그때 수보리 장로는 스승에게 다음과 같이 물었다.

"스승이시여, 구도자의 길로 나아간 자는 어떤 식으로 생활하고, 어떤 식으로 행동하고, 어떤 식으로 마음을 가져야만 좋은 것이옵니까?"

스승은 대답하시었다.

"수보리야, 이제 구도자의 길로 나아간 자는 다음과 같은 마음을 일으켜야 할 것이다. 곧 '나는 살아 있는 그 모든 것들을 더러움이 없는 영원한 평안이라는 경지로 이끌어 들이지 않으면 안 된다. 그리고 이와 같은 중생을 영원한 평안이라는 경지로 이끌어 들이지 않으면 안 된다. 그러나 이와 같이 살아 있는 모든 것들을 영원한 평안에로 이끌어 들인다 하더라도, 실은 누구 한 사람도 영원한 평안에로 이끌려진 사람은 없다.'라는 마음을 일으켜야 한다. 그것은 왜냐하면 수보리야, 만약에 구도자가 '생존하는 것들'이란 생각을 일으킨다고 하면 그는 이미 구도자라고는 할 수 없으며, 개체라고 하는 생각이나 개인이라고 하는 생각 등을 일으키는 자도 구도자라고는 말할 수 없기 때문이다. 그것은 왜냐하면 수보리야, '구도자의 길로 행하는 사람'이라는 것은 결코 존재하지 않기 때문이다."

b) tat kiṃ manyase Subhūte asti sa kaśćid dharmo yas Tathāgatena Dīpaṅkarasya Tathāgatasya-antikād anuttarāṃ samyaksambodhim abhisambuddhaḥ? evam ukta āyuṣmān Subhūtir Bhagavantam etad avocat : yathā-ahaṃ Bhagavan Bhagavato bhāṣitasya-artham ājānāmi na-asti sa Bhagavan kaśćid dharmo yas Tathāgatena Dīpaṅkarasya Tathāgatasya-arhataḥ samyaksambuddhaysa-antikād anuttarāṃ samyaksambodhim abhisambuddhaḥ.

evam ukte Bhagavān āyuṣmantaṃ Subhūtim eatad avocat : evam etat Subhūte evam etat, na-asti Subhūte sa kaśćid dharmo yas Tathāgatena Dīpaṅkarasya Tathāgatasya-arhataḥ samyaksambuddhasya-antikād anuttarāṃ samyaksambodhim abhisambuddhaḥ. sacet punah Subhūte kaśćid dharmas Tathāgatena-abhisambuddho bhaviṣyat, na māṃ Dipaṅkaras Tathāgato vyākariṣyad bhaviṣyasi tvaṃ māṇava-anāgate 'dhvani Śākyamunir nāma Tathāgato 'rhan samyaksambuddha iti. yasmāt.

"수보리야, 너는 어떻게 생각하느냐? 여래가 디판카라 밑에서 이 위없이 올바른 깨달음을 현실로 얻었다고 하는 그런 일이 있겠느냐?"

이와 같은 질문을 받았을 때, 수보리 장로는 스승에게 다음과 같이 대답하였다.

"스승이시여, 제가 스승님께서 하신 말씀의 뜻을 이해하고 있는 바로서는, 여래께서는 존경할 만한 분, 올바르게 깨달으신 분인 디판카라 밑에서 이 위없이 올바른 깨달음을 사실상 얻었다고 하는 그런 일은 결코 없사옵니다."

이와 같이 말씀을 드렸을 때, 스승은 수보리 장로에게 이렇게 말씀하시었다.

"그러하니라. 수보리야, 그러하니라. 여래는 존경해야 할 분, 올바르게 깨달은 분인 디판카라 밑에서 이 위없이 올바른 깨달음을 사실상 얻었다는 그러한 일은 결코 없는 것이다. 수보리야, 만약에 여래가 사실상 무엇인가 깨달은 법이 있다고 한다면, 디판카라가 나를 두고 '젊은이여, 그대는 미래세(未來世)에 석가모니[1]라는 이름의 존경해야 할 사람, 올바르게 깨달은 사람이 되리라.'라는 예언을 하시지는 않았을 것이다. 그러나 수보리야, 지금 여래, 존경해야 할 분, 올바르게 깨달으신 분이 이 위없이 올바른 깨달음을 사실상 얻었다는 일은 결코 없는 것이며, 그렇기 때문에 나는 디판카라에 의해 '젊은이여, 그대는 미래세에서 석가모니라는 이름의 여래, 존경해야 할 사람, 올바르게 깨달은 사람으로 될 것이다.' 하고 예언하심을 받은 것이다."

c) tat kasya hetoḥ? Tathāgata iti Subhūte bhūtatat-hatāyā etad adhivacanaṃ.

tarhi Subhūte Tathāgatena-arhatā samyaksambuddhena na-asit sa kaścid dharmo yo 'nuttarāṃ samyaksambhodhim abhisambuddhas, tasmād ahaṃ Dīpaṅkareṇa Tathāgatena vyākṛto : bhaviṣyasi tvaṃ māṇava-anāgate 'dhvani Śākyamunir nāma Tathāgato 'rhan samyaksambuddhaḥ

"그것은 왜냐하면 수보리야, 여래(如來)라고 하는 것은 진여(眞如)[2]의 다른 이름인 것이다. 수보리야, 여래라고 하는 것은 생(生)하는 일이 없는 존재의 본질(本質)[3]의 다른 이름인 것이다. 수보리야, 여래라고 하는 것은, 존재의 단절(斷絶)[4]의 다른 이름인 것이다. 수보리야, 여래라는 것은 궁극적으로 불생(不生)[5]이라고 하는 것의 다른 이름인 것이다. 왜냐하면 수보리야, 생하는 일이 없는 불생(不生)이라는 것이 최고의 진리이기 때문이다."

d) yaḥ kaścit Subhūte evaṃ vadet : Tathāgatena-arhatā samyaksambuddhena-anuttarā samyaksambodhir abhisambuddheti, sa vitathaṃ vadet, abhyācakṣita māṃ sa Subhūte asatodgṛhītena. tat kasya hetoḥ? na-asti Subhūte sa kaścid dharmo yas Tathāgatena-anuttarāṃ samyaksambodhim abhisambuddhaḥ. yaś ca Subhūte Tathāgatenā dharmo 'bhisambuddho deśito vā, tatra na satyaṃ na mṛṣā. tasmāt Tathāgato bhāṣate sarva-dharmā Buddha-dharmā iti. tat kasya hetoḥ? sarva-dharmā iti Subhūte a-dharmās Tathāgatena bhāṣitā. tasmād ucyante sarva-dharmā Buddha-dharmā iti.

"수보리야, 만약에 누구든지 '여래, 존경해야 할 사람, 올바르게 깨달은 사람이 이 위없는 깨달음을 현실로 얻었다.'고 말했다면 그 사람은 잘못을 말한 것이 된다. 수보리야, 그는 진실이 아닌 것에 집착하여 나를 비방하고 있는 셈이 된 것이다. 그것은 왜냐하면 수보리야, 여래가 이 위없이 올바른 깨달음을 현실로 얻었다는 일은 결코 없기 때문이다. 또 수보리야, 여래가 현실로 깨달아 보인 법에는 진실도 없고 허망(虛妄)도 없는 것이다. 그러하므로 여래는 '모든 법은 깨달은 사람의 법이다.'라고 설한 것이다. 그것은 왜냐하면 수보리야, '모든 법이라는 것은 실은 법이 아니다.'라고 여래에 의해 설해지고 있기 때문이다. 그러므로 바로 '모든 법'이라고 말하는 것이다."

e) tad yathā api nāma Subhūte puruṣo bhaved upetakāyo mahākāyaḥ.

āyusmān Subhūtir āha : yo 'sau Bhagavaṃs Tathāgatena puruṣo bhāṣita upetakāyo mahākāya iti, a-kāyaḥ sa Bhagavaṃs Tathāgatena bhāṣitaḥ. tenocyata upetakāyo mahākāya iti.

"예를 들면 수보리야, 몸이 단정하고 몸이 큰 사람[6]이 있다고 말하는 것과 같다."

수보리 장로가 말하였다.

"스승이시여, 여래에 의해 '몸이 단정하고 몸이 큰 사람'이라고 설해진 그 사람은, 스승이시여, 실은 몸이 없는 사람이라고 여래께서는 말씀하시었습니다. 그러므로 '몸이 단정하고 몸이 크다.'라고 말해지는 것이옵니다."

f) Bhagavān āha : evam etat Subhūte. yo bodhisattvo evaṃ vaded : ahaṃ sattvān parinirvāpayiṣyāmi-iti, na sa bodhisattva iti vaktavyaḥ. tat kasya hetoḥ? asti Subhūte sa kaśćid dharmo yo bodhisattvo nāma?

Subhūtir āha : no hīdaṃ Bhagavan, na-asti sa kaśćid dharmo yo bodhisattvo nāma.

Bhagavān āha : sattvāḥ sattvā iti subhūte a-sattvās te Tathāgatena bhāṣitās, tenocyante sattvā iti. tasmāt Tathāgato bhāṣate : nirātmānaḥ sarva-dharmā niḥsattvāḥ nirjīvā niṣpudgalāḥ sarva-dharmā iti.

스승은 말씀하시었다.

"수보리야, 그러하니라. 만약에 어떤 구도자가 '나는 살아 있는 모든 것들을 영원한 평안으로 이끌게 될 것이다.'라고 말했다고 한다면, 그 사람은 구도자라고 말할 수가 없는 것이다. 수보리야, 대체 그에게 구도자라고 불릴 만한 것이 그 무엇이 있겠느냐?"

수보리는 대답하였다.

"스승이시여, 그렇지 않사옵니다. 그에게 구도자라고 불릴 만한 것은 아무것도 없사옵니다."

스승은 말씀하시었다.

"수보리야, '살아 있는 것, 살아 있는 것, 하지만 실은 살아 있는 것이 아니다.'라고 여래는 말하고 있다. 그러니 바로 '살아 있는 것'이라고 말하는 것이다. 그러므로 여래는 '모든 것에는 자아(自我)[7]라는 것도 없고, 살아 있는 것도 없고, 개체라는 것도 없고, 개인이라는 것도 없다.'고 말한 것이다."

g) yaḥ Subhūte bodhisattva evaṃ vaded : ahaṃ kṣetra-vyūhān niṣpādayiṣyāmi-iti, so 'pi tathaiva vaktavyaḥ. tat kasya hetoḥ? kṣetra-vyūhā kṣetra-vyūhā iti Subhūte 'vyūhās te Tathāgatena bhāṣitāh, tenocyante kṣetra-vyūhā iti.

"수보리야, 만약에 어떤 구도자가 '나는 국토의 건설을 이루고 말리라.'라고 말했다고 하면, 이 사람도 또한 마찬가지로 '구도자가 아니다.'라고 말하지 않으면 안 된다. 그것은 왜냐하면 수보리야, 여래는 '국토의 건설, 국토의 건설이라고 하는 것은 건설이 아닌 것이다.'라고 말하고 있기 때문이다. 그렇기 때문에 바로 국토의 건설이라고 말하는 것이다."

h) yaḥ Subhūte bodhisattvo nirātmāno dharmā nirātmāno dharmā ity adhimucyate, sa Tathāgatena-arhatā samyaksambuddhena bodhisattvo mahāsattva ity ākhyātaḥ.

"수보리야, 만약에 구도자가 '사물에는 자아가 없다, 사물에는 자아가 없다.'라고 믿고 이해한다면 여래, 존경해야 할 분, 올바르게 깨달은 분은 그 사람을 구도자이며 훌륭한 사람이라고 말할 것이다."

주

1) **석가모니** 원어는 Śākyamuni. 사카는 종족 이름이고, 무니는 성자(聖者)라는 뜻이다. 석존(釋尊), 세존(世尊) 등 부르는 호칭이 많다(구마라습 한역 제1 주해 5), 제17 주해 4)참조).

2) **진여**(眞如) 원어는 브후타 타트하타(bhūta-tathatā). 우주 만물에 걸쳐 있는, 즉 보편적으로 깔려 있는 영원한 진리를 말하는 것이다. 이 사상은 대승불교의 이상개념(理想槪念)의 하나이다. 즉 거짓이

아닌 '참'이라는 뜻과 변하지 않는다는 일여(一如) 또는 여상(如常)과 같은 뜻이 합쳐진 말이다.

3) **존재의 본질**(本質) 원어는 아누트파다 다르마타(anutpāda-dharmatā). 상주불변(常住不變)하는 존재의 근본적 진리라는 입장에서 본다면 생기(生起)라는 현상은 얻을 수가 없다. 그것이 존재의 본질이라는 것이다.

4) **존재의 단절**(斷絶) 원어는 다르모 체다(dharmo-ccheda). 현상적인 존재를 초절(超絶)하고 있다는 의미로 보인다.

5) **궁극적으로 불생**(不生) 원어는 아트얀타 아누트판나(atyanta-anutpanna). 한역으로는 필경불생(畢竟不生)이라고 되어 있다.

6) **몸이 큰 사람** 몸이 크다는 것은 '그 사람의 덕이 크다'는 뜻이라고 풀이하는 설이 있다.

7) **자아**(自我) 원어는 아트만(ātman). 니라트마(nirātma), 즉 무아(無我)에 상대되는 말이다. 자아는 자기 주관의 중심을 말하는 것으로 주재(主宰)의 뜻을 갖는다. 불교에서는 몸과 마음을 주재하는 작용이 있는 분별하는 주체인 '아(我)'라는 것을 부정하고 있어 '나'라는 실체를 인정하지 않는다. 인간의 육신은 오온(五蘊)이 가합(假合)하여 된 것이라 하고, 어떤 존재이든 간에 영구불변하고 영원한 실체는 없으며 단지 인연에 따라서 모이고 흩어진다는 것이다. 오온은 Pañca-skandha의 번역어로 온(蘊)은 모아서 쌓은 것, 화합하여 모인 것을 말한다. 오온은 색온(色蘊), 수온(受蘊), 상온(想蘊), 행온(行蘊), 식온(識蘊)의 5가지이다. 이 중에서 색온은 육체의 뜻이고, 그밖의 4가지는 심식(心識)의 요소가 된다.

18

a) BHAGAVĀN āha : tat kiṃ manyase Subhūte, saṃvidyate Tathāgatasya māṃsa-cakṣuḥ?

SUBHŪTIR āha : evam etad Bhagavan, saṃvidyate Tathāga-tasya māṃsa-cakṣuḥ.

BHAGAVĀN āha : tat kiṃ manyase Subhūte, saṃvidyate Tat-hāgatasya divyaṃ cakṣuḥ?

SUBHŪTIR āha : evam etad Bhagavan, saṃvidyate Tathāga-tasya divyaṃ cakṣuḥ.

BHAGAVĀN āha : tat kiṃ manyase Subhūte, saṃvidyate Tat-hāgatasya prajñā-cakṣuḥ?

SUBHŪTIR āha : evam etad Bhagavan, saṃvidyate Tathāga-tasya prajñā-cakṣuḥ.

BHAGAVĀN āha : tat kiṃ manyase Subhūte, saṃvidyate Tat-hāgatasya dharma-cakṣuḥ?

SUBHŪTIR āha : evam etad Bhagavan, saṃvidyate Tathāga-tasya dharma-cakṣuḥ.

BHAGAVĀN āha : tat kiṃ manyase Subhūte, saṃvidyate Tath āgatasya buddha-cakṣuḥ?

SUBHŪTIR āha : evam etad Bhagavan, saṃvidyate Tathāga-tasya buddha-cakṣuḥ.

스승은 물으시었다.

"수보리야, 너는 어떻게 생각하느냐? 여래에게는 육안(肉眼)이 있는 것이냐?"

수보리는 대답하였다.

"스승이시여, 말씀대로입니다. 여래께는 육안이 있사옵니다."

스승은 물으시었다.

"수보리야, 너는 어떻게 생각하느냐? 여래에게는 천안(天眼)이 있는 것이냐?"

수보리는 대답하였다.

"스승이시여, 말씀대로입니다. 여래께는 천안이 있사옵니다."

스승은 물으시었다.

"수보리야, 너는 어떻게 생각하느냐? 여래에게는 혜안(慧眼)이 있는 것이냐?"

수보리는 대답하였다.

"스승이시여, 말씀대로입니다. 여래께는 혜안이 있사옵니다."

스승은 물으시었다.

"수보리야, 너는 어떻게 생각하느냐? 여래에게는 법안(法眼)이 있는 것이냐?"

수보리는 대답하였다.

"스승이시여, 말씀대로입니다. 여래께는 법안이 있사옵니다."

스승은 물으시었다.

"수보리야, 너는 어떻게 생각하느냐? 여래에게는 불안(佛眼)이 있는 것이냐?"

수보리는 대답하였다.

"스승이시여, 말씀대로입니다. 여래께는 불안이 있사옵니다."

b) BHAGAVĀN āha : tat kiṃ manyase Subhūte, yāvantyo Gaṅgāyāṃ mahā-nadyāṃ vālukā, api nu tā vālukās Tathāgatena bhāṣitāḥ?

Subhūtir āha : evam etad Bhagavann, evam etat Sugata, bhāṣitās Tathāgatena vālukāḥ.

Bhagavān āha : tat kiṃ manyase Subhūte yāvantyo Gaṅgāyāṃ mahā-nadyāṃ vālukās tāvantya eva Gaṅgānadyo bhaveyuḥ, tāsu yā vālukās tāvanaś ca lokadhātavo bhaveyuḥ, kaccid bahavas te lokadhātavo bhaveyuḥ?

Subhūtir āha : evam etad Bhagavann, evam etat Sugata, bahavas te loka-dhātavo bhaveyuḥ.

Bhagavān āha : yāvantaḥ Subhūte teṣu loka-dhātuṣu sattvās teṣām ahaṃ nānābhāvāṃ citta-dhārāṃ prajānāmi. tat kasya hetoḥ? citta-dhara citta-dhāreti Subhūte a-dhāraiṣā Tathāgatena bhāṣitās. tenocyate citta-dhāreti. tat kasya hetoḥ? atītaṃ Subhūte cittaṃ nopalabhyate, anāgataṃ. cittaṃ nopalabhyate, pratyutpānnaṃ cittaṃ nopalabhyate.

스승은 물으시었다.

"수보리야, 너는 어떻게 생각하느냐? 갠지스 큰 강에 있는 그 모든 모래알, 그 모래알을 여래는 설한 일이 있었느냐?"

수보리는 대답하였다.

"스승이시여, 복된 분이시여, 말씀대로입니다. 여래께서는 그 모래알을 설하셨습니다."

스승은 물으시었다.

"수보리야, 너는 어떻게 생각하느냐? 갠지스 큰 강에 있는 모래알 수만큼의 갠지스강이 있고, 그리고 그 강 속에 있는 모래알 수만큼의 세계가 있다고 한다면, 그 세계는 많겠느냐?"

수보리는 대답하였다.

"스승이시여, 말씀대로입니다. 복되신 분이시여, 말씀 그대로입니다. 그러한 세계는 많을 것이옵니다."

스승은 말씀하시었다.

"수보리야, 이러한 세계에 있는 모든 살아 있는 것들의 온갖 마음의 흐름[1)]을 나는 알고 있다. 왜냐하면 수보리야, '마음의 흐름이라는 것은 흐름이 아니다.'라고 여래는 설하고 있기 때문인 것이다. 그렇기 때문에 바로 '마음의 흐름'이라고 말하는 것이다. 그것은 왜냐하면 수보리야, 과거의 마음은 붙잡을 수가 없고[2)], 미래의 마음도 붙잡을 수가 없고, 현재의 마음도 붙잡을 수가 없기 때문인 것이다."

주

1) **마음의 흐름** 원어는 치타 다하라(citta-dhārā). 과거의 경험에 비추어 이루어진 의식 및 무의식의 의식이 현재와 미래에 꼬리를 끌어 의식작용이나 행동을 규제한다고 생각하고, 그곳에 마음의 흐름을 본 것이라고도 하겠다. 심상속성(心相續性), 심류주(心流注)라 한역하고 있다.

2) **붙잡을 수가 없고** 원어는 노팔라브야테(nopalabhyate). '인식되지 못한다'라는 뜻으로 풀이된다. 한역경에는 '마음을 얻을 수가 없다.'라고 되어 있다.

19

tat kiṃ manyase Subhūte yaḥ kaścit kulaputro vā kuladuhitā vemaṃ trisāhasramahāsāhasraṃ lokadhātuṃ saptaratna-paripūrṇaṃ kṛtvā Tathāgatebhyo' rhadbhyaḥ samyaksambuddhebhyo dānaṃ dadyāt, api nu sa kulaputro vā kuladuhitā vā tato nidānaṃ bahu puṇya-skand-haṃ prasunuyāt?

Subhūtir āha : bahu Bhagavan bahu Sugata.

Bhagavān āha : evam etat Subhūte evam etat, bahu sa kulaputro vā kuladuhitā vā tato nidānaṃ puṇya-skandhaṃ prasunuyād. tat kasya hetoḥ? puṇya-skandhaḥ puṇya-skandha iti Subhūte a-skandhaḥ sa Tathāgatena bhāṣitaḥ. tenocyate puṇya-skandha iti. sacet Subhūte puṇya-skandho' bhaviṣyan. na Tathāgato' bhāṣiṣyat puṇya-skandhaḥ puṇya-skandha iti.

"수보리야, 너는 어떻게 생각하느냐? 훌륭한 젊은이나 훌륭한 딸들이 한없이 넓은 우주를 칠보로써 가득 채워 여래, 존경받을 만한 사람, 올바르게 깨달은 사람에게 보시를 한다고 하면, 그 훌륭한 젊은이나 훌륭한 딸들은 그 일로 해서 쌓은 복덕이 많겠느냐?"

수보리는 대답하였다.

"스승이시여, 많고도 많습니다. 복되신 분이시여, 많고도 많사옵니다."

스승은 말씀하시었다.

"그러하니라. 수보리야, 네 말 그대로이다. 훌륭한 젊은이나 훌륭한 딸들이 그 일로 해서 많은 공덕(功德)[1]을 쌓게 되는 것이다. 그것은 왜냐하면 수보리야, '공덕을 쌓는다, 공덕을 쌓는다 하는 것은 쌓는 것이 아니다.'라고 여래는 설하고 있기 때문이다. 그러므로 '공덕을 쌓는다.'라고 말하는 것이다. 수보리야, 만일 공덕을 쌓는 일이 있다고 한다면, 여래는 '공덕을 쌓는다, 공덕을 쌓는다.'라고 설하지 않았을 것이다."

주

1) **공덕**(功德) 범어 구나(求那 ; Guṇa)의 번역어로 구낭(懼囊)·우낭(麌囊)이라고도 쓰고, 좋은 일을 쌓은 공과 불도를 수행한 덕을 말한다.

20

a) tat kiṃ manyase Subhūte rūpa-kāya-pariniṣpattyā Tathāgato draṣṭavyaḥ?

Subhūtir āha : no hīdaṃ Bhagavan, na rūpa-kāya-pariniṣpattyā Tathāgato draṣṭavyaḥ. tat kasya hetoḥ? rūpa-kāya-pariniṣpatti rūpa-kāya-pariniṣpattir iti Bhagavan apariniṣpattir eṣā Tathāgatena bhāṣitā. tenocyate rūpa-kāya-pariniṣpattir iti.

"수보리야, 너는 어떻게 생각하느냐? 여래는 단려(端麗)한 몸을 완성하고 있는 것으로 볼 수 있을까?"

수보리가 대답하였다.

"스승이시여, 그렇지 않사옵니다. 여래를 단려한 몸을 완성하고 있는 분으로 봐서는 아니 되옵니다. 그것은 왜냐하면 스승이시여, '단려한 몸을 완성하고 있다, 단려한 몸을 완성하고 있다 하는 것은 실은 갖추고 있지 않은 것이 된다.'라고 여래께서 설하셨기 때문이옵니다. 그러므로 바로 '단려한 몸을 완성하고 있다.'라고 말하는 것이옵니다."

b) Bhagavān āha : tat kiṃ manyase Subhūte, lakṣaṇa-sampadā Tathāgato draṣṭavyaḥ?

Subhūtir āha : no hīdaṃ Bhagavan, na lakṣaṇa-sampadā Tathāgato draṣṭavyaḥ. tat kasya hetoḥ?

yaiṣā Bhagvavaṃ lakṣana-sampat Tathāgatena bhāsitā, alakṣaṇa-sampad esā Tathāgatena bhāṣitā. tenocyate lakṣaṇa-sampad iti.

스승은 물으시었다.

"수보리야, 너는 어떻게 생각하느냐? 여래는 특징을 갖춘 것[1]으로 볼 수가 있을 것인가?"

수보리가 대답하였다.

"스승이시여. 그렇지 않사옵니다. 여래를 특징을 갖춘 분으로 보아서는 아니 되옵니다. 그것은 왜냐하면 스승이시여, '특징을 갖추고 있다, 특징을 갖추고 있다 하는 것은 실은 특징을 갖추고 있지 않은 것이다.'라고 여래께서 설하셨기 때문이옵니다. 그렇기 때문에 바로 '특징을 갖추고 있다.'라고 말하는 것이옵니다."

주

1) **특징을 갖춘 것** 부처가 갖추고 있는 32상(相)과 80종호(種好)는 보통 사람과 다른 신체상의 특징을 말하는 것으로, 보통 사람과 다른 겉모양을 하고 있기 때문에 여래라고 하느냐고 물으신데 대해 수보리는 겉모양인 특징만 가지고 그것을 여래라고 볼 수는 없다고 대답한 것이다. 겉모양이 아닌 그의 마음속에 지니고 있는 진여(眞如)의 법신을 갖추고 있다는 데에 여래가 중생과 다른 점이 있다는 뜻이다.

32상 : 부처님이 갖추고 있는 보통 사람과 다른 32가지의 훌륭한 상(相)을 말한다(구마라습 한역 제13 주해 5)참조).

80종호 : 80수형호(隨形好)라고도 한다. 부처님이 몸에 갖추고 있는 보통 사람과 달리 특별히 훌륭한 것 80가지를 말한다. 가령 손톱이 좁고 길고 넓고 구릿빛의 윤이 나는 것, 손과 발이 비슷하여 별로 다름이 없는 것, 신통력으로 스스로를 유지하고 남의 호위를 받지 않는 것 등등의 80가지 특징을 가지고 있다.

21

a) Bhagavān āha : tat kiṃ manyase Subhūte, api nu Tathāgatasyaivam bhavati : mayā dharmo deśita iti?

Subhūtir āha : no hīdaṃ Bhagavan, na Tathāgatasyaivaṃ bhavati : mayā dharmo deśita iti.

Bhagavān āha : yaḥ Subhūte evaṃ vadet : Tathāgatena dharmo deśita iti, sa vitathaṃ vadet abhyācakṣīta māṃ sa Subhūte 'satodgṛhītena. tat kasya hetoḥ? dharma-deśanā dharma-deśaneti Subhūte, na-asti sa kaścid dharmo yo dharma-deśanā nāmopalabhyate.

스승은 물으시었다.

"수보리야, 너는 어떻게 생각하느냐? '내가 법을 가르쳤다.'고 하는 생각이 여래에게 일어날 것인가?"

수보리는 대답하였다.

"스승이시여, 그렇지 않사옵니다. '내가 법을 가르쳤다.'는 그런 생각이 여래에게 일어날 리는 없사옵니다."

스승은 말씀하시었다.

"수보리야, '여래는 법을 가르쳤다.'라고 설하는 사람이 있다고 하면, 그는 잘못된 것을 말한 것이다. 수보리야, 그는 진실이 아닌 것에 집착하여 나를 비방하는 것[1)]이다. 왜냐하면 수보리야, '법을 가르쳤다, 법을 가르쳤다.'고 하지만, 실상 법을 가르쳤다고 인정될 만한 일은 아무것도 없기 때문이다."

b) evam ukta āyuṣmān SUBHŪTIR Bhagavantam etad avocat : asti Bhagavan kecit sattvā bhaviṣyanty anāgate 'dhvani paścime kāle paścime samaye paścimāyāṃ pañca-śatyāṃ saddharma-vipralope vartamāne ya iman evaṃ-rūpān dharmān srutvā-abhiśraddadhāsyanti?

BHAGAVĀN āha : na te Subhūte sattvā na-a-sattvāḥ. tat kasya hetoḥ? sattvāḥ sattvā iti Subhūte sarve te Subhūte a-sattvās Tathāgatena bhāṣitāḥ tenocyante sattvā iti.

이와 같은 말씀을 하셨을 때, 수보리 장로는 스승에게 이렇게 물었다.

"스승이시여, 앞으로 후세가 되어 제2의 500년대에 올바른 가르침이 망할 즈음에 이와 같은 법을 듣고서 믿는 마음을 일으킬 만한 사람이 과연 있겠사옵니까?"

스승은 대답하시었다.

"수보리야, 그들은 살아 있는 것이 아니며 살아 있지 않은 것도 아니다. 그것은 왜냐하면 수보리야, '살아 있는 것, 살아 있는 것이라고 하는 것은 실상 살아 있는 것이 아니다.'라고 여래는 설하셨기 때문인 것이다. 그렇기 때문에 바로 '살아 있는 것'이라고 말해지는 것이다."

주

1) **나를 비방하는 것** '여래야말로 법을 교시하는 분이라고 생각을 해서는 안 된다. 만일에 그런 생각을 가지고 교시한 것이 있느니 없느니 한다면, 그것은 나의 뜻을 잘못 알아 나를 비방하는 것이 된다. 원래 나라는 것이 공(空)이고, 설하는 법이 공이고, 설이 공인데, 내가 어찌 교시한다고 말할 수 있겠는가.'라는 뜻.

22

tat kiṃ manyase Subhūte, api nv asti sa kaśсid dharmo yas Tathāgatena-anuttarāṃ samyaksambodhim abhisam-buddhaḥ?

āyuṣmān Subhūtir āha : no hīdaṃ Bhagavan naasti sa Bhagavan kaścid dharmo yas Tathāgatena-anuttarāṃ samyaksambodhim abhisambuddhaḥ.

Bhagavān āha : evam etat Subhūte evam etat, aṇur api tatra dharmo na saṃvidyate nopalabhyate. tenocyate 'nuttarā samyaksambodhir iti.

"수보리야, 너는 어떻게 생각하느냐? 여래가 이 위없는 올바른 깨달음을 얻었다고 하지만 그와 같은 일이 무엇인가 있을 것인가?"

수보리 장로는 대답하였다.

"스승이시여, 그러한 일은 없사옵니다. 여래께서 이 위없는 올바른 깨달음을 얻었다고 하는 일은 결코 없사옵니다."

스승은 말씀하시었다.

"그러하니라. 수보리야, 네 말 그대로 그러하니라. 티끌만한 일도 그곳에서는 존재하지 않으며, 인식되지도 않는다. 그렇기 때문에 바로 '이 위없는 올바른 깨달음'이라고 말하는 것이다."

23

api tu khalu punaḥ Subhūte samaḥ sa dharmo na tatra kiṃcid viṣamam. tenocyate 'nuttarā samyaksambodhir iti. nirātmatvena niḥsattvatvena nirjīvatvena niṣpudgalatvena samā sānuttarā samyaksambodhiḥ sarvaiḥ kuśalair dharmair abhisambudhyate. tat kasya hetoḥ? kuśalā dharmāḥ kuśalā dharma iti Subhūte adharmaś caiva te Tathāgatena bhāṣitāḥ. tenocyante kuśalā dharmā iti.

"그런데 또 수보리야, 실로 그 법은 평등한 것[1]이어서, 거기에는 어떠한 차별도 없다. 그렇기 때문에 바로 '이 위없는 올바른 깨달음'이라고 말하는 것이다. 이 위없는 올바른 깨달음이란 자아(自我)가 없다는 것으로 인하여, 살아 있는 것이 없다는 것[2]으로 인하여, 개체가 없다는 것으로 인하여 평등한 것이며, 모든 선법(善法)[3]에 의해서 현실로 깨달아지는 것이다. 그것은 왜냐하면 수보리야, '선법, 선법이라는 것은 법이 아니다.'라고 여래는 설하고 있기 때문이다. 그렇기 때문에 바로 '선법'이라고 말하는 것이다."

주

1) **그 법은 평등한 것** 불교에서 평등이라 함은 높고 낮고 깊고 얕은 차별이 없는 한결같은 만법의 근본이 되는 원리를 말한다(구마라습 한역 제23 주해 1)참조).

2) **살아 있는 것이 없다는 것** 모든 것에 개체라는 것, 즉 인격적인 존

재도, 개인이라는 것도 없다는 말이다.

3) **선법**(善法) 수도생활을 함에 있어서 자기를 이롭게 하는 법. 오계(五戒)와 십선(十善) 등이 모두 선법이다. 이러한 것들은 모두 착한 생활과 착한 행동을 하게 하는 것이고, 그날그날을 반성케 하여 일상생활의 수양에 도움을 주는 것이다. 석존은 무아(無我)·무인(無人)·무중생(無衆生)·무수자(無壽者)의 선법을 닦은 뒤에는 선법이 따로 있는 게 아니고, 또 비선법(非善法)이 따로 있는 것도 아님을 말한 것이다(구마라습 한역 제23 주해 2)참조).

24

yaś ca khalu punaḥ Subhūte stri vā puruso vā yāvantas tri sāhasramahāsāhasre lokadhātau Sumeravaḥ parvata-rājānas tāvato rāśin saptānāṃ ratnānām abhisaṃhṛtya Tathāgatebhyo, rhadbhyaḥ samyaksambuddhebhyo dānaṃ dadyāt, yaś ca kulaputro vā kuladuhitā vetaḥ prajñāpāramitāyā dharmaparyāyād antaśaś catuṣpādikām api gāthām udgṛhya parebhyo deśayed, asya Subhūte puṇyaskandhasya-asau paurvakaḥ puṇyaskandhaḥ śatatamīm api kalāṃ nopaiti yāvad upaniṣadam api na kṣamate.

"다시 또 수보리야, 실로 어떤 여자나 남자가 이 끝없이 넓은 우주에 있는 모든 산들의 왕인 수미산만큼의 칠보로 여래, 존경해야 할 분, 올바르게 깨달으신 분에게 보시를 한다 하더라도, 또 한편 훌륭한 젊은이나 훌륭한 딸들이 이 '지혜의 완성'이라는 법문(法文)에서 사행시 하나만이라도 뽑아내어 다른 사람을 위해 설해 준다고 한다면, 수보리야, 앞에서 말한 공덕은 뒤의 것에 비하면 그 백분의 일에도 미치지 못하며, 절대로 비교가 되지 않는 것이니라."

25

tat kiṃ manyase Subhūte api nu Tathāgatasyaivaṃ bhavati : mayā sattvāh parimocitā iti? na khalu punaḥ Subhūte evaṃ draṣṭavyaṃ. tata kasya hetoḥ? na-asti Subhūte kaścit sattvo yas Tathāgatena parimocitaḥ. yadi punaḥ Subhūte kaścit sattvo 'bhaviṣyat yas Tathāgatena parimocitaḥ syāt, sa eva Tathāgatasya-ātma-grāho 'bhaviṣyat, sattva-grāho jīva-grāhaḥ pudgalagrāho 'bhaviṣyat. ātma-grāha iti Subhūte agrāha eṣa Tathāgatena bhāṣitaḥ. sa ca bālapṛthagjanair udgṛhītaḥ. bālapṛthag-janā iti Subhūte a-janā eva te Tathāgatena bhāsitāḥ. tenocyante bālapṛthagjanā iti.

"수보리야, 너는 어떻게 생각하느냐? '나는 살아 있는 것들을 구제했다.'고 하는 것, 이러한 생각이 여래에게 일어나리라고 생각하느냐? 수보리야, 그러나 이와 같이 보아서는 안 되는 것이다. 그것은 무슨 까닭이냐 하면 수보리야, 여래가 구제했다고 하는 그런 살아 있는 것들은 아무것도 없기 때문이다. 또 수보리야, 여래가 구제했다고 하는 그러한 살아 있는 것들이 무엇인가 있다고 하면 여래에게는 자아에 대한 집착이, 살아 있는 것들에 대한 집착이, 개체에 대한 집착이, 개인에 대한 집착이 있는 셈이 될 것이다. 수보리야, '자아에 대한 집착이란 집착이 없는 것이다.'라고 여래는 설했느니라. 그러나 저 어리석은 일반 사람들[1)]은 그것에 집착하고 있는 것이다. 수보리야, '어리석은 일반 사람들이라고 하는 것은 어리석은 일반 사람들이 아닌 것 이외에 아무것도 아니다.'라고 여래는 설했느니라. 그렇기 때문에 바로 '어리석은 사람들'이라고 말하는 것이다."

주

1) **어리석은 일반 사람들** 원어는 bāla-pṛthag-janāḥ. 직역하면 '따로따로 태어나서 사는 사람'이란 뜻이 된다. 어리석고 슬기가 모자라는 중생을 말하고, 일반적으로 범부(凡夫)라고 한역하고 있다. 불교에서는 번뇌에 얽매여 생사를 초월하지 못한 채 미혹의 세계를 헤매고 있는 어리석은 일반 사람, 즉 올바른 부처의 이치를 깨닫지 못한 자를 말한다(구마라습 한역 제25 주해 4)참조).

26

a) tat kiṃ manyase Subhūte. lakṣaṇa-sampadā Tathāgato draṣṭavyaḥ?

Subhūtir āha : no hīdaṃ Bhagavan. yathā-ahaṃ Bhagavato bhāṣitasya-artham ājānāmi na lakṣaṇa-sampadā Tathāgato draṣṭavyaḥ.

Bhagavān āha : sādhu sādhu Subhūte, evaṃ etat Subhūte evam etad. yathā vadasi : na lakṣana-sampadā Tathāgato draṣṭavyaḥ. tat kasya hetoḥ? sacet punaḥ Subhūte lakṣaṇa sampadā Tathāgato draṣṭavyo 'bhaviṣyad, rājā-api cakravartī Tathāgato 'bhaviṣyat. tasmān na lakṣaṇa-sampadā Tathāgato draṣṭavyaḥ. āyuṣmān Subhūtir Bhagavantam etad avocat: yathā-ahaṃ Bhagavato bhāṣitasya-artham ājānāmi, na lakṣaṇa-sampadā Tathāgato draṣṭavyaḥ.

Atha khalu Bhagavān tasyāṃ vetāyām ime gāthe abhāṣata:

YE MĀṂ RŪPEṆA CA-ADRĀKṢUR
YE MĀṂ GHOṢEṆA CA-ANVAYUḤ
MITHYĀ-PRAHĀṆA-PRASṚTĀ
NA MĀṂ DRAKṢYANTI TE JANĀḤ

"수보리야, 너는 어떻게 생각하느냐? 여래는 특징을 갖춘 자라고 볼 것인가?"

수보리는 대답하였다.

"스승이시여, 그렇지 않사옵니다. 제가 스승님께서 하신 말씀의 뜻을 이해하고 있는 바에 의하면, 여래께서는 특징을 갖추고 있는 분으로 보아서는 아니 되옵니다."

스승은 말씀하시었다.

"참으로 그러하구나, 참으로 그러하구나. 수보리야, 네 말 그대로이다. 수보리야, 네가 말한 그대로이다. 여래는 특징을 갖추고 있는 분으로 보아서는 안 되는 것이다. 그것은 왜냐하면 수보리야, 만약에 여래가 특징을 갖춘 자라고 보이는 것이라면 전륜성왕(轉輪聖王)[1)]도 또한 여래라고 할 수 있을 것이다. 그렇기 때문에 여래는 특징을 갖춘 자로 보아서는 안 되는 것이다."

수보리 장로는 스승에게 이렇게 말하였다.

"스승이시여, 제가 스승님께서 하신 말씀의 그 뜻을 깊이 연구한 바에 의하면, 여래께서는 특징을 갖춘 분이라고 봐서는 아니 되는 것이옵니다."

그때 스승은 이것을 계기로 다음과 같은 게(偈)를 읊으시었다.

형태에 의해서 나를 보고
소리에 의해서 나를 찾는 자는
잘못된 노력에 빠져 있는 자.
그 사람들은 나를 보지 못할 것이로다.

b) Dharmato Buddhā draṣṭavyā
dharmakāyā hi nāyakāḥ
dharmatā ca na vijñeyā
na sā śakyā vijānituṃ

깨달은 사람들은 법에 의해서 보여져야 한다.
모든 스승들은 법을 몸으로 하기 때문에.
그리고 법의 본질은 알아낼 수가 없다.
알려고 해도 알아낼 수가 없다.

주

1) **전륜성왕**(轉輪聖王) 원어 차크라 바르티 라자(Cakra-varti-rāja)로 직역하면 '수레(輪)를 굴리는 임금'이라는 뜻이 되어 전륜왕(轉輪王)이라고 의역하고, 성왕(聖王)은 대왕(大王)이라는 뜻과 같이 왕을 극히 높여서 부르는 말이다. 전륜왕은 고대 전인도를 통일하여 통치한다는 전설적인 대망의 임금으로 몸에는 32상을 갖추고 있고, 그가 즉위할 때에 하늘로부터 윤보(輪寶)라는 일종의 무기를 감득(感得)하고 그것을 굴려서 전인도(천하)를 정복한다고 전하는 왕이다(구마라습 한역 제26 주해 2)참조).

27

tat kiṃ manyase Subhūte lakṣaṇa-sampadā Tathāgatena-anuttarā samyaksambodhir abhisambuddhā? na khalu punas te Subhūte evaṃ draṣṭavyaṃ. tat kasya hetoḥ? na hi Subhūte lakṣaṇa-sampadā Tathāgatena-anuttarā samyaksambodhir abhisambuddhā syāt. na khalu punas te Subhūte kaścid evaṃ vaded : bodhisattvayanā-samprasthitaiḥ kasyacid dharmasya vināśaḥ prajñapta ucchedo veti. na khalu punas te Subhūte evaṃ draṣṭavyam. tat kasya hetoḥ? na bodhisattva-yāna-samprasthitaiḥ. kasyacid dharmasya vināśaḥ prajñapto nocchedaḥ.

"수보리야, 너는 어떻게 생각하느냐? 특징을 갖추고 있는 분으로서 여래는 이 위없는 올바른 깨달음[1)]을 현실로 얻은 것일까? 그러나 수보리야, 너는 그와 같이 보아서는 아니 되는 것이니라. 그것은 왜냐하면 수보리야, 특징을 갖추고 있다는 것에 의해서 여래가 이 위없는 올바른 깨달음을 현실로 얻었다고 하는 일은 없기 때문이다. 그리고 또 수보리야, 참으로 누군가가 '구도자의 길로 향하는 자에게는 어떠한 법이 없어진다거나 끊어진다거나[2)] 하도록 되어 있다.'고 말할지도 모른다. 그러나 수보리야, 그와 같이 보아서는 아니 되는 것이다. 그것은 왜냐하면 구도자의 길로 향하는 자에게는 없어진다거나 끊어진다거나 하는 일은 결코 없기 때문이다."

주

1) **올바른 깨달음** 여래가 32상을 갖추고 있는 것과 이 위없는 올바른 깨달음과는 아무 관계가 없다고 중생들은 잘못 생각하기가 쉽다. 그러나 여래가 이 위없는 올바른 깨달음과 32상을 갖추고 있는 것과 아무 관계가 없는 것은 아니다. 그러나 이 위없는 올바른 깨달음과 32상의 특징을 관련시켜서는 안 될 뿐만 아니라, 또 그 자체를 부인하는 것도 떼어 버리라고 말하는 것이다. 이 위없는 올바른 깨달음은 아뇩다라삼먁삼보리(阿耨多羅三藐三菩提)라 한역되고 있다(구마라습 한역 제27 주해 1)참조).

2) **어떠한 법이 없어진다거나 끊어진다** 모든 법이란 끊어지거나 없어지거나 한다고 생각하는 단멸상(斷滅相)을 버리라는 뜻이다. 중생들은 유(有)라는 것에 집착하여 헤매고 있으므로 유에 대한 집착을 없애라고 했다. 그렇게 되면 무(無)에 대한 집착이 생기게 되어 무에 사로잡힐 것이니, 이것을 경계하여 무와 유 어느 것에도 집착하지 말라고 경계한 것이다. 모든 법이란 결코 없어지거나 끊어지게 되어 있지 않다는 말이다(구마라습 한역 제27 주해 2)참조).

28

yaś ca khalu punaḥ Subhūte kulaputro vā kuladuhitā vā Gaṅgānadī-vālukā-samāṃ lokadhātūn saptaratna-paripūrṇān kṛtvā Tathāgatebhyo 'rhadbhyaḥ samyaksambuddhebhyo dānaṃ dadyāt, yaś ca bodhisattvo nirātmakeṣv anutpatti-keṣu dharmeṣu kṣāntiṃ pratilabhate, ayam eva tato nidānaṃ bahutaraṃ puṇya-skandhaṃ prasaved aprameyam asaṃkhyeyam. na khalu punaḥ Subhūte bodhisattvena mahāsattvena puṇya-skandhaḥ parigrahītavyaḥ.

ayuṣmān SUBHŪTIR āha : nanu Bhagavan bodhisattvena puṇya-skandhaḥ parigrahītavyaḥ?

BHAGAVĀN āha : parigrahītavyaḥ Subhūte nodgrahītavyaḥ. tenocyate parigrahītavya iti.

"그런데 또 수보리야, 실로 훌륭한 젊은이나 훌륭한 딸들이 갠지스강의 모래알만큼이나 되는 세계를 칠보로 채우고, 그것을 여래, 존경해야 할 분, 올바르게 깨달은 분에게 보시를 했다고 하자. 또 한편에서는 구도자가 '법은 자아(自我)라는 것이 없고 생기는 일도 없다.'고 인정하여 용납할 수 있다고 한다면[1] 이쪽이 그 일로 말미암아 측량할 수 없고 셀 수도 없을 정도로 더욱더 많은 공덕을 쌓는 것이 될 것이다. 그러나 또 참으로 수보리야, 구도자와 훌륭한 사람들은 쌓은 공덕을 자기 것으로 해서는 안 되는 것이다."

수보리 장로는 물었다.

"스승이시여, 구도자는 쌓은 공덕을 자기의 것으로 해서는 안 되는 것이옵니까?"

스승은 말씀하시었다.

"수보리야, 자기의 것으로 해야 하겠지만 집착해서는 안 되는 것[2]이다. 그렇기 때문에 바로 '자기의 것으로 해서는 안 된다.'라고 말하는 것이다."

주

1) **법은 자아(自我)라는 것이 없고 생기는 일도 없다고 인정하여 용납할 수 있다고 한다면** 원문은 nirātmakeṣv anutpatti-keṣu dharmeṣu kṣāntiṃ pratilabhate이며, 한역으로는 무생법인(無生法忍)이라 번역하고 있다. 인(忍)의 원어는 크산티(ksanti)인데, 이 말에는 '참는다'는 의미 이외에도 인가결정(忍可決定)이라는 의미가 있다고 해석되고 있다. 또 어떤 설은 '인정하여 분명히 아는 것'이라는 허용묵인(許容默忍)이라고 하고, 또는 걱정이나 감정적인 반항의식을 제어하는 작용이라 말하고 있다. 또 한편으로는 수용성(受容性)이라고도 하여 '지(智)에 인도되는 준비적 단계'라고도 하고 있다. 무생법인(無生法忍)이라는 말은 불생불멸(不生不滅)의 진여(眞如)임을 인지(認知)하고 거기에 안주(安住)하여 마음을 움직이지 않는 것으로, 극락세계에 가게 될 것임을 의심하지 않는 것이라 말하고 있다.

2) **집착해서는 안 되는 것** 구도자는 자기가 쌓는 공덕이 많으면 많을수록 좋은 것이다. 그러나 내가 지금 공덕을 쌓고 있다고 하는 그 자체를 공덕이라고 인정해서도 안 되고, 또 거기에 따른 복덕을 받아야 되겠다는 생각에 집착을 해서도 안 된다. 복덕을 많건 적건 받아야겠다는 생각 자체를 없애야 하고, 마음을 비운 상태에서 많은 공덕을 쌓아야 된다는 말을 한 것이다.

29

api tu khalu punaḥ Subhūte yaḥ kaścid evaṃ vadet : Tathāgato gacchati vā-āgacchati vā, tisthati vā niṣīdati vā śayyām vā kalpayati, na me Subhūte sa bhāṣitasya-artham ājānāti. tat kasya hetoḥ? Tathāgata iti Subhūte ucyate na kvacid-gato na kutaścid āgataḥ. tenocyate Tathāgato 'rhan samyaksambuddha iti.

"그런데 또 수보리야, 실로 만약에 누군가가 '여래는 가고, 혹은 오고, 혹은 머물고, 혹은 눕는다.'[1]고 말했다면, 수보리야, 그 사람은 내가 한 말의 뜻을 이해하지 못하고[2] 있는 것이다. 그것은 왜냐하면 수보리야, 여래라는 말을 듣는 자는 어느 곳으로도 가지 않으며, 어디로부터 오지도 않기[3] 때문이다. 그렇기 때문에 바로 여래이며 존경해야 할 사람이며 올바르게 깨달은 사람이라고 일컬어지는 것이다."

주

1) **여래는 가고, 혹은 오고, 혹은 머물고, 혹은 눕는다** 원문 Tathāgato gacchati vā-āgacchati vā. 한역에서는 '여래 약래약거약좌약와(如來若來若去若坐若臥)'라고 되어 있다. 부처님이 오고(來) 가고(去) 다니고(行) 앉고(坐) 누워서 다리를 뻗는 것(臥)인데, 이것들을 부처님의 사위의(四威儀)라고 한다. 부처님은 이 사위의를 제계(制戒)에 꼭 들어맞게 처신을 했던 것인데, 부처님의 법신은 상(相)이 아니며, 또한 상(相) 아님도 아니라서 가는 일도 없고 오는 일도 없고, 움직이

는 것(動)이나 움직이지 않는 것(靜) 모두가 둘이 아니라 하나라고 하는 뜻으로 아무 변함이 없다는 말이다(구마라습 한역 제29 주해 1)과 3)참조).

2) **내가 한 말의 뜻을 이해하지 못하다** 위의 사위의 만을 보고 나를 여래라고 보는 것은 내가 설한 바의 뜻을 이해하지 못한 데서 오는 것이라고 세존은 지적하고 있다(구마라습 한역 제29 주해 2)참조).

3) **여래라는 말을 듣는 자는 어느 곳으로도 가지 않으며, 어디로부터 오지도 않는다** 한역으로는 여래자 무소종래 역무소거(如來者無所從來亦無所去)라고 되어 있다. 여래의 법신(法身)은 상이 아니며, 또 상 아님도 아니어서 가는 일도 없고 오는 일도 없으며, 동(動)과 정(靜)이 둘이 아니고 하나라는 말이다(구마라습 한역 제29 주해 3)참조).

30

a) yaś ca khalu punaḥ Subhūte kulaputro vā kuladuhitā vā yāvantas trisāhasra-mahāsāhasre lokadhātau pṛthivī-rajāṃsi tavatāṃ lokadhātūnām evaṃrūpaṃ maṣiṃ kuryāt yāvad evam asaṃkhyeyena vīryeṇa tad yathāpi nāma paramāṇu-saṃcayaḥ, tat kiṃ manyase Subhūte api nu bahuḥ sa paramāṇu-saṃcayo bhavet?

Subhūtir āha : evam etat Bhagavann, evam etat Sugata, bahuḥ sa paramāṇu-saṃcayo bhavet. tat kasya hetoḥ? saced Bhagavan bahuḥ paramāṇu-saṃcayo 'bhaviṣyat, na Bhagavan avakṣyat paramāṇu-saṃcaya iti. tat kasya hetoḥ? yo 'sau Bhagavan paramāṇu-saṃcayas Tathāgatena bhāṣitaḥ, a-saṃcayaḥ sa Tathāgatena bhāṣitaḥ. tenocyate paramāṇu-saṃcaya iti.

"그런데 또 수보리야, 참으로 훌륭한 젊은이나 훌륭한 딸들이, 가령 이 한없이 넓은 우주에 있는 많은 티끌수만큼의 많은 세계를 무수한 노력으로써 원자(原子)의 집합체[1]와 같은 가루로 만들었다고 하자. 그 경우에 수보리야, 너는 어떻게 생각하느냐? 그 원자의 집합체는 많다고 하겠느냐?"

수보리는 대답하였다.

"스승이시여, 말씀대로 그러하옵니다. 복된 분이시여, 말씀그대로이옵니다. 그 원자의 집합체는 많은 것이옵니다. 그것은 왜냐하면 스승이시여, 만약에 원자의 집합체가 실제로 있다고 한다면, 스승님께서는 '원자의 집합체'라고는 말씀하시지 않았을 것이기 때문입니다. 그것은 왜냐하면 스승이시여, 여래께서는 '원자의 집합체는 집합체가 아니다.'라고 말씀하시고 계시기 때문입니다. 그렇기 때문에 바로 '원자의 집합체'라고 말해지고 있는 것이옵니다."

b) yaś ca Tathāgatena bhāṣitas trisāhasramahāsāhasro lokadhātur iti, a-dhātuḥ sa Tathāgatena bhāṣitaḥ. tenocyate trisāhasramahāsāhasro lokadhātur iti. tat kasya hetoḥ? saced Bhagavan lokadhātur abhaviṣyat, sa eva piṇḍa-grāho 'bhaviṣyat, yaś caiva piṇḍa-grāhas Tathāgatena bhāṣitaḥ. a-grāhaḥ sa Tathāgatena bhāṣitaḥ. tenocyate piṇḍa-grāha iti.

Bhagavān āha : piṇḍa-grāhaś caiva Subhūte 'vyavahāro 'nabhilapyaḥ. na sa dharmo na-adharmaḥ, sa ca bālapṛthagjanair udgṛhītaḥ.

"또 여래께서는 '한없는 우주는 우주가 아니다.'라고 말씀하시고 계시옵니다. 그렇기 때문에 바로 '한없는 우주'라고 불리는 것입니다. 그것은 왜냐하면 스승이시여, 만약에 우주라고 하는 것이 있다고 한다면 '전일체(全一體)[2)]라는 집착'이 있는 셈이 될 것이기 때문이옵니다. 그런데 여래께서는 '전일체라는 집착은 실은 집착이 아니다.'라고 말씀하시고 계시옵니다. 그렇기 때문에 바로 '전일체의 집착'이라는 말을 하는 것이옵니다."

스승은 말씀하시었다.

"수보리야, '전일체에 대한 집착'은 말로써는 표현할 수 없는 것, 또 입으로써는 말할 수 없는 것이다. 그것은 물건도 아니고 또 '물건 아님도 아니다.' 그것은 어리석은 일반 사람들의 집착이니라."

주

1) **원자(原子)의 집합체** 원자(原子)는 티베트역에서는 rdul phra rab=paramānu로 되어 있고, 또 한역에서는 미진(微塵)이라 하고 있다. 세계를 부수어 버리면 하나의 미진(원자)으로 화해 버리고, 그와 반대로 이런 미진이 모여서 세계를 이루고 이 세계가 모여서 한없이 넓은 우주를 이룬다. 따라서 이 한없이 넓은 우주도 본래 미진이 모여서 된 것이니, 결국 미진도 없고 우주도 없다고 하는 불교설이다(구마라습 한역 제13 주해 3)참조).

2) **전일체(全一體)** 원어는 핀다 그라하(piṇḍa-grāha). 원자가 모여서 물질을 만들거나 또는 오온(五蘊)이 가합(假合)하여 사람이 되는 것 따위를 말하는 것인데, 한역으로는 일합상(一合相)이라고 하고 있다. 여기에서는 원자가 모여서 된 세계를 말하는 것으로 보아도 될 것 같다(구마라습 한역 제30 주해 2)참조).

31

a) tat kasya hetoḥ? yo hi kaścit Subhūte evaṃ vaded : ātma-dṛṣṭis Tathāgatena bhāṣitā sattva-dṛṣṭir jīva-dṛṣṭiḥ pudgala-dṛṣṭis Tathāgatena bhāṣitā, api nu sa Subhūte samyag-vadamāno vadet?

SUBHŪTIR āha : no hīdaṃ Bhagavan no hīdāṃ Sugata, na samyag-vadamāno vadet. tat kasya hetoḥ? yā sā Bhagavann ātma-dṛṣṭis Tathāgatena bhāṣitā, a-dṛṣṭiḥ sā Tathāgatena bhāṣitā. tenocyata ātma-dṛṣṭir iti.

"그것은 왜냐하면 수보리야, 누군가가 '여래는 자아에 대한 견해를 설했으며, 살아 있는 것에 대한 견해, 개체에 대한 견해, 개인에 대한 견해를 설했다.'라고 하자. 수보리야, 그 사람은 바르게 설했다고 할 수 있을까?"

수보리는 대답하였다.

"스승이시여, 그렇지는 않사옵니다. 복된 분이시여, 그렇지는 않사옵니다. 그 사람은 바르게 설한 것이 아니옵니다. 그것은 왜냐하면 스승이시여, 여래께서는 '그 자아에 관한 견해는 견해가 아니다.'라고 말씀하시고 계시기 때문입니다. 그렇기 때문에 바로 '자아에 대한 견해'라고 말하는 것이옵니다."

b) BHAGAVĀN āha : evaṃ hi Subhūte bodhisattva-yāna-samprasthitena sarva-dharmā jñātavyā draṣṭavyā adhimoktavyāḥ. tathā ca jñātavyā draṣṭavyā adhimoktavyāḥ yathā na dharma-samjñā pratyupasthāhe tat kasya hetoḥ? dharma-saṃjñā dharma-samjñeti Subhūte a-saṃjñaiṣā Tathāgatena bhā ṣitā. te-nocyate dharma-saṃjñeti.

스승은 말씀하시었다.

"수보리야, 참으로 그러하니라. 구도자의 길로 나아가는 자는 모든 것을 알아야만 하고 보아야만 하고 이해해야만 한다. 그것은 왜냐하면 수보리야, '사물이라고 하는 생각, 사물이라고 하는 생각은 실은 생각이 아니다.'라고 여래는 설하고 있기 때문이다. 그렇기 때문에 바로 '사물이라고 하는 생각'이라고 말하는 것이다."

32

a) yaś ca khalu punaḥ Subhūte bodhisattva mahāsattvo 'prameyān asamkhyeyāṃ lokadhātūn saptaratna-paripūrṇaṃ kṛtvā Tathāgatebhyo 'rhadbhyaḥ samyaksa-mbuddhebhyo dānaṃ dadyāt, yaś ca kulaputro vā kuladuhitā vetaḥ prajñāpāra-mitāya dharmaparyāyād antaśaś catuṣpādikām api gāthām udgṛhya dhārāyed deśayed vācayet paryavāpnuyāt parebhyaś ca vistareṇa samprakāśayed, ayam eva tato nidānaṃ ba-hutaraṃ puṇyaskandhaṃ prasunuyād aprameyam asamkhye-yam. kathaṃ ca saṃprakāśyet? yathā na prakāśayet. teno-cyate saṃprakāśayed iti.

TĀRAKĀ TIMIRAṂ DĪPO
MĀYĀ-AVAŚYĀYA BUDBUDAṂ
SUPINAṂ YIDYUD ABHRAṂ CA
EVAṂ DRAṢṬAVYAṂ SAṂSKṚTAM

"그런데 또 수보리야, 실로 구도자와 훌륭한 사람들이 헤아릴 수도 없고 셀 수도 없을 만큼의 칠보로써 세계를 가득 채우고, 모든 여래, 존경해야 할 사람, 올바르게 깨달은 사람에게 보시를 했다고 하자. 그리고 또 다른 한편에서는 훌륭한 젊은이들이나 훌륭한 딸들이 이 '지혜의 완성'이라는 법문(法文) 중에서 사행시(四行詩) 하나라도 빼내어, 받들어 기억하고 외우고 이해하고 다른 사람들을 위해서 소상하게 설해 들려준다고 한다면, 이쪽이 그 일로 인해 측량할 수도 없고 셀 수도 없이 많은 공덕을 쌓는 것이 되는 것이다. 그렇다면 어떻게 설해 들려주어야 하는 것인가? 설해 들려주지 않는 것처럼 해야 할 것이다. 그렇기 때문에 '설해 들려준다'고 말하는 것이다.

현상계(現象界)라고 하는 것은
별이나 깜빡이는 눈이나 등불이나 환상이나 이슬이나 물거품이나
꿈이나 번개나 구름과 같은 것,
그와 같이 보는 것이 좋으리라.[1)]"

b) Idam avocad Bhagavān. āttamanāḥ sthavira Subhūtis, te ca bhikṣu-bhikṣuṇy-upāsakopāsikās te ca bodhisattvāḥ sa-deva-mānuṣa-asura-gandharvaś ca loko Bhagavato bhāṣitam abhyanandann iti.

Ārya-VAJRACCHEDIKĀ Bhagavatī PRAJÑAPĀR AMITĀ samāptā.

스승은 이와 같이 말씀하시었다.

수보리 상좌(上座)는 환희하였고, 그리고 이들 수행승(修行僧)과 비구·비구니들, 재가(在家)의 신자들과 신녀(信女)들, 또 이들 구도자들이나 천상계(天上界)의 사람들[2)]과 지상의 사람들, 아수라와 건달바(乾達婆)[3)]들을 포함한 세상에 살아 있는 자들은 스승님께서 설하신 것을 찬양하였다.

절단(切斷)하는 것으로서의 금강석(金剛石), 신성스러운 존중해야 할 '지혜의 완성'은 이것으로 끝낸다.

주

1) **현상계라고 하는…… 보는 것이 좋으리라** 이 시는 《금강경》 중에 있는 사행시(四行詩) 중에서 가장 뛰어난 명구로 꼽고 있다. 지금까지의 논리가 이 구절에 모두 집약되어 있다고 보고 있다.

2) **천상계**(天上界)**의 사람들** 원어는 아프사라(Apsara). 천인(天人)·비천(飛天)·낙천(樂天) 등으로 한역하고 있다. 하늘 위를 날아다니며 음악을 연주하고 하늘에 꽃을 뿌리기도 하며, 항상 즐거운 경지에서 살고 있는 천인(天人)을 말한다(구마라습 한역 제32 주해 7)참조).

3) **건달바**(乾達婆) 원어는 간다르바(Gandharva). 건달바(犍達婆)·건달박(健達縛)·언달바(彥達婆)·건답화(犍沓和)·헌달박(巘達縛)이라 음역하고 심향행(尋香行)·심향(尋香), 또는 식향(食香)·후향(齅香)이라 번역한다.

① 8부중(八部衆 ; 사천왕에 딸려 있는 여덟 종류의 귀신)의 하나로, 수미산(須彌山) 남쪽의 금강굴(金剛窟)에 살며 제석천(帝釋天)의 음악을 맡아보는 신이다. 술과 고기를 먹지 않고 향기만 먹는다 하여 이런 이름이 붙여졌다. 공중으로 날아다니며 부처가 설법하는 자리에는 항상 나타나 정법(正法)을 찬탄하고 불교를 수호한다.

② 인도에서 음악을 직업으로 하는 사람으로, 음식의 향기만을 찾아 그 문 앞에 가서 춤추고 노래하여 음식을 얻어 살아가므로 이렇게 불린다. 우리 나라 말의 건달은 여기에 그 기원이 있는 것 같다.

③ 중음신(中陰身). 중음신은 향기만 맡으므로 식향(食香)이라 하고, 혹은 다음에 태어날 곳의 냄새를 찾아다니므로 심향행(尋香行)이라 한다.

색 인

ㄱ

가리왕(歌利王) 89
가부좌(跏趺坐) 159
가사(袈裟) 30
가섭불(迦葉佛) 76
가전연존자(可傳蓮尊者) 33
가타(迦陀) 59
개사(開士) 159
개자겁(芥子劫) 98
갠지스 192
건달바(乾闥婆) 255
건타(乾陀) 44
걸식사사(乞食四事) 30
겁(劫) 98
게(偈) 241
결집(結集) 27
계(戒) 50
계법(戒法) 45
고기송(孤起頌) 59
고체(苦諦) 82
고해(苦海) 9
공(空) 8
공덕(功德) 45
공양(供養) 26
공적(空寂) 169
과(果) 62
과보(果報) 176
관세음보살(觀世音菩薩) 84
구낭(懼囊) 229
구도자(求道者) 158
구마라습(鳩摩羅什) 3, 10
구수(具壽) 32
구자(龜玆) 20
국토의 건설 189
귀의(歸依) 174
귀의법(歸依法) 176
귀의승(歸依僧) 176
규봉종밀(圭峰宗蜜) 13
근선남(近善男) 156
금강석(金剛石) 255
급고독(給孤獨) 28
끝없이 넓은 우주 180
기바(耆婆) 20
기수급고독원(祇樹給孤獨園) 26, 159
기원정사(祇園精舍) 28, 159

ㄴ

나유타(那由他) 103

나후라존자(羅睺羅尊者) 33
난생(卵生) 38
누교(累敎) 35

ㄷ

다문견고(多聞堅固) 52
다보불(多寶佛) 76
다비(茶毘) 76
단려(端麗)한 몸 230
단멸상(斷滅相) 244
달마(達磨) 45
달마급다(達磨笈多) 10
달타벽다(怛他蘗多) 34
대덕(大德) 127
대반야경(大般若經) 81
대비천제(大悲闡提) 35
대사(大士) 159
대승(大乘) 15
대유정(大有情) 38
도체(道諦) 40, 82
도피안(到彼岸) 34
등향(等香) 44
뗏목의 비유 51

ㅁ

마하가섭존자(魔訶迦葉尊者) 33
마하살(摩訶薩) 37
만유(萬有) 176
말법시(末法時) 52
멸도(滅道) 38
멸체(滅諦) 82
명행족(明行足) 29
목건련존자(目犍蓮尊者) 33
몰입무아(沒入無我) 66
무량백천만억겁(無量百千萬億劫) 211
무상사(無上士) 29
무상정등정각(無上正等正覺) 35
무색천(無色天) 39
무생법인(無生法忍) 246
무수자(無壽者) 236
무아(無我) 236
무아법(無我法) 111
무여열반(無餘涅槃) 38
무외시(無畏施) 44
무위법(無爲法) 55
무인(無人) 236
무작(無作) 40
무쟁삼매(無諍三昧) 63

무쟁처(無諍處) 66
무주어상보시(無住於相布施) 44
무중생(無衆生) 236
미진(微塵) 82

ㅂ

바라밀 80
바리때 26
반석겁(磐石劫) 98
반야바라밀(般若波羅蜜) 79
발데하(跋提河) 112
발우(鉢盂) 29
백천만억겁(百千萬億劫) 96
범부(凡夫) 82, 136
법멸(法滅) 175
법문(法文) 192
법상(法相) 51
법시(法施) 44
법신(法身) 48
법안(法眼) 115, 225
법좌(法座) 30
보리류지(菩提流支) 12
보살(菩薩) 32, 38
보살심(菩薩心) 154
보시(布施) 43
보시바라밀(布施波羅蜜) 92
복덕(福德) 43
부등향(不等香) 44
부루나존자(富樓那尊者) 33
부정시(不淨施) 44
부촉(付囑) 32
부촉단(付囑單) 35
불국토(佛國土) 190
불법(佛法) 52
불생(不生) 219
불생불멸(不生不滅) 246
불안(佛眼) 115
불토(佛土) 68
비구(比丘) 28
비구니(比丘尼) 28
비법상(非法相) 51
비선법(非善法) 236
비유상 비무상(非有想非無想) 38
비천(非天) 75

ㅅ

사구게(四句偈) 58
사다함(斯陀含) 63, 186
사대 색신(四大色身) 48
사리(舍利) 76

사리불존자(舍利佛尊者) 33
사미(沙彌) 28
사미니(沙彌尼) 28
사생(四生) 39
사성체(四聖諦) 82
48경계(四十八經戒) 52
4악도(四惡道) 104
사유(四維) 43
사위국(舍衛國) 10, 26
사위의(四威儀) 30, 247
사체(四諦) 82
사행시(四行詩) 180, 254
삼귀의(三歸依) 176
3귀계(三歸戒) 52
삼독심(三毒心) 52
삼륜공적(三輪空寂) 45, 169
삼륜청정(三輪淸淨) 45, 169
삼선근(三善根) 52
33응신(應身) 84
32상(三十二相) 48, 80
삼악도(三惡道) 214
삼천대천세계(三千大千世界) 57, 72
3취정계(三聚淨戒) 52
상법(像法) 175
상사(相似) 214
색(色) 44
색·성·향·미·촉·법(色聲香味觸法) 43
생사고락(生死苦樂) 176
생주이멸(生住離滅) 55
서명각(西明閣) 21
석가모니(釋迦牟尼) 109
석존(釋尊) 222
선과(善果) 52
선근(善根) 50, 174
선남선녀(善男善女) 32, 163
선법(善法) 130, 235
선사공덕(善事功德) 35
선서(善逝) 29, 163
선인(仙人) 204
선정견고(禪定堅固) 51
선종(禪宗) 10
설법(說法) 51
성(聲) 44
성과(成果) 182
성령(性靈) 195
성문(聲聞) 56
성인(聖人) 40, 55
성자(聖者) 178
성주괴공(成住壞空) 55
세간해(世間解) 29
세존(世尊) 26
세존법(世尊法) 193
소승(小乘) 15
소요원(逍遙園) 21

수기(授記) 109
수다반나(須陀般那) 64
수다원(須陀洹) 62, 186
수달(須達) 28
수미산(須彌山) 189
수미산왕(須彌山王) 68
수보리(須菩提) 32, 43
수보리존자(須菩提尊者) 33
수자상(壽者相) 38, 51
수행승(修行僧) 255
슈라바스티시(市) 158
스승 159
습생(濕生) 38
시방(十方) 45
시방세계(十方世界) 46
시방정토(十方淨土) 46
신상(身相) 47
신해(信解) 210
실상론(實相論) 91
실상·비상(實相非相) 91
심류주(心流注) 227
심상속성(心相續性) 227
십선(十善) 131
16나한(十六羅漢) 33
12인연(十二因緣) 81
10중금계(十重禁戒) 52
쌍림부대사(雙林傅大師) 13

ㅇ

아귀(餓鬼) 75
아나율존자(阿那律尊者) 33
아나함(阿那含) 63
아난존자(阿難尊者) 8, 33
아뇩다라삼먁삼보리(阿耨多羅三藐三菩提) 32, 54
아라한(阿羅漢) 63
아란나(阿蘭那) 64
아련야(阿練若) 66
아상(我相) 38, 51
아수라(阿修羅) 74
아승기겁(阿僧祇劫) 103
아승기야(阿僧祇耶) 105
아인사상(我人四相) 40
악과(惡果) 176
악도(惡道) 103
악왕(惡王) 204
악인(惡因) 176
야부천(治父川) 12
야차(夜叉) 84
어리석은 일반 사람들 239
업보(業報) 104
여래(如來) 32, 162
여래 10호(如來十號) 28
여여(如如) 155
연각(緣覺) 56

연등불(然燈佛) 68
열반(涅槃) 9
예류(預流) 64
예장종경(豫章宗鏡) 13
오계(五戒) 131
오오백년(五五百年) 51
오오백세(五五百歲) 51
오온(五蘊) 40, 150
오조홍인(五祖弘忍) 10
오종오백년(五種五百年) 51
오체투지(五體投地) 101
오향(惡香) 44
욕계(欲界) 65
요흥(姚興) 23
우낭(甕囊) 229
우바리존자(優婆離尊者) 33
우바새(優婆塞) 154
우바이(優婆夷) 35, 154
원리처(遠籬處) 66
원자의 집합체 249
위요(圍繞) 101
위의(威儀) 30
위촉(委囑) 162
유비(類比) 214
유상무상(有想無想) 38
유색무색(有色無色) 38
유여열반(有餘涅槃) 40
유위법(有爲法) 55, 154
유정천(有頂天) 39
육근(六根) 44
6바라밀(六波羅蜜) 34, 92
육안(肉眼) 91, 115
6욕천(六欲天) 39
육조대감(六祖大鑒) 12
육진(六塵) 44
육합(六合) 45
윤보(輪寶) 48, 59
윤회(輪廻) 38
의정(義淨) 11
이법(理法) 176
이구청정(離垢淸淨) 91
인(忍) 143
인가결정(忍可決定) 246
인과응보(因果應報) 52
인무아(人無我) 113
인상(人相) 38, 51
인욕계(忍辱戒) 93
인욕바라밀(忍辱波羅蜜) 89
인욕선인(忍辱仙人) 89
일대삼천세계(一大三千世界) 58
일체개공(一切皆空) 9
일체법(一切法) 8, 110
일합상(一合相) 149
입류(入流) 62

ㅈ

자성청정(自性淸淨) 91
자아(自我) 222
작례(作禮) 101
장로(長老) 32
장엄불토(莊嚴佛土) 190
장자(長者) 158
재시(財施) 44
적정처(寂靜處) 66
전륜성왕(轉輪聖王) 139, 241
전생(前生) 212
전세(前世) 34
전일체(全一體) 250
정광불(錠光佛) 69
정등각자(正等覺者) 163
정반왕(淨飯王) 111
정법(正法) 50, 173
정법시(正法時) 51
정변지(正遍知) 29
정사(精舍) 28
정시(淨施) 44
정제(整齊) 189
제계(制戒) 247
제도(濟度) 38
제불(諸佛) 178
제석천(帝釋天) 70
제2의 500년 173
제일바라밀(第一波羅蜜) 89
제타숲 16, 158
제트리 태자 28
조어장부(調御丈夫) 29
존자(尊者) 33
존재의 단절(斷絶) 219
존재의 본질(本質) 219
주정각(住正覺) 30
주정계(住正戒) 30
주정명(住正命) 30
중생상(衆生相) 38, 51
중송(重頌) 59
중일분(中日分) 96
증(證) 175
지옥(地獄) 75
지옥취(地獄趣) 40
지장보살(地藏菩薩) 35
지혜의 완성 196
진성(眞性) 169
진언(眞言) 155
진여(眞如) 219
진체(眞諦) 10
집체(集諦) 82

ㅊ

천(天) 74

천상(天上) 210
천안(天眼) 115
천인(天人) 154
천인사(天人師) 29
천인(天人) 오쇠(五衰) 156
청신녀(淸信女) 156
청신사(淸信士) 156
청정(淸淨) 169
청정무구(淸淨無垢) 176
초당사(草堂寺) 22
초악취(超惡趣) 214
초일분(初日分) 96
촉(觸) 43
촉루(囑累) 35
촉루품(囑累品) 35
최고의 기서(奇瑞) 194
최고의 진리 219
최상승(最上乘) 97
최상의 완성 203
최상의 위촉(委囑) 162
축생(畜生) 75
축생취(畜生趣) 40
칠보(七寶) 57

ㅋ

큰스님 26

ㅌ

탁발(托鉢) 26
탁발걸식(托鉢乞食) 29
탑묘(塔廟) 17, 74
탑사견고(塔寺堅固) 52
태생(胎生) 38
투쟁견고(鬪爭堅固) 52
특징 170
티끌 80

ㅍ

80수형호(八十隨形好) 83
80종호(八十種好) 83
팔향해(八香海) 58
편단(偏袒) 33
풍송(諷頌) 59
피안(彼岸) 34
필경불생(畢竟不生) 223

ㅎ

함허당(涵虛堂) 득통(得通) 12, 14
합장(合掌) 32, 162

항하(恒河) 72
해탈견고(解脫堅固) 51
행걸(行乞) 159
행업(行業) 176
행주좌와(行住坐臥) 30
향(香) 44
허망(虛妄) 47
현세(現世) 212
현인(賢人) 55
혜명(慧命) 126
혜안(慧眼) 48, 88
호념(護念) 32
호향(好香) 44
화생(化生) 38
후오백세(後五百歲) 50
후일분(後日分) 96
훌륭한 젊은이나 훌륭한 딸들 237

□ 역해자 · **최대림**

- 경남대학교 졸업 및 동대학원 수료
- 부산교육대학 교수, 동아대학교 · 부산대학교 강사 역임
- 역서 : 《동국세시기》《논어》《대학》《시경》《고문진보》 외 다수

◉ 新譯 **金剛經**

1990년 1월 20일 초판 발행
2016년 2월 05일 중판 발행

역해자 최 대 림
발행자 지 윤 환
발행처 홍 신 문 화 사

서울 동대문구 용두2동 730-4(4층)
대표 전화 : 953-0476
FAX : 953-0605
등록 1972. 12. 5 제6-0620호

ISBN 89-7055-037-2 03220